# 앨리스의
## 이상한
# 인문학

# 앨리스의 이상한 인문학

지음 이남석

1판 1쇄 발행  2010년 9월 15일
개정판 1쇄 인쇄  2016년 5월 16일
개정판 1쇄 발행  2016년 5월 25일

발행처 도서출판 옥당
발행인 신은영

등록번호 제300-2008-26호
등록일자 2008년 1월 18일

주소 경기도 고양시 일산동구 무궁화로 11 한라밀라트 B동 215호
전화 (02)722-6826 팩스 (02)723-6486

홈페이지 www.okdangbooks.com
이메일 coolsey@okdangbooks.com

값은 표지에 있습니다.
ISBN 978-89-93952-73-5  03100

조선시대 홍문관은 옥같이 귀한 사람과 글이 있는 곳이라 하여 옥당玉堂이라 불렸습니다.
도서출판 옥당은 옥 같은 글로 세상에 이로운 책을 만들고자 합니다.

이 도서의 국립중앙도서관 출판시도서목록(CIP)은
e-CIP 홈페이지(http://www.nl.go.kr/ecip)에서 이용하실 수 있습니다.
(CIP제어번호: CIP2016011686)

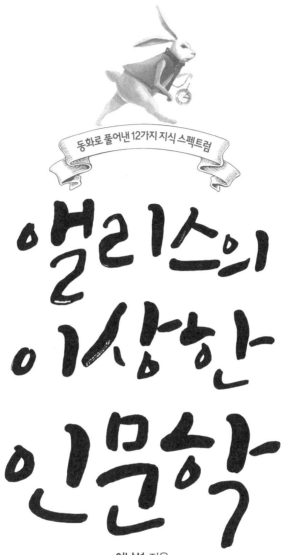

동화로 풀어낸 12가지 지식 스펙트럼

# 앨리스의 이상한 인문학

이남석 지음

옥당

# 루이스 캐럴과 《이상한 나라의 앨리스》

## 루이스 캐럴 Lewis Carroll, 1832~1898

본명은 찰스 루트위지 도지슨Charles Lutwidge Dodgson. 옥스퍼드 대학의 수학부 교수로 일했고 논리학에도 재능을 보였으며 그림과 사진을 무척 좋아했다. 더불어 어린 여자아이들의 때 묻지 않은 순수함을 사랑했다. 독신으로 살았던 그는 소녀들을 기쁘게 하기 위해 흥미로운 게임과 퍼즐을 고안하기도 했다. 1855년, 그의 대학에 헨리 리델이 학장으로 부임해오면서 그의 어린 딸 앨리스와 친구가 되었고, 앨리스를 위해 만들어낸 이야기가 출판되면서 세계적인 작가가 되었다.

## 앨리스 리델
Alice Liddell, 1852~1934

《이상한 나라의 앨리스》의 실제 모델. 책으로 출판되어 지금은 세계적인 고전작품으로 남게 되었지만, 《이상한 나라의 앨리스》의 시작은 오직 앨리스 리델 한 사람을 위한 것이었다.

## 존 테니얼 Jhon Tenniel, 1820~1914

《이상한 나라의 앨리스》에 독특하고도 생생한 숨을 불어넣어 준 삽화가. 풍자 잡지 〈펀치〉에 만화를 그렸고, 《이솝 우화》의 삽화가로 명성을 얻었다. 이 책의 삽화를 그리면서 캐럴의 까다로운 요구 때문에 마찰을 빚기도 했지만 '이상한 나라의 앨리스의 모험'이란 제목을 제안하고, 《거울 나라의 앨리스》의 내용 일부를 삭제하게 하는 등 캐럴에게 많은 영향을 미쳤다.

# 《이상한 나라의 앨리스》, 세기의 고전이 되다

《이상한 나라의 앨리스》가 발표된 19세기 영국은 이성적인 판단을 중시하고 상상력을 불신하는 엄격한 분위기였다. 부유한 가정의 아이들은 보육학교, 기숙학교 등 꼭 짜여진 교육과정에 얽매여 어린 시절을 보내야 했으며, 아이들을 위한 책은 엄격한 규율과 복종을 가르치거나 교훈 일색의 내용이었다. 이런 시대적, 문화적 배경에서 교훈주의를 탈피하고 어린 소녀의 시점으로 다소 황당할 수 있는 창조적 상상의 세계를 담아낸 《이상한 나라의 앨리스》의 등장은 어린이 책을 도덕주의적 구속에서 벗어나게 한 계기이자 아이들의 상상력을 해방시킨 작품으로 높게 평가받는다. 아이들에게 순수한 즐거움을 주고자 했던 루이스 캐럴의 작품은 당시 영국을 넘어 세계 곳곳에서 큰 관심과 사랑을 받았으며, 연령을 넘어 성인들에게까지 폭넓게 읽혔다.

아동기는 일반적으로 천천히 아련해진다. 소년, 소녀가 성인이 되면 한줌의 아동기가 남는다. ……

그러나 루이스 캐럴에게는 아동기가 온전히 남아 있다. 그는 그 세계로 돌아가서 다른 사람이 할 수 없는 일을 할 수 있었다. 그는 어린이의 세계를 다시 만들었고, 그 세계에서 우리는 다시 어린이가 된다.

– 버지니아 울프

1920~30년대에 들어와 많은 비평가들이 《이상한 나라의 앨리스》가 품고 있는 삶에 대한 관심과 당혹감, 깊은 성찰에 주목하면서 새롭게 부각되었고, 후대

의 문학, 음악, 미술, 철학 등에 많은 영향을 미쳤다. 막스 에른스트, 살바도르 달리 등 20세기를 대표하는 유명 화가들이 '앨리스'를 모티프로 한 다양한 미술 작품을 선보였으며, 20세기 형이상학을 대표하는 철학자 질 들뢰즈는 대표 저작인 《의미의 논리》에서 《이상한 나라의 앨리스》를 철학과 정신분석학적 측면에서 다각도로 분석하였다. 그는 이 책을 철학 강의 교재로 활용하기도 하였다. 또한 정신분석학자 자크 라캉은 자신의 사상을 설명하면서 《이상한 나라의 앨리스》를 자주 활용하였으며, T. S. 엘리엇, 제임스 조이스, 블라디미르 나보코프 등의 작가들도 이 책의 애독자였다.

루이스 캐럴의 책은…… 기묘하고 이국적이지만 동시에 찬란하기도 한 단어들, 재미있는 구성, 중간중간에 등장하는 그림들과 사진들. 게다가 우리는 상당한 수준의 정신분석학, 뛰어난 논리학–언어학적 공식들까지 발견할 수 있다. 그러나 이 책이 던져주는 가장 심층적인 즐거움은 의미와 무의미의 놀이, 카오스와 코스모스의 얽힘일 것이다.

– 질 들뢰즈

1969년에 영국에서 '루이스 캐럴 협회'가 설립되어 정기간행물과 뉴스레터를 발행하고 있으며, 1974년에는 '북미 루이스 캐럴 협회'가 생겨 루이스 캐럴의 삶과 작품을 다룬 책을 꾸준히 출간하고 있다. 이외 캐나다, 일본 등에서도 루이스 캐럴의 열렬한 지지자들이 모여 다양한 활동을 펼치고 있다.

앨리스를 통해 보는

# 12가지 지식 스펙트럼

《이상한 나라의 앨리스》는 모순덩어리이다. 《이상한 나라의 앨리스》는 설명이 필요 없을 정도로 유명하다는 점에서 많은 설명이 필요한 모순덩어리이다. 영국 빅토리아 시대의 수학자이며 논리학자인 루이스 캐럴Lewis Caroll(본명은 Charles Lutwidge Dodgson)이 1865년에 쓴 이 책은 다른 나라의 말로 옮기기 힘든 영어 특유의 언어유희pun로 가득 차 있다. 하지만 수십 개국에서 번역되어 수세대에 걸쳐 인기를 끌고 있다. 이 책은 루이스 캐럴이 한 아이를 위해 쓴 동화이지만, 그저 환상 동화가 아니다. 철학자 버트런드 러셀Bertrand Russell이 '앨리스는 어른만 읽어라'라고 할 정도로 철학, 정신분석학, 논리학, 심리학, 생물학,

물리학, 정치학 등의 견지에서 해석할 수 있는 자원들이 풍부하게 들어가 있다. 실제로 많은 전문가가 자신의 저서나 강연에서 이론적 예시가 필요할 때《이상한 나라의 앨리스》에 나오는 장면을 활용하고 있다.

예를 들어 노벨상 수상자 프랜시스 크릭Francis H.C.Crick은 자신의 책《놀라운 가설The Astonishing Hypothesis》에서 뇌의 오묘함을 설명하기 위해 '체셔 고양이' 실험을 소개하고 있으며, 신경학에서는 앨리스가 겪은 것과 비슷한 착시현상을 '앨리스 증후군AIWS, Alice in Wonderland syndrome'이라 부른다.

또한 진화론자들은 앨리스를 괴롭히는 못된 여왕에 영감을 받아 '붉은 여왕 가설Red queen hypothesis'로 생태계의 쫓고 쫓기는 평형관계를 설명하고 있다. 그리고 질 들뢰즈Gilles Deleuze는 이 책을 파리 제8대학에서 철학 강연 교재로 활용하여, 30명 정원인 강의실에 200여 명의 수강생이 몰려들 정도로 인기를 끌었다고 한다.

정신분석학자 자크 라캉Jacques M.E. Lacan도 세미나에서《이상한 나라의 앨리스》를 자주 언급했다. 그야말로 종교 경전과도 같은 무한한 해석과 인용의 가능성이 열려 있는 것이다. 이런 책에 대해서는 각 학문적 조망별로 주석서를 쓴다고 해도 방대한 작업이 될 것이다. 실제로 루이스 캐럴 전문 작가인 마틴 가드너 등은 주로 논리학과 수학, 물리학 등에 각각 기대어 방대한 작업 끝에 여러 권의 주석서를 만들기도 했다.

그러나 이러한 주석서에는 중대한 문제가 있다. 특정 분야의 지식에 바탕을 둔 주석서로는 루이스 캐럴의 최대 장점인 지적 재치와 상상력을 확인하기 힘들다는 점이다. 그래서 루이스 캐럴을 좋아하는 대한민국의 작가로서 그의 지적인 영향력을 가장 잘 느낄 수 있는 작품을 쓰고 싶었다.

그 결과 루이스 캐럴의 '앨리스에 대한 지식' 주석서가 아니라, '앨리스를 통한 지식' 주석서를 생각하게 되었다. 앨리스가 토끼굴에 빠져 모자 장수와 하트 여왕이 있는 이상한 나라를 경험한 것처럼, 독자가 앨리스 이야기에 빠져 다양한 지식의 나라를 경험할 수 있도록 본문의 번역도 언어유희적인 측면보다는 지식의 파노라마가 보일 수 있는 방식으로 편역했다.

분량의 제한 때문에 하나의 장에 한 가지 주요 지식을 배분했지만, 앞서 지적했듯이 여러 학문별로 그 뜻이 달라질 수 있는 것이 《이상한 나라의 앨리스》이기에 저자의 지식이 유일하게 가능한 해석이라고 할 수 없다. 다만 루이스 캐럴을 존경하는 작가로서 가장 애정 있게 뽑은 지식이라고 자부할 수는 있다.

각 장의 말미에는 '토끼굴 추천 정보'를 붙여 앞에서 설명한 지식 내용을 바탕으로 더욱 새로운 지식 나라에 들어갈 수 있도록 도왔다. 독자 여러분이 각자의 토끼를 쫓아 앨리스와는 다른 내용으로 이상한 지식 나라를 체험하기를 기대하며 추천한 것이다.

부디 독자 여러분의 지적 상상력을 더 풍부하게 하고, 루이스 캐럴의 작품을 더 재미있게 즐기는 데 도움이 되기를 바라며 서문을 마친다.

이상한 지식 나라로의 모험을 권하며

이남석

# ❖ 차 례 ❖

**일러두기**

1. 이 책은 《이상한 나라의 앨리스》를 편역해 원작에 숨어 있는 다양한 지식코드를 쉽게 드러낼 수 있도록 했다.

2. 《이상한 나라의 앨리스》의 은유적 표현이나 언어유희 등 독자의 이해를 돕기 위해 필요한 경우에 한해 ( ) 안에 옮긴이 주를 달았다.

3. 《이상한 나라의 앨리스》 줄거리 번역에서 색자로 표시된 부분은 지식탐험에서 다루어질 내용임을 뜻한다.

4. 본문 중에 나오는 모든 단행본의 도서명에는 《 》를, 신문이나 잡지 등의 매체는 〈 〉를, 영화 제목은 이탤릭으로 구분하여 표기 사용하였다.

5. 동일한 용어에 대한 다양한 우리말 번역이 있는 경우에는 가장 널리 알려진 표현을 사용하였다.

# 1

## 토끼굴 속으로

앨리스는 언니와 함께 시냇가에 앉아 있는 것이 마냥 심심했다. 한두 번 언니가 읽고 있는 책을 흘겨보았지만, 심심하기는 마찬가지였다. 언니를 보며 앨리스는 생각했다.

'그림이나 대화도 없는 책이 뭐가 좋다고 읽지?'

앨리스는 데이지 꽃으로 화환을 만들면 어떨까도 생각했지만 귀찮아 포기했다. 그때 갑자기 하얀 토끼 한 마리가 앨리스 옆을 뛰어지나갔다.

여기까지는 별로 이상하지 않았다. 그런데 토끼가 이런 말을 하는 것이 아닌가.

"아이고 맙소사! 아이고 맙소사! 너무 늦겠어!"

토끼는 자기 조끼 주머니에서 회중시계를 꺼내어 쳐다본 후, 서둘러 뛰어가고 있었다. 앨리스는 벌떡 일어섰다. 이런 토끼는 본 적이 없어 호기심에 확 사로잡혔다. 앨리스는 토끼를 쫓아 들판을 가로질러 달렸다. 그리고 마침내 울타리 아래 뻥 뚫려 있는 커다란 토끼굴을 찾았다. 앨리스는 곧장 토끼 뒤를 따라 굴 속으로 들어갔다. 토끼굴은 터널처럼 옆으로 뻗어 있다가 갑자기 아래로 푹 꺼지게 되어 있었다. 앨리스는 곧장 한없이 깊어 보이는 굴 속으로 굴러떨어졌다.

그 굴이 아주 깊었는지, 아니면 앨리스가 아주 천천히 떨어졌는지 알 수 없지만, 떨어지는 동안 앨리스는 여유 있게 주위를 둘러보면서 다음에는 어떤 일이 벌어질까 생각했다. 앨리스는 자신이 가고 있는 곳이 어디인지 궁금했지만, 너무 어두워서 아무것도 볼 수 없었다. 잠시 후 앨리스의 눈에 선반과 책장 들로 가득 차 있는 벽이 들어왔다. 그런 벽이 여러 개였다. 또한 벽의 이곳저곳에 지도와 그림 들이 걸려 있었다. 앨리스는 스쳐 지나가는 선반에서 병 하나를 집어 들었다. 그 병에는 '오렌지 잼'이라는 딱지가 붙어 있었다. 하지만 안타깝게도 안은 비어 있었다. 그래도 앨리스는 병을 획 집어던지지 않았다. 혹시 밑에 있는 사람이 맞아 죽게 될지도 모르는 일이었기 때문이다. 계속 아래로 떨어지면서 앨리스는 그 병을 다른 선반에 가까스로 집어넣었다. 앨리스는 이렇게 생각했다.

'어머나! 이렇게 떨어지고 나면, 계단에서 굴러떨어지는 것쯤은 아무것도 아니겠는걸. 가족들은 내가 정말 용감하다고 생각할 거야! 이젠 별말 하지 말아야지, 지붕에서 굴러떨어져도 말이야!'

아래로, 아래로, 아래로. 끝이 있을까 싶을 정도로 계속 떨어졌다.

"얼마나 아래로 떨어진 걸까? 지구의 중심 가까이까지 가고 있나 봐. 그래, 적어도 6,000킬로미터쯤은 내려온 것 같아. 그런데 위도랑 경도는 어떻게 계산하지?"

앨리스는 위도와 경도가 무엇인지 전혀 몰랐지만, 그것들에 대해서 말하는 게 꽤 근사하다고 생각했다. 앨리스는 다시 중얼거렸다.

"이러다가 지구를 뚫고 나가면 어쩌지! 머리를 땅바닥에 대고 걷는 사람들 가운데로 내가 쑥 나가게 되면 얼마나 우스울까! 어쨌든 나는 그 사람들에게 여기가 어느 나라냐고 물어봐야겠지? 실례합니다, 아줌마. 여기가 뉴질랜드인가요, 오스트레일리아인가요?"

앨리스는 말을 하면서 공손하게 무릎을 굽혀 인사하려고 애썼다. 상상해보라. 허공으로 떨어지면서 무릎을 굽혀 인사를 하다니! 독자 여러분은 그렇게 할 수 있겠는가?

"그러면 그 아줌마는 나를 정말 바보 같은 여자애라고 생각할 텐데! 안 돼, 절대로 물어보지 말아야지. 아마 거리에 있는 표지판 같은 것을 보면 알 수 있을지 몰라."

아래로, 아래로, 아래로. 떨어지는 것밖에 할 일이 없어, 앨리스는 곧 다시 혼잣말을 하기 시작했다.

"내 고양이 다이나가 오늘 밤에 나를 무척 찾을 텐데, 내가 왜 그 생각을 못 했지! 식구들이 차 마시는 시간에 꼭 다이나에게 우유를

쥐야 하는데. 다이나, 내 귀여운 고양이! 나랑 지금 함께 있다면 좋을 텐데. 여긴 쥐가 없어서 안됐지만 대신 박쥐를 잡을 수 있을 텐데. 그런데 고양이가 박쥐를 먹던가?"

이쯤 되니 앨리스는 슬슬 졸리기 시작했고, 잠꼬대를 하는 것처럼 계속 중얼거렸다.

"고양이가 박쥐를 먹을까? 고양이가 박쥐를 먹을까?"

그러다가 이따금 이렇게도 중얼거렸다.

"박쥐가 고양이를 먹을까?"

자신이 졸고 있다고 느낄 즈음 앨리스는 꿈을 꾸기 시작했다. 꿈속에서 앨리스는 다이나와 손을 잡고 걸으며 아주 진지하게 물어보았다.

"다이나, 말해봐. 박쥐를 먹은 적이 있니?"

갑자기 콰당! 콰당! 앨리스는 장작과 마른 잎사귀 더미 위에 떨어졌다. 마침내 바닥에 도착한 것이다.

조금도 다친 곳 없이, 앨리스는 발딱 일어났다. 고개를 들어 위를 쳐다보았지만 캄캄했다. 눈앞에는 또 다른 통로가 뻗어 있고, 하얀 토끼가 앞에서 재빨리 달려가고 있었다. 지체할 시간이 없었다. 앨리스도 힘껏 달렸다. 토끼가 모퉁이를 돌면서 중얼거리는 소리가 들렸다.

"어이구, 내 귀랑 수염이 엉망이로고. 너무 늦었어!"

앨리스는 토끼를 놓치지 않으려 잽싸게 모퉁이를 따라 돌았다. 그러나 토끼의 모습은 찾을 수 없었다. 앨리스는 천장이 낮은 긴 복도에 혼자 서 있었다. 천장에 죽 매달려 있는 등불들이 복도를 비추고 있었다.

복도에는 수많은 문이 있었지만 모두 잠겨 있었다. 앨리스는 문을 기웃거리며 모두 열어보려고 애를 썼지만 소용이 없었다. 터벅터벅 걸으면서 앨리스는 이곳을 빠져나갈 궁리를 하기 시작했다. 그러다 불현듯 단단한 유리로 된 탁자와 마주쳤다. 다리가 세 개인 그 탁자 위에는 아주 작은 황금열쇠가 놓여 있었다. 순간 앨리스는 이 열쇠가 복도에 있는 문 중 하나와 맞을 거라고 직감했다. 하지만 그 열쇠는 어느 문과도 맞지 않았다. 앨리스는 다시 복도를 둘러보다 낮은 커튼을 발견했다. 커튼 뒤에는 높이가 40센티미터도 채 안되는 자그마한 문이 있었다.

앨리스는 그 문의 자물쇠에 열쇠를 꽂고 돌렸다. 다행스럽게도 열쇠는 구멍에 꼭 맞았다.

앨리스는 문을 열었다. 문 뒤에는 쥐구멍만큼이나 작은 통로가 있었다. 앨리스는 무릎을 꿇고 엎드려 통로 안을 들여다보았다. 거기에는 지금껏 보지 못한 아름다운 정원이 있었다. 당장이라도 그 안으로 들어가 맘껏 뛰어놀고 싶었지만, 구멍 안으로는 머리조차 집어넣을 수가 없었다.

"하긴 머리만 집어넣으면 무슨 소용이 있어. 어깨가 빠져나가지 못할 텐데. 내 몸을 망원경처럼 집어넣을 수 있다면 얼마나 좋을까!

방법만 안다면 가능할 것 같은데."

지금까지 기상천외한 일들을 하도 겪다보니 앨리스는 슬슬 세상에 불가능한 일이란 없다고 생각하게 되었다. 앨리스는 혹시 다른 열쇠나, 망원경처럼 사람들을 줄일 수 있는 방법이 적힌 책이 있기를 바라며 유리 탁자로 되돌아갔다. 그런데 이번에는 탁자 위에 작은 병이 있었다.

"아까는 분명히 없었는데⋯⋯."

앨리스는 중얼거렸다. 병목에는 종이가 매달려 있었고, 그 종이 위에는 '마시시오'라고 커다란 글자가 멋지게 인쇄되어 있었다. 꽤 친절한 지시문이었지만, 똑똑한 앨리스는 그 지시문을 무조건 따를 생각이 없었다.

"먼저 확인부터 해야 해. 독약이라는 표시가 있는지 없는지 살펴봐야지."

앨리스는 주변의 충고를 무시했다가 손해를 본 주인공들의 이야기를 많이 읽었다. 그래서 조심했지만 병 어디에도 독약이라는 표시는 없었다. 앨리스는 용기를 내어 살짝 맛을 보았다. 매우 맛이 좋았다. 앨리스는 단숨에 꿀꺽꿀꺽 마셔버렸다.

"기분이 너무 이상해! 틀림없이 내가 망원경처럼 줄어드는가 봐."

앨리스는 중얼거렸다.

사실 그랬다. 앨리스의 키는 24센티미터로 줄어 있었다. 이제 아름다운 정원으로 이어진 작은 문을 통과할 수 있다는 생각에 앨리스의 표정이 환해졌다. 그러다 잠시 뒤 조금 불안해졌다.

"계속 줄어들다가는 다 녹아버린 초처럼 완전히 없어져버릴지도 몰라. 그러면 나는 어떻게 되는 거지?"

그러나 다행히도 몸은 더 이상 줄어들지 않았다. 앨리스는 당장 정원으로 발길을 옮겼다. 그렇지만 앨리스는 작은 문에 도착해서야 비로소 작은 황금열쇠를 깜박 잊고 왔다는 것을 기억해냈다. 그리고 열쇠를 가지러 유리 탁자로 돌아왔을 때에는 도저히 열쇠를 집을 수 없을 정도로 자신이 작아져 있다는 것을 깨달았다. 앨리스가 아무리 탁자 다리를 기어 올라가려고 애를 써도 이내 미끄러질 뿐이었다. 마침내 지쳐버린 앨리스는 주저앉아 울음을 터뜨렸다.

"그만해, 그렇게 울어봐야 소용없어! 뚝 그치란 말이야!"

앨리스는 자신을 나무랐다. 자신에게 충고를 해야 할 때면 앨리스는 마치 자기가 두 사람이 된 것처럼 생각하기를 좋아했다.

"하지만 두 사람인 척하는 것도 지금은 소용없어! 나에겐 존경할 만한 사람이 될 여지가 거의 없는걸."

그때 앨리스의 눈길이 탁자 밑에 있는 작은 유리 상자에 멈췄다. 앨리스는 상자를 열었다. 상자 안에는 아주 작은 케이크가 있었고, 그 위에는 건포도로 '먹으시오'라는 글자가 씌어 있었다.

"좋아, 먹겠어. 이걸 먹고 키가 커지면 열쇠를 잡을 수가 있어. 만약 키가 작아지면 문 아래로 기어서 들어갈 수 있을 거야. 둘 중에 어느 쪽이든 정원

으로 들어갈 수 있을 테니, 상관없어!"

앨리스는 케이크를 조금 먹고는 걱정스레 중얼거렸다.

"커질까? 아니면 줄어들까?"

어느 쪽인지 빨리 알아보기 위해 앨리스는 한 손을 머리 위로 올렸다. 그러나 놀랍게도 앨리스의 몸에는 아무런 변화도 일어나지 않았다. 물론 그건 케이크를 먹었을 때의 당연한 결과였지만, 뭐든지 특별한 변화를 기대하는 앨리스에게는 아니었다. 앨리스는 케이크를 다시 먹기 시작했고 얼마 안 되어 다 먹어치웠다.

# 시뮬라크르 속으로

제 1장에서 앨리스는 토끼굴 속으로 떨어진다. 토끼를 쫓지 않았다면 어땠을까? 따분하지만 안전한 삶을 살 수 있었을 것이다. 하지만 앨리스는 호기심 때문에 다른 길을 선택했다. 앨리스이후 수없이 다양한 문화 영역에서 다양한 방식으로 변주가 된 장면이다. 우리에게 친숙한 영화 *매트릭스Matrix*에는 주인공 네오(키아누 리브스 분)가 빨간색 약과 파란색 약 중 하나를 선택하는 장면이 나온다.

파란색 약을 먹는다면 매트릭스의 세계 속에서 편하게 살 수 있었지만 네오는 '진짜 현실'에 대한 호기심으로 빨간색 약을 선택한다. 그리고 눈앞에 펼쳐지는 광경에 경악을 금치 못한다. 앨리스가 이상한 나라를 보면서 그랬던 것처럼 말이다(영화 *매트릭스*는 《이상한 나라의 앨리스》에 대한 오마쥬 영화이다. 초반부에 나오는 '흰 토끼를 따라가라' 는 암호는 《이상한 나라의 앨리스》의 장면을 교묘하게 패러디한 것이다).

그런데 앨리스가 빠져든 토끼굴은 세상에 있을 수 있는 것일까? 독자의 입장에서 할 수 있는 가장 기본적인 질문이다. 그러나 앨리스를 즐기는 독자라면 이런 질문보다는 토끼굴의 세계가 얼마나 현실감 있게 묘사되어 있는지에 더 관심이 있다. 즉 토끼굴의 '실재' 여부보다 책에 소개되는 '현상의 치밀성'에 더 마음을 뺏긴다.

토끼굴이 그 존재 여부와 관계없이 사람의 마음을 빼앗는다는 사실은 현대를 관통하는 훌륭한 철학적 단초가 된다. 실제로 포스트 구조주의를 대표하는 프랑스 철학자 질 들뢰즈Gilles Deleuze는 파리 제8대학에 재직할 때 《이상한 나라의 앨리스》를 그의 강연에 활용했다. 들뢰즈는 그의 저서 《의미의 논리》로 대변되듯이 의미의 생성devenir을 주제로 연구했다. 그런 들뢰즈에게 앨리스가 경험하는 '이상한 나라'와 같은 실체가 없는 세계의 영향력과 루이스 캐럴이 즐겨 사용한 언어유희는 의미가 어떻게 만들어지는지를 설명할 수 있는 좋은 소재였다.

## 시뮬라크르 VS. 시뮬라시옹

들뢰즈와 《이상한 나라의 앨리스》의 관계를 이해하기 위해서는 적어도 두 가지 핵심 개념을 이해해야 한다. 하나는 시뮬라크르simulacre이고, 다른 하나는 시뮬라시옹simulation이다. 시뮬라크르는 원래 플라톤Platon에 의해 정의된 개념이다. 플라톤은 우리 인간이 살고 있는 현실 세계는 '참 세계'가 아니라, 진리의 원형인 이데아Idea가 가득 찬 참 세계를 복제한 세계로 보았다. 그리고 이데아의 복제물을 다시 또 복제한 것을 시뮬라크르라고 정의했다. 시뮬라크르는 복제물을 또 복제한 것이기에 복제를 거듭할수록 진짜와 멀어져 그 가치가 떨어진다.

예를 들어 석판화를 생각해보자. 원형인 석판으로 계속 복제를 거듭할수록 물감의 상태에 따라 최초의 원형 및 복제품과 점점 다른 모습을 하게 된다. 그리고 이미 많은 복제품이 있어 그 복제품의 가치는 떨어지게 된다. 복제를 하는 순간 복제품의 상태와 가치는 달라지므로 아무리 그 복제가 정교하다고 해도 당연히 '참truth'이 될 수 없다고 플라톤은 생각했다.

또한 플라톤은 시뮬라크르를 가치 없는 존재라고 주장했다. 그러나 플라톤이 '가변성' 때문에 시뮬라크르를 무시한 것에 반해, 들뢰즈는 바로 그 가변성에도 시뮬라크르가 세상에 끼치는 영향력에 대해서 주목했다. 들뢰즈는 현대에 들어오면서 시뮬라크르가 원형과 같아지려는 것이 아니라, 원형을 뛰어넘어 새롭게 의미를 창출하는 과정과 원리를 계속 연구했다.

《이상한 나라의 앨리스》의 주인공은 이야기 전체를 통해 키가 커졌다 작아졌다를 반복한다. 그리고 이상한 상황에 계속 노출되며, 자신이 과연 누구인지 자주 묻는다. 즉, 주인공은 일관된 몸 상태를 갖고 있지 못하며, 그에 따라 자아정체성도 끊임없이 흔들린다. 또 이야기 속의 모든 상황이 낯설고 역동적으로 변하고 있음에도 '이상한 나라'는 그 나름의 체계가 있는 세계로 이해가 된다.

당연한 말로 들리겠지만, 이해를 하려면 독자들 나름대로 의미를 만들 수 있어야 한다. 의미를 만들 수 없으면 도통 이해를 할 수 없다. 그런데 이 의미 역시 가변적이다. 앨리스와 같은 장르의 환상 문학 속 등장인물이라고는 하나, 갑자기 이야기 속에 간달프와 호빗족이 제우스의 명령을 받고 등장한다면 독자는 무척 당황스러울 것이다.

영화 *스타워즈*의 요다가 캐릭터의 일부를 복제했을 정도로 가장 현명한 간달프이지만 '이상한 나라'에 들어오면 갑자기 가장 바보 같은 코미디언으로 느껴질 수도 있다.

반면에 앨리스 이야기에 전설 속 괴물인 그리폰('제9장 가짜 거북의 이야기'에 등장)이 나오는 것은 별로 이상하지 않다. 그리폰이 해리포터 이야기에 비슷한 모습으로 나오는 것도 이상하지 않다. 그리폰과 간달프 모두 실체가 없는 시뮬라크르인 것은 똑같지만 캐릭터가 갖고 있는 성질이 다르다. 그래서 그 영향력이 다르며 둘은 각 이야기에서 서로 다른 의미를 갖는다. 어떤 것은 특정한 다른 이야기에 쓰일 수 있지만 다른 것은 그럴 수 없는 차이가 생기는 것이다. 지금까지 이야기를 요약하자면, 의미의 차이는 플라톤이 그토록 주목한 '본질'이 아닌 시뮬라크르에서 나오고 있다는 사실이다.

자, 이야기를 좀 더 들뢰즈 쪽으로 진전시키자. 다음에 볼 제2장의 본문을 보면 '앨리스의 키는 커졌다'라는 내용이 나온다. 그냥 스쳐 지나갈 수 있는 이 문장에는 의미를 만드는 심오한 논리가 숨어 있다. 앨리스의 키가 커졌다면, 키 커진 앨리스도 앨리스일 것이다. 그렇다면 키 커지기 진의 좀 더 작았던 앨리스는 누구인가? 그 사람도 앨리스인가? 그렇다면 앨리스는 키가 큰 동시에 좀 더 작은 인물이다. 동시에 두 존재일 수 있는 앨리스.

## 생성의 동시성

하지만 독자는 앨리스를 하나의 인물이라고 생각한다. 왜냐하면 생성의 동시성을 이해하고 있기 때문이다. 즉 생성은 현재가 없고 과거와 미래로의 두 가지 동시성만 있다. 앙리 베르그송Henri Bergson의 시간 철학을 연구한 들뢰즈는 이것이 생성의 본질이라고 주장했다. 그러나 이것은 일반적인 생각과는 다르다. 흔히 사람들은 모든 사물에는 하나의 방향만 있다고 생각한다. 키가 크면 큰 것이고 작으면 작은 것이고, 많으면 많은 것이고 적으면 적은 것이고, 빠르면 빠른 것이고 느리면 느린 것이다.

그러나 키 커진 앨리스의 사례에서 볼 수 있는 것처럼 의미를 헤집어보면 하나의 방향은 없다. 모든 사물은 동시에 두 방향으로 나 있다. 그 두 방향의 긴장에서 의미가 역동적으로 만들어진다. 《이상한 나라의 앨리스》가 끊임없이 동화이자 진지한 지식서라는 두 가지 방향으로 동시에 해석되는 것처럼. 그렇다. 아이들을 위해 만들었으며 아이들이 좋아하는 동화인 동시에 심오한 통찰을 바탕으로 한 언어유희가 녹아 있는 지식서만큼 들뢰즈에게 매력적인 대상은 없었을 것이다.

토끼굴 속의 세상은 실제 토끼가 재빨리 몸을 숨기는 굴과는 사뭇 다르다. 일단 토끼가 시계를 볼 줄 알고 말을 한다는 것부터가 정상적이지 않다. 그러나 그 정상적이지 않은 상황이 만드는 사건들은 이 책을 읽는 과정 내내 나름의 의미를 갖게 된다. 그런데 토끼와 그의 굴이 아주 실감나기는 하지만 실체가 있지는 않다. 어떻게 이런 일이 이해될 수 있는가?

## 장 보드리야르의 철학

이 질문에 답을 하기 위해 프랑스 철학자인 장 보드리야르Jean Baudrillard의 철학을 만나야 한다. 장 보드리야르의 철학이라고 해서 너무 어렵게 생각할 필요는 없다. 우리는 이미 장 보드리야르의 철학을 느꼈다. 어떤 사람은 영화 *매트릭스* 제1편에서 주인공 네오가 도입부에 읽던 책에 관심을 갖거나, 유럽 인문학의 천재라 불리는 철학자 슬라보예 지젝Slavoj Zizek의 저서 《매트릭스로 철학하기》나 영화평론을 통해 장 보드리야르의 철학을 접했을 수 있다. 아니 이렇게 말할 필요도 없다. 우리는 이미 *매트릭스*의 주인공 네오처럼 보드리야르의 철학의 주대상인 시뮬라시옹의 세계를 체험하고 있다.

보드리야르에 따르면, 현대 사회는 원본 없는 이미지 그 자체가 현실을 대체하고, 현실은 이미지에 지배받아 현실보다 더 현실적인 것을 나타내는 '과다실재hyper-reality'에 놓여 있다. 보드리야르는 들뢰즈가 정립한 시뮬라크르에 바탕을 두고, 동사적 의미인 '시뮬라크르를 하기'라는 뜻으로 '시뮬라시옹'이라는 단어를 정의했다. 그리고 보드리야르는 현대 사회에서는 실체보다 기호가 더 본질적인 위치를 차지하고 있음을 강조했다.

딸기맛 우유에는 딸기가 없다. 딸기 색을 낼 수 있는 벌레('연지벌레'라는 곤충에서 얻어진 붉은색 천연유기염료를 사용)와 딸기 향만 있을 뿐이다. 그러나 사람들은 딸기맛 우유를 마시며 딸기를 떠올린다. 바나나를 갈면 노란색이 나오지 않는데 사람들은 바나나 주스나 우유는 노란색을 띠어야 더 먹음직스럽다고 생각한다. 텔레비전 드라마는 각종 세트와 CG 작업을 통해 아주 생생한 모습을 갖고 있지만, 오히려 우리가 경험하는 현실 세계는 어딘지 모르게 생동감이 없어 때로는 비현실적으로 느껴진다.

대도시 근처에는 사람이 몰려들어 신도시가 만들어지는 것이 아니라, 쇼핑몰과 아파트를 먼저 지어놓으면 사람들이 공간을 채운다. 사람들이 아이폰을 원한 것이 아니라, 아이폰이 사람들의 해당 서비스 욕구를 만들었다. 이상의 여러 예를 통해서 알 수 있듯이, 현대는 바야흐로 기존에 인류가 으레 갖고 있었던 의미 생성의 논리가 전복된 시대이다.

무슨 의미든지 이해를 하려면 그 의미를 표현하는 기호를 분석하는 것이 중요하다. 그런데 애초에 의미는 기호와 필연적 관계를 갖지 않았다. 책을 꼭 책이라고 말해야 하는 이유는 없었다. 책이라는 기표記表(시니피앙, signifiant)에 기의記意(시니피에, signifié)가 우연히 결합한 것이다. 즉 기호는 자의성恣意性이 주요 특징이다. 자의성의 특성상 기호 안에는 본질적 의미가 있을 수 없다. 언어에서 다만 존재하는 것은 미셸 푸코Michel Foucault가 말했듯이 책과 음식이라는 단어가 다른 것이라는 식의 '차이'뿐이다. 즉 필연이나 유사가 아니라 차이를 통해 의미는 만들어진다. 들뢰즈도 그의 저서《차이와 반복》을 통해 이 점을 강조했다.

현실 속 의미 대상이 차이를 통해서 만들어진다는 것은 세계에 대한 새로운 통찰을 줄 수 있다. 보드리야르는 그의 저서《시뮬라시옹과 시뮬라크르》에서 디즈니랜드를 예로 든다. 그는 실제 세계가 디즈니랜드처럼 유치하다는 사실을 감추기 위해 디즈니랜드가 존재한다고 주장한다. 즉 이 세계가 시뮬라크르임을 감추기 위해 또 다른 시뮬라크르로 가린다는 것이다. 월트 디즈니는 페스트 등 병균을 옮겨 혐오 대상이었던 쥐를 시뮬라크르인 '미키 마우스'로 바꿔, 쥐가 미키 마우스처럼 그려지지 않으면 혐오스럽게 느끼도록 만들어버렸다. 이제 사람들은 디즈니 사가 만들어낸 이미지(미키마우스)를 통해 실제로 존재하는 것(쥐)을 바라보게 되었다.

환상을 갖는 것 자체가 문제는 아니다. 문제는 사람들이 이런 이미지를 소비하며 실체에 대해 무감각해지고 있다는 것이다. 그리고 무감각이 굳어지면 영화 *매트릭스*의 주인공 네오처럼 위조된 현실을 더 현실이라고 생각하며 실제 현실을 거부한다. 현대인은 앨리스를 쫓아 토끼굴 속으로 이미 깊숙이 들어와 있다. 앨리스의 이야기는 현대 사회가 진짜 무의미한 논리가 판치는 '이상한 나라'임을 감추기 위한 또 다른 시뮬라크르이기에 그 의미를 잃지 않고 있는 것일 수 있다. 이게 우리가 21세기에 의미 있는 삶을 위해 철학적으로 고민해야 할 대상이다. '의미 없음의 의미'라. 정말 역설paradox을 좋아했던 저자 루이스 캐럴답지 않은가?

## 1 　이성, 진리, 역사 Reason, Truth, and History

힐러리 퍼트넘 저 | 김효명 역 | 민음사

영화 *매트릭스*에서 모든 인간이 통 속에 담겨진 채 가상 현실을 살아가면서도 정작 당사자에게는 모든 것이 완벽히 정상적인 듯이 보이는 상황 설정은 바로 이 책에서 따온 것이다. 퍼트넘은 기존의 '통 속의 뇌'(뇌를 사람의 몸에서 분리하여 기능을 유지하도록 만들고 뇌가 일반적으로 받아들이는 것과 동일한 신호를 보내면 통 속에 담긴 뇌는 자신이 진짜 사람인지 아닌지를 확인할 수 없을 것이라는 논리) 논증을 확장시켜 비단 뇌 하나만이 아니라 모든 인간이 통 속에 들어있는 두뇌이며, 우주는 온통 뇌와 신경 조직으로 가득 찬 통만을 만들어내는 자동 기계로 구성되어 있는 상황을 가정한다. 그래서 우리가 참이라고 믿는 것이 환각에 지나지 않을 경우 진리의 문제를 어떻게 볼 것인지를 재미있게 풀어내고 있다. 이 책과 더불어 배식한의 저서《반실재론을 넘어서서 : 퍼트넘과 데이비슨의 제3의 길》을 읽기를 바란다. 진리와 의미 등을 둘러싼 퍼트넘의 실재론적 해석과 데이비슨의 반실재론적 해석의 대립 구도를 비교하면서 근본적인 철학 문제에 접근할 수 있다.

## 2 　비판적 실재론 : 로이 바스카의 과학철학
### Critical Realism

앤드류 콜리어 저 | 이기홍, 최대용 공역 | 후마니타스

이 책은 바스카의 비판적 실재론을 풀어쓴 책이다. 영국 방고르 대학과 사우샘프턴 대학의 교수였던 저자는 로이 바스카의 동료이기도 하다. '과학은 자명하고 확고한 불변의 진리인가?'라는 질문에 답을 하고 싶다면 과학 철학서를 통해 생각을 키우는 것이 좋다. 특히 로이 바스카의 비판적 실재론은 과학이란 무엇인가에 대한 비판적 답을 찾으면서 과학철학이 무엇인지를 이해하는 데 도움이 될 것이다. 이 책에는 경험주의, 합리주의, 실증주의 등에 대한 로이 바스카의 생각이 소개되어 있다. 그러나 이 책은 단순히 바스카의 견해를 정리하고 해설하는 데 그치지 않는다. 저자가 부족한 부분이라 생각하는 부분을 이론적으로 보충하고, 결함을 비판하고 대안을 내놓으며 비판적 실재론을 재구성하여 설명하고 있다. 어쩌면 로이 바스카의 저서 자체를 읽는 것보다 더 유익할 수 있다.

## 3  심리철학

김재권 ∣ 철학과현실사

퍼트넘의 '통 속의 뇌' 논증을 분석하다 보면 과연 인간의 몸과 마음의 관계가 어떤 의미를 가지는지 궁금하지 않을 수 없다. 몸과 마음의 문제, 즉 심신론心身論은 외국에서는 '재권의 문제'라는 별칭이 있을 정도로 김재권 교수의 주된 논제이다. 김재권 교수는 미국 다트머스 대학교에서 철학·불문학·수학을 전공하였고, 브라운 대학교에서 철학과 석좌교수로 재직 중이며 미국 중부철학학회장을 역임하기도 했다. 국내에 번역된 책《물리계 안에서의 마음》,《물리주의》를 읽기 전에 이 책을 먼저 보면 심신론 관련 논제들에 대해 올바른 시각을 가질 수 있게 될 것이다. 이 책의 각 장에는 '더 읽을 거리'가 소개되어 독자가 자료들을 더 찾아보며 체계적으로 공부할 수 있도록 돕고 있다.

# 2

## 눈물 연못

"어머, 별꼴 다 보겠네!"

앨리스는 소리쳤다.

"이젠 내 몸이 세상에서 가장 큰 망원경처럼 커졌잖아! 안녕, 잘 있어라, 내 발들아, 너희를 보는 것도 이제 마지막이겠구나! 앞으로 누가 너희에게 양말과 신발을 신겨주겠니? 나는 이제 더는 못 하게 됐어. 그러니 너희가 알아서 해야 해. 그래도 나는 너희에게 계속 친절하게 굴어야 되겠지."

앨리스는 잠시 생각한 다음에 다시 중얼거렸다.

"맞아, 내 발들에게 친절하게 하지 않으면 아마 내가 가자는 대로 가려고 하지 않을지도 몰라. 생각 좀 해봐야겠군. 그래, 좋아 크리스마스 때마다 새 신발을 선물해주는 거야."

이렇게 말한 후 앨리스는 그 선물을 어떻게 전해줄지 고민했다.

"배달부 아저씨에게 부탁하면 되겠지. 그런데 정말 웃기네. 자기 발에게 선물을 보내다니! 주소는 또 얼마나 이상할까!"

난로 울 앞
깔개 위에 계시는
앨리스의 오른발 귀하
- 진심을 담아서 앨리스가

"어머머, 말도 안 돼!"

바로 그 순간 앨리스의 머리가 천장에 쿵 부딪쳤다. 어느덧 2미터 70센티미터 이상으로 키가 자란 앨리스는 재빨리 작은 황금열쇠를 움켜쥐고 정원문으로 달려갔다. 앨리스는 옆으로 누워서 한쪽 눈을 정원 문에 바싹 갖다대어서야 안을 들여다볼 수 있었다. 하지만 몸이 너무 커져 정작 문

안으로 들어갈 수는 없었다. 앨리스는 앉아서 다시 울기 시작했다.

"부끄러운 줄 알아. 너처럼 커다란 여자애가 이렇게 계속 울기나 하고 말이야! 뚝 그쳐, 그치라니깐!"

그러나 앨리스는 계속 울고 있었고, 커다란 눈물방울들이 계속 흘러내려 앨리스 주위에 물웅덩이를 만들었다. 물웅덩이는 금방 10센티미터의 깊이로 차오르더니, 결국 그 방의 절반이 물로 채워졌다.

먼 곳에서 희미한 발소리가 들렸다. 앨리스는 누가 오는지 보려고 얼른 눈물을 닦았다. 한껏 멋지게 차려입은 하얀 토끼가 돌아오고 있었다. 토끼는 한 손에는 새끼염소 가죽으로 만든 흰 장갑 두 짝을, 다른 손에는 커다란 부채를 들고 있었다. 토끼는 아주 촐랑거리며 계속 중얼거렸다.

"아이구! 공작부인, 공작부인을 어쩐다! 공작부인이 너무 노여워하지 말아야 할 텐데!"

지금 앨리스는 물불을 가릴 입장이 아니었다. 그래서 토끼가 옆을 지나갈 때 작은 목소리로 수줍게 말을 걸었다.

"실례합니다, 선생님……."

토끼는 깜짝 놀라 장갑과 부채를 떨어뜨렸다. 그리고 있는 힘껏 어둠 속으로 달아나버렸다. 앨리스는 장갑과 부채를 집어 들었다. 그리고 방 안이 너무 더워 걸으면서 계속 부채질을 했다.

"어머머! 오늘은 정말 모든 게 이상해! 어제만 해도 정상이었는데. 밤새 내가 변한 것일까? 생각 좀 해보자. 오늘 아침에는 괜찮았나? 조금 다른 느낌이었던 것 같기는 해. 그런데 내가 달라졌다면, '도대체 나는 누구지?' 아, 도무지 알 수가 없잖아!"

앨리스는 자신이 누구처럼 변했는지 이해하려고 자신이 아는 또래 친구들을 모두 떠올리기 시작했다.

"나는 에이다는 아니야. 에이다는 아주 긴 곱슬머리이지만 나는 전혀 아니잖아. 메이벌일 리도 없어. 나는 아주 유식이 좔좔 넘치잖아? 그런데 메이벌은 머리가 텅 빈 애야. 게다가 메이벌은 메이벌이고, 나는 나인걸! 그리고…… 어머나, 점점 더 뒤죽박죽이야! 내가 정말 유식한지 알아봐야 되겠어. 어디 보자. 4 곱하기 5는 12이고, 4 곱하기 6은 13, 그리고 4 곱하기 7은…… 아니야! 이런 식으로 가면 20까지 언제 해! 구구단은 별로 중요하지 않아. 지리를 복습해봐야지. 런던은 파리의 수도이고, 파리는 로마의 수도, 로마는……. 아냐, 전부 틀렸어. 틀림없어! 내가 메이벌처럼 변해버린 거야! 그래, 시를 외워보자!"

앨리스는 마치 수업 시간에 발표를 하듯이 깍지 낀 두 손을 무릎 위에 놓고 시를 외우기 시작했다. 하지만 앨리스의 목소리는 이상하게 쉰 듯이 흘러나왔고, 단어들도 예전과는 달랐다.

작은 악어는 얼마나

반짝이는 꼬리를 갈고 닦으며

황금빛 비늘 하나하나에

나일 강의 강물을 끼얹는지!


또 얼마나 신나게 미소를 지으며

멋지게 발톱을 벌리는지.

상냥하게 쭉 찢어진 턱으로

작은 물고기들을 환영한다!


"틀렸어."

앨리스의 눈에 다시 눈물이 고였다. 앨리스는 중얼거렸다.

"나는 결국 메이벌처럼 되겠지. 지저분한 작은 집에 살면서, 장난감 하나도 갖지 못하게 될 거야. 그리고 너무너무 많은 것을 배워야만 하겠지! 안 돼. 그래 결심했어. 만일 내가 메이벌이라면, 나는 여기서 꼼짝하지도 않을 테야. 사람들이 뭐라고 해도 나는 그냥 있을 테야. 나는 고개만 까딱 들고 이렇게 말할 거야. '그런데 내가 누구죠? 먼저 나에게 대답을 해주세요. 내가 어떤 사람인지 알게 되면 일어날게요. 그러지 않으면, 다른 사람이 와서 말해줄 때까지 나는 여기서 꼼짝하지 않을 거예요'라고 말이야. 하지만, 아아!"

갑자기 앨리스는 울음을 터뜨렸다.

"누구든지 나를 좀 봐주었으면 좋겠어! 혼자 있는 것은 싫어!"

그렇게 말하면서 앨리스는 자신의 두 손을 쳐다보았다. 손에는 토끼의 흰 가죽 장갑 한 짝이 끼워져 있었다.

"내가 어떻게 장갑을 꼈지?"

앨리스는 생각했다.

"내가 다시 작아지고 있나봐."

앨리스는 자신의 키를 재려고 탁자로 걸어갔다. 그리고 자신의 키가 60센티미터 정도이며, 계속 빠르게 줄어들고 있음을 알았다. 앨리스는 키가 줄어드는 이유가 손에 든 부채 때문임을 금세 알아채고는 재빨리 부채를 떨어뜨렸다. 덕분에 앨리스의 몸은 더 이상 줄어들지 않았다.

"큰일 날 뻔했네!"

갑작스러운 변화에 크게 놀란 앨리스가 한숨을 쉬었다. 그러나 앨리스는 자신이 완전히 사라지지 않은 것이 매우 기뻤다.

"자, 이제 정원에 갈 수 있겠네!"

앨리스는 작은 문을 향해서 다시 힘껏 달려갔다. 그러나 이럴 수가! 작은 문은 닫혀 있었고, 작은 황금열쇠는 처음처럼 유리 탁자 위에 올려져 있었다. 가여운 앨리스는 생각했다.

"이건 아까보다 더 안 좋아. 나는 이렇게 작았던 적이 없어. 한 번도 말이야. 이건 정말 좋지 않아. 정말 좋지 않아!"

그 순간 발이 미끄러졌다. 풍덩! 앨리스는 짠 소금물에 턱까지 빠져버렸다. 처음에 앨리스는 바다에 빠진 줄 알았다.

"돌아가려면 기차를 타야지".

앨리스는 그렇게 중얼거렸다. (딱 한 번 가본 바닷가에는 이동식 탈의실이 많았고 한 줄로 늘어선 민박 집들 뒤로는 기차역이 있었다. 앨리스는 바닷가는 다 그렇다고 생각했다.) 그렇지만 곧 앨리스는 거인이 되었을 때 자신이 흘린 눈물 웅덩이에 빠졌다는 것을 깨달았다.

"에구, 그렇게 펑펑 울지 말 걸 그랬어!"

앨리스는 헤엄을 치며 후회했다.

"너무 많이 울어서 벌을 받은 거야. 내가 흘린 눈물에 내가 빠지다니! 세상에 누가 믿겠어! 오늘은 모든 것이 이상해."

바로 그때 멀지 않은 곳에서 물을 튀기는 소리가 들렸다. 앨리스는 확인하려고 좀 더 가까이 헤엄쳐 갔다. 처음에는 하마나 해마일 거라고 생각했다. 그러나 자신이 지금은 아주 작아졌다는 걸 떠올리며, 그것이 생쥐임을 깨달았다. 생쥐도 앨리스처럼 미끄러져서 물에 빠져버린 것이었다.

'이 쥐와 대화를 할 수 있을까? 여긴 모두 특이하니까 어쩌면 쥐가 말을 할지도 몰라. 어쨌든 한번 해봐서 나쁠 것은 없지.'

앨리스는 말을 걸기 시작했다.

"오, 생쥐여. 이 웅덩이에서 나가는 길을 아니? 나는 계속 수영을 하느라고 완전히 지쳐버렸어. 오, 생쥐여!"

생쥐가 신기하다는 듯 앨리스를 쳐다보고는 작은 눈으로 살짝 윙크하는 것처럼 보였지만 말은 하지 않았다. 앨리스는 생각했다.

'영어를 모르는지도 몰라. 어쩌면 정복왕 윌리엄과 함께 바다를 건너온 프랑스 생쥐일 수도 있어.'

그래서 앨리스는 프랑스어로 말을 걸었다.

"Où est ma chatte(내 고양이는 어디 있지)?"

그것은 프랑스어 교본에 나오는 첫 문장이었다. 그러자 생쥐가 갑자기 물 위로 펄쩍 뛰어올랐다. 생쥐는 겁에 질려 온몸을 부들부들 떠는 것 같았다.

"어머, 용서해줘! 쥐가 고양이를 좋아하지 않는다는 사실을 깜박 잊었어."

앨리스는 가엾은 작은 동물의 기분을 상하게 한 것이 미안해서 급히 사과했다.

"고양이를 좋아하지 않고말고! 네가 나라면 고양이를 좋아하겠니?"

생쥐가 날카롭게 쏘아붙였다. 앨리스는 생쥐를 달랬다.

"아마 아니겠지. 화내지 마. 그런데 우리 집 고양이인 다이나를 보여주면 좋을 텐데. 너도 다이나를 보면 고양이에게 호감을 갖게 될 거야. 다이나는 아주 얌전하거든."

천천히 헤엄을 치면서 앨리스는 계속 말했다.

"다이나는 난롯가에서 가르랑거리거나, 앞발을 핥고 얼굴을 닦는 것을 좋아한단다. 얼마나 털이 부드러운지 몰라. 그리고 쥐 잡는 데도 선수란다. 어머, 미안해!"

앨리스는 깜짝 놀라 소리쳤다. 생쥐는 털을 빳빳하게 곤두세웠다. 앨리스는 엄청난 잘못을 범했다는 사실을 깨달았다.

"이제 우리 다이나 이야기는 하지 말자. 네가 싫다면 말이야."

"우리 다이나라니!"

꼬리까지 발발 떨면서 생쥐가 소리쳤다.

"우리 생쥐들은 고양이라면 질색이야. 비열하고, 멍청하고, 야비한 것들! 다시는 그 이름을 듣지 않게 해줘!"

"다시는 그러지 않을게!"

앨리스는 대충 얼버무리며 대화의 주제를 바꾸었다.

"그러면…… 개는 좋아하니?"

생쥐는 아무 대답도 하지 않았다. 그래서 앨리스는 용기를 내서 말을 이었다.

"우리 이웃집에 아주 귀여운 작은 개가 있단다. 네가 볼 수 있으면 좋을 텐데! 눈이 예쁜 테리어 종인데, 갈색털이 얼마나 길고 구불거리는지 몰라! 물건을 던지면 물어오고, 앞발을 세우고 앉아서 먹이를 달라고 애교 부리고. 내가 기억을 잘 못하지만, 그밖에 아주 할 줄 아는 것이 많아. 개 주인인 농부 아저씨는 그 개가 아주 쓸모가 있어서 100파운드의 가치는 된다고 했어! 아저씨 말로는 쥐도 잘 잡아서, 어머나!"

앨리스는 안타깝게 소리쳤다.

"내가 또 실수를 했어, 미안해!"

생쥐는 앨리스를 피해서 있는 힘을 다해 멀리 헤엄쳐가고 있었다. 웅덩이 안에 긴장감이 돌았다. 앨리스는 상냥하게 생쥐를 불렀다.

"생쥐야! 다시 돌아와. 이젠 고양이에 대해서든 개에 대해서든 말하지 않을게. 네가 싫다면 말이야!"

생쥐는 그 말을 듣자, 몸을 돌려서 느릿느릿 앨리스 쪽으로 다시 헤엄쳐왔다. 생쥐의 얼굴은 아주 창백했다. 생쥐가 낮고 떨리는 목소리로 말했다.

"기슭으로 나가자. 그 후에 나의 기구한 삶에 대해서 이야기해주지. 그러면 내가 왜 고양이와 개를 싫어하는지 이해할 수 있을 거야."

마침 물에 빠진 새들이며 동물들 때문에 웅덩이가 점점 붐비고 있어 나가야 했다. 도도새며, 새끼수리며, 그밖에 여러 가지의 기묘한 동물들이 물속에 있었다. 그들은 모두 앨리스의 뒤를 따라서 기슭을 향해 헤엄쳤다.

# 눈물 쏙 빼는 정체성의 심리학

"**내**가 어떤 사람인지 알게 되면 일어날게요."

제2장에 나오는 앨리스의 말은 심오한 고민으로 유명한 햄릿의 대사라고 해도 어울린다. 어쩌면 정체성의 갈등을 빚는 다른 연극에 쓰인 대사일 수도 있다. 어디 작품 속에서만일까? 실제 현실 속의 일반인들도 자기가 누구인지 알고 싶어 한다. 자기 자신에 대한 답을 찾으면 혼란이 없어져 더 행복하고, 더 확신에 찬 행동을 할 수 있고, 더 좋은 결과물을 낼 것 같다. 그래서 눈물을 쏙 빼는 힘든 과정을 견뎌내며 결국 그 답을 얻기도 한다.

그러나 대부분은 앞의 말과 바로 이어지는 앨리스의 또 다른 대사처럼 자기가 누구인지 '다른 사람이 와서 말해줄 때까지' 기다린다. 하지만 수학 공식처럼 다른 사람이 알려준 자아정체성을 내가 생활 속에서 적용하기만 하면 문제가 해결될까? 이 물음에 답하기 위해 정체성이 무엇인지부터 살펴보도록 하자.

정체성identity은 심리학자 에릭 에릭슨Eric Ericson이 만든 용어이다. 에릭슨은 정체성을 '자신이 누구인가에 대한 답'으로서 '개인의 동일성에 대한 의식적 감각'이라고 정의했다. 이 정의에 따르면 '독자성이 있는 것이면서도 연속성이 있는 것'이 정체성의 핵심이다. 즉 '다른 사람과 구별할 수 있는 나의 것'인 의미를 모두 합친 것이 정체성이라고 할 수 있다. '지식탐험 1'에서 살펴보았던 것처럼 다시 한 번 차이에 의해서 의미가 만들어짐을 강조하지 않을 수 없다.

## 에릭 에릭슨의 정체성 개념

앨리스는 자신의 정체성에 대한 답을 친구 에이다와 메이벌과의 차이로 찾으려 했다. 그러나 별로 효과적이지 않았다. 제2장에서부터 마지막 장까지 '나는 누구인가?' 하는 생각이 앨리스의 머리를 떠나지 않고 간간히 나오니 말이다. 왜 그럴까? 실제로 다른 사람과의 표면적인 구별로 자신의 정체성을 정의할 수 없어서는 아닐까? 앨리스가 친구와 자신을 구별해서 정체성을 찾으려 했던 생각 과정을 계속 전개해보면 그 답을 알 수 있다.

일단 나는 동물이 아니라 인간이다. 그런데 내가 인간이라는 사실은 동물과 나를 구별할 수는 있지만 이웃집 사람들과 나를 구별하는 데는 도움이 되지 못한다. 내가 남자(혹은 여자)라는 사실은 이웃집 여자(혹은 남자)와 나를 구별할 수 있지만 이웃집 아저씨(혹은 아줌마)와 나를 구별하지는 못한다. 이런 식으로 계속 자신의 범위를 줄이거나, 다른 것과 비교하면서 자기 고유의 것을 찾아보면 내가 나의 것이라고 말할 수 있는 것을 계속 쪼갤 수는 있다.

하지만 나만의 것은 하나도 없다. 내가 사는 동네는 다른 사람들이 함께 사는 동네이기도 하고, 내가 사는 집은 우리 집 식구 모두 나눠 갖는 공간이며, 학교나 직장 역시 그렇다. 내가 친하게 지내고 있는 친구는 다른 사람의 친구이기도 하고, 키가 1미터 70센티미터이든 20센티미터이든 그 수치는 어떤 사람(혹은 어떤 동물)의 키이기도 하다.

여기에서 에릭슨의 정체성 개념을 이해하기 위한 생각의 전환점이 필요하다. 내가 나 자신에 대해서 말하는 것은 개인적인 고유의 것이 아니라 모두 사회적인 요소이지만, 그렇게 누군가와 나누고 겹치는 모든 것을 다 합친 나는 나밖에 없다. 즉 '나'의 신체적·심리적인 특성이 모두 조합되어 내가 아는 사람을 만나고 내가 처한 상황에서 행동하는 세상에서 유일한 존재가 바로 '나'이다. 결국 정체성은 내 부모의 부모의 부모의 부모로부터 이어진 혈통으로 태어나, 지금껏 자라면서 사회적으로 상호작용하며 경험하고 있는 모든 것이다.

정체성은 흔히 생각하듯이 자연을 구성하는 4원소를 찾는 것처럼 본질적 요소를 발견하는 것이 아니다. 오히려 사회적 관계가 중첩된 것을 충분히 고려했을 때 얻어지는 것이 정체성이다. 일반인이 자아정체성 찾기에 어려움을 겪는 것은 바로 사회적 요소를 무시한 채 개인적인 가치를 더 강하게 고민하고 추구하기 때문이다.

정체성 발견을 막는 또 다른 편견으로는 '정체성이 정태적靜態的'이라는 생각이 있다. 사회적 특성상 정체성은 항상 주변의 것과 영향을 주고받으며 계속 그 특성이 바뀌는 것이다. 그리고 사회적 상황에서 계속 능동적으로 구성해야 하는 것이기도 하다. 그러나 흔히 정체성이라고 하면 고정되어 있어서 어딘가 숨겨져 있는 보물처럼 여긴다. 그래서 정체성 실현이라고 하면 일종의 보물찾기처럼 생각하고 덤빈다. 하지만 정체성은 보물이 아니다. 그러니 이제 정체성 발견은 오해할 소지가 크니 정체성 실현이라는 단어로 바꿔 설명하기로 하겠다.

정체성 발견은 곧 정체성 실현이다. 태어날 때부터 갖고 있던 고유의 무엇을 찾는 것이 아니라, 자신을 역동적으로 구성하면서 보다 나은 존재로 탈바꿈시키는 것이다. 나이가 들수록 취업과 결혼 및 출산 등으로 사회적 상황은 더 다양해진다. 그리고 그 속에서 자신의 여러 모습을 새롭게 발견할 수밖에 없다. 그런데 이때 새로운 모습을 부정하면서 실체도 없는 '본류의 것'으로 정체성을 찾으니 그만큼 자아정체성 실현이 힘들 수밖에 없다. 그래서 세상 물정을 제법 아는 어른이 되어서도 심한 심리적 위기를 겪고 '중년의 위기'나 '갱년기' 등을 경험하게 된다.

## 심리적 위기와 발전의 기회

에릭슨은 인간이 어느 한 시기에 성장한 후 그 결실을 거둬들이는 식으로 사는 것이 아니라, 전 생애를 걸쳐 발달한다고 보았다. 에릭슨은 인간의 생애를 8단계로 나누고, 각 단계에는 긍정적인 것과 부정적인 것, 두 방향으로 나눠진 심리적 위기이자 발전의 기회가 동시에 발생한다고 주장했다. 각 단계에서 성공적으로 발달을 하면 미덕을 갖게 되어 정체성이 성장한다. 하지만 갈등 상황에 굴복한다면 나이가 들어도 심리적으로는 성장할 수가 없다. 어른 중에도 유치한 욕망과 허약한 의식을 가진 사람이 있는 것도 각 연령대에 맞는 적절한 성장을 하지 못했기 때문이라고 에릭슨은 주장했다. 에릭슨의 이론을 도표로 정리하면 다음과 같다.

| 단계 | 발달 수준 | 심리 사회적 위기 | | 미덕 | 자아 발달에 주된 영향을 주는 대상 |
|---|---|---|---|---|---|
| | | 긍정 | 부정 | | |
| 1 | 출생~1세 | 신뢰 trust | 불신 distrust | 희망 | 어머니 같은 사람 |
| 2 | 1~3세 | 자율 autonomy | 수치 shame | 의지력 | 부모와 같은 사람 |
| 3 | 3~6세 | 주도성 initiative | 죄의식 guilty | 목적 | 가족 |
| 4 | 6~12세 | 근면성 industry | 열등감 inferiority | 능력 | 이웃이나 학교 안의 사람 |
| 5 | 청소년기 (12~20세) | 정체성 안정 identity | 정체성 혼란 identity confusion | 충성심 | 자기와 비슷한 또래로 이뤄진 집단, 지도자의 모범 |
| 6 | 성년기 (20~40세) | 친밀감 intimacy | 소외감 isolation | 사랑 | 우정을 나누는 친구, 애정을 나누는 이성 친구, 경쟁자 혹은 동료 |
| 7 | 장년기 (40~65세) | 생산성 generativity | 침체성 stagnation | 배려 | 직장, 가정 |
| 8 | 노년기 (65세 이상) | 자아 통합 integrity | 절망감 despair | 지혜 | 인류, 동포, 사회 |

각 단계는 정체성의 특성상 고정된 것이 아니다. 순서에 상관없

이 사람마다 다른 단계를 경험할 수 있다. 피터팬처럼 어린아이로 평생을 살 수도 있고 웬디처럼 어린아이임에도 동생들의 엄마 노릇을 할 수 있다. 현실 속의 소년소녀가장처럼 말이다. 어떤 사람은 정체성 발달의 첫 번째 단계에서 부모와의 심리적 격리로 신뢰를 경험하지 못해 평생 불신의 늪에서 허우적거리기만 할 수 있다.

요즘 청소년이 입에 달고 사는 '희망은 없고 절망으로 가득 차서 삶이 재미가 없다'는 말은 예전에 노인들이 자주 한 푸념이었다. 에릭슨은 한 번 성장에 성공했다고 자아실현이 보장되는 것은 아니라고 주장했다. 각 인생의 단계에서 성장을 했다고 해도 다시 예전 단계의 심리적 위기에 처할 수 있으며 그때 성공하느냐 실패하느냐에 따라 성장이 또 달라질 수 있다는 것이다.

마찬가지로 심리적 위기에 봉착했어도 긍정적인 선택을 하면 계속 성장할 수 있다. 즉 에릭슨의 주장을 한 마디 경구로 바꾸자면 다음과 같다.

"기회는 언제든지 있다. 포기하지 않는 한."


## 당신은 누구인가에 답하기

다른 사람이 '당신은 누구인가'라고 질문했을 때 척척 답을 잘하는 게 정체성 찾기의 주목적은 아니다. 삶의 궁극적 가치인 자아실현이 정체성 찾기의 목적이다. 자아실현에 대해서는 많은 학자들이 이야기했다. 그 중에서 칼 융Carl G. Jung과 아브라함 매슬로우 Abraham H. Maslow의 체계적인 이론이 특히 심리학적인 면에서 가치가 높다.

먼저 융은 마음의 주요 요소를 자기Self와 자아Ego로 나누었다. 자기는 합리적인 생각의 빛이 닿지 않는 어둠의 세계, 즉 무의식의 밑바닥에 깊이 놓여 있는 세계이다. 자아는 자기의 세계보다 훨씬 작은 의식의 세계로 의식되지 않는 세계는 그냥 없는 것이라고 생각한다. 그래서 자아는 자기에서 떨어져 나왔으면서도 자신의 원천을 모른 채 방황한다.

만약에 자아가 자기를 계속 무시한다면 그것이 신경증을 유발하게 된다. 다행히 자아는 가끔 꿈에서 자기를 만날 수 있다. 정신분석학자와 신경정신과 의사가 꿈을 중시하는 것도 자기를 드러내는 여러 상징이 꿈속에 드러나 있어 그것을 통해 신경증을 치유할 수 있기 때문이다.

그런데 자아가 자기를 모두 다 알면 어떻게 될까? 자아가 자기를 다 알게 되면 자신이 가진 마음의 전체 요소를 의식적으로 이해하게 된다. 그게 바로 자신을 떠받치고 있는 마음의 중심을 잡는 '정체성 발견'이자 '자아실현'이다. 그래서 융은 자아실현을 강조하며 '인간의 삶은 결국 자아가 자기를 찾는 과정'이라고 말했다.


## 매슬로우의 욕구위계이론

매슬로우는 '욕구위계이론Hierarchy of Needs'으로 심리학뿐만 아니라, 교육학과 경영학, 정치학에까지 큰 영향을 주었다. 욕구위계이론은 사람의 욕구에는 위계가 있으며, 각 위계에 맞는 욕구 충족이 이루어지지 않으면 문제가 발생한다는 것이 핵심이다. 매슬로우의 욕구위계이론은 흔히 다음과 같은 피라미드 모형으로 설명된다.

매슬로우는 인간의 욕구를 7단계로 나누었다. 최하층에는 생리적 욕구를 놓고, 최상위에는 자아실현의 욕구를 놓았다. 욕구위계이론의 특성상 높은 수준의 욕구에 올라가려면 먼저 낮은 수준의 욕구가 해결되어야 한다. 일단 먹고 쉬는 기본적인 생리적 욕구가 해결되지 않는다면 최상위의 자아실현의 욕구도 생기기 힘들다. 그래서 매슬로우는 개인이나 사회 모두 높은 수준으로 성장을 하려면 자신의 욕구가 지금 어느 단계에 있는지 확인해서 그에 맞는 행동을 하는 것이 중요하다고 주장했다.

가상 사례를 통해 매슬로우 이론의 타당성을 확인해보자. 대한민국의 경우 절대적인 기아에서 벗어나 있고, 치안도 총기류가 허용된 다른 나라에 비해 좋은 편에 속하니 '생리적 욕구'와 '안전과 안

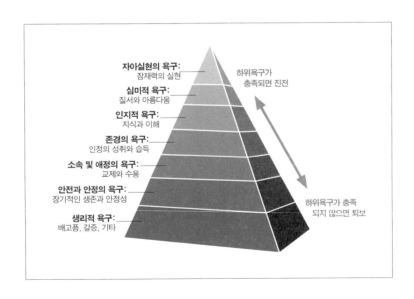

정의 욕구'는 어느 정도 해결되는 셈이다. 그러므로 가상 사례 속 주인공의 이야기를 '소속 및 애정의 욕구'에서부터 시작해보자.

15세인 갑돌이는 학교에 소속되어 있다. 그러나 아버지의 직장 문제 때문에 전학을 와서 소속감은 별로다. 자신의 학교이지만 부자연스럽다. 청소년기가 되면서 가족과의 연대감도 덜해졌다. 친구들은 학원이나 과외로 바빠 우정을 맘껏 나눠보지 못했다. 하지만 시간이 흐르며 점차 아이들과의 상호작용이 많아지면서 적어도 학교에 대해서는 소속 및 애정의 욕구가 충족되었다.

이제 다음 단계의 욕구가 더 신경이 쓰인다. '결과보다는 과정이 중요하다'고 하지만 공부를 해도 성적이 더 좋은 아이들에게 무시를 받으니 기분이 나쁘다. 그 이유는 '존경의 욕구'가 충족되지 않아서이다. 욕구 불만족 때문에 반항을 했지만, 그것으로는 기존 친구들과도 멀어지게 되는 또 다른 문제를 만들 뿐이었다.

다시 소속 및 애정의 욕구를 충족시키기 위해 노력한 갑돌이는 내친 김에 공부까지 열심히 해서 주변의 인정을 받아 존경의 욕구를 채운다. 이쯤 되니 이제 어떻게 사는 삶이 좋은가를 고민하게 되었다. 그 고민에 대한 해답이 될 만한 지혜를 찾고 싶다. 그래서 책이나 신문, 다큐멘터리 등에 관심을 갖게 된다. 갑돌이에게 '인지적 욕구'가 생긴 것이다.

다행히 갑돌이의 부모는 적극적으로 갑돌이에게 기회를 줘서 인지적 욕구를 충족시킨다. 이제 하루하루 당장 무엇을 먹느냐, 다치지 않고 있었느냐, 어디에 있느냐, 누구와 만나느냐, 무엇을 공부하느냐가 아니라 가슴을 움직이는 것들에 더 마음이 쓰인다. 아름다운 음악과 미술, 영화 등이 예전보다 더 보고 싶어진다. '심미적 욕구'가 생겼다. 다행히 21세기의 대한민국은 한참 생리적 욕구와 안전과 안정의 욕구 등을 해결해야 하던 경제개발기와는 다르게 뮤지컬과 전시회 등 문화 자원이 풍부하다. 갑돌이는 이를 통해 심미적 욕구를 해결한다. 또한 여러 예술작품을 즐기면서 그 작품 안에 있는 여러 인물과 의미, 가치에 대해서 고민하기 시작한다. 자기는 어떤 가치 있는 삶을 살 것인가 깊이 생각하게 된다. 바로 '자아실현의 욕구' 때문이다.

갑돌이가 최상위인 자아실현의 욕구까지 갖게 되었지만, 예전에 전학을 오자마자 심미적 욕구나 자아실현 욕구를 해결하려고 했다면 어떻게 되었을까?

버거운 과제처럼 느꼈을 것이다. 설령 억지로 계속 해결하려 했더라도 학교보다는 외부활동에 더 신경을 쓰면서 학교에서 겉도는 생활을 하게 되고, 결국 심리적 방황을 계속 하게 되었을 것이다. 대부분의 시간을 보내는 학교에서 적응하지 못하고 심미적 욕구나 자아실현 욕구를 해결할 기회도 잃고 방황을 하게 되었을 것이다. 현실 속 어느 문제아처럼 말이다. 그래서 매슬로우는 욕구위계에 따른 적절한 행동을 해야 자신의 잠재력을 극대화할 수 있고, 그것을 통해 자아실현을 할 수 있다고 주장했다.

만약 자신이 심미적 욕구가 커져 배우로서의 재능을 발견했는데 변호사로 일하게 된다면 어떨까? 존경의 욕구 실현은 변호사 쪽도 좋을 수 있지만, 좀 더 높은 욕구위계에 있는 심미적 욕구와 자아실현 욕구는 방해를 받게 된다. 영화 *300*으로 스타덤에 오른 제라드 제임스 버틀러Gerard James Butler의 경우가 그랬다. 제라드 제임스 버틀러는 변호사란 직업을 버리고 뒤늦게 배우의 길을 걸어 자아실현을 하고 있다.

## 자아정체성 찾기=행복 찾기

제라드 제임스 버틀러의 사례는 직업의 귀천 여부나 어느 쪽이 돈을 잘 버느냐의 문제를 떠나서 자기실현 욕구가 방해받으면 결국 행복할 수 없다는 사실을 강조하고자 소개한 것이다. 대부분이 반드시 간디나 테레사 수녀와 같은 수준에 서기 위해서 자아실현을 하거나 정체성 찾기를 하고 싶어 하지는 않는다. 혼란과 불안감 없이 삶의 빛을 밝히며 행복하게 살고자 정체성을 고민한다.

그것 역시 아주 훌륭한 이유이다. 사실 그런 경지에 도달한 사람도 많지 않다. 이 말은 자기 자신이 누구인지 답을 할 수 있는 사람이 세상에 많지 않다는 뜻이다. 어린 앨리스처럼 남이 말해주기만을 꿈꾸며 징징거리는 사람이 더 많다.

하지만 앨리스조차 자신이 누구인지 수시로 물으며 이상한 나라의 모험을 계속했음을 기억하자. 21세기에는 자아정체성에 대한 질문 자체를 무의미하거나 유용하지 않은 생각이라고 보는 사람이 더 많다. 날렵하게 몸을 움직여 치열한 경쟁에서 이기기 위해서는 무거운 질문은 금물이라고 생각하는 청년들. 그들은 인생에 대한 성찰이 묻어나는 책보다는 직무나 생활·건강 관련 실용서가 더 마음 편하다. 그러다 몸이 무거워지는 나이가 되면 자아정체성의 질문을 카운터펀치처럼 맞고 몸을 가누지 못하게 된다. 실신 직전의 상태에서 이미 풀린 다리를 수습하려고 할 때는 늦다. 운다고 상황이 나아지지 않건만 흐르는 눈물을 주체하기 힘들다. 이래서는 안 된다.

정체성 발견의 참뜻을 이해하자. 그렇게 되면 자기 자신이 진정 원하는 자신을 창조하기에도 눈물 흘릴 겨를 없이 바쁘게 된다. 좌충우돌 앨리스처럼 뭐가 뭔지 모를 것 같은 상태에서 헤매더라도 적어도 힘이 더 남아 있을 때 찾아 나서봐야 하지 않을까?

( 토끼굴 추천 정보 )

## 1    I am a strange loop

Douglas R. Hofstadter ︱ Basic Books

《괴델, 에셔, 바흐》로 전 세계 지성계에 큰 반향을 일으켰던 더글러스 호프스태터의 저서이다. 아직 번역 출간이 되지 않아 많이 아쉬운 책이기도 하다. 호프스태터는 자신의 전작인 《괴델, 에셔, 바흐》가 과학철학서 수준으로만 읽히는 것에 깜짝 놀라, 본래 의도를 명확히 하고자 이 책을 썼다고 한다.

책 제목에서 알 수 있듯이 더글러스 호프스태터는 의식의 실재와 인간의 자기 인식의 문제에 관심을 갖고 있었다. 그래서 다양한 비유와 사례를 들면서 자신의 생각을 증명하고자 했다. 괴델, 에셔, 바흐의 연결고리도 그 설명 과정에서 꼭 필요한 것이었다.

더글러스 호프스태터는 이 책에서 '나는 재귀적再歸的으로 자기 참조를 하는 이상한 고리와 같다'는 결론을 내리고 있다. 책에 수록된 텔레비전 영상과 뫼비우스 띠 등에 대한 사진에 주안점을 두고 읽는다면 비교적 명확하게 저자의 의도를 파악할 수 있다. 워낙 탁월한 지식을 펼쳐 놓아 중간에 맥락을 잃기 쉬운 약점이 있기는 하지만 말이다. 언젠가 이 책이 풍성한 주석과 함께 번역되기를 바란다.

## 2    현대성과 자아정체성 : 후기 현대의 자아와 사회

Modernity and self-identity : self and society in the late modern age

앤소니 기든스 저 | 권기돈 역 | 새물결

앤소니 기든스는 신자유주의에 반대하는 사회학자이다. 그래서 '세계화'의 문제에 빠지지 않고 거론되면서 논술을 대비하는 고등학생도 그 이름을 아는 학자가 되었다. 그러나 그의 진면목이 드러나는 이 책을 읽은 사람은 많지 않다. 기든스는 이 책을 통해 현대성의 특징을 정의하고, 존재론적 안전과 실존적 불안의 문제를 제기하며 자아의 문제를 부각시킨다. 그렇다고 개인적 수준에서 대안을 내놓는 것은 아니다. '생활정치'의 개념을 소개하면서 관련 의제를 제기한다. 의미있는 자아가 무엇인지, 인간의 본성이 무엇인지, 현대성이 무엇인지 알고 싶은 독자는 진지하게 읽을 만한 책이다.

## 3    나는 왜 나를 사랑하는가 Narcissism Epidemic

진 트웬지, 키스 캠벨 공저 | 이남석 편역 | 옥당

저명한 심리학자인 두 저자는 21세기의 전 세계에서 공통으로 보이는 사회적, 경제적, 문화적 위기에 대해 분석한 결과 하나의 공통된 원인을 찾았다. 그것은 바로 '나르시시즘 전염병Narcissism Epidemic'이었다. 이들은 그릇된 자기 사랑의 방법인 나르시시즘이 마치 쓰나미처럼 전 세계를 휩쓸며 모든 사람을 위기에 빠뜨리고 있다고 진단한다. 이 책에 나온 사례를 읽다 보면 자신도 모르게 나르시시즘 전염병에 걸려 있다는 생각에 깜짝 놀라게 될 것이다. 행복하게 살기 위해서는 자아를 사랑할 줄 알아야 한다고 말한다. 그런데 그게 과연 사회적으로나 개인적으로 올바른 길일까에 대해서 진지하게 분석하고, 현명하게 대안을 이야기한 책은 많지 않다. 올바르게 자아를 형성하는 것도 중요하지만, 올바르게 자아를 발달시키면서 표현하고 사랑하는 것도 중요하다. 이 책은 그 방법을 알려주고 있다.

# 3

## 코커스 경주와 긴 이야기

　기슭에 다다른 앨리스 일행의 모습은 우스꽝스럽기 짝이 없었다.
새들의 깃털은 땅바닥에 질질 끌렸고, 다른 동물들의 털도 몸에 찰
싹 엉겨 붙어 초라했다. 일행 모두의 몸에서 물이 뚝뚝 떨어졌고,
하나같이 화나고 기분 나쁜 표정들이었다.

　일행은 자신들의 젖은 몸을 어떻게 말리느냐에 대해 신중하게
논의를 했다. 어느새 앨리스는 동물들과 이야기하는 것이 자연스럽
게 느껴졌다. 실제로 앨리스가 로리와 한참 말싸움을 벌였을 때, 이

런 대화가 오가기도 했다.

"앨리스, 나는 너보다 나이가 많아. 당연히 너보다 아는 게 훨씬 많다고."

하지만 앨리스는 그 말을 믿지 않았다. 로리가 몇 살인지 몰랐고, 로리도 자신의 나이를 밝히지 않았기 때문이었다. 그들은 더 이상 나이 얘기는 하지 않았다. 마침내 일행 가운데 제법 권위가 있어 보이는 생쥐가 소리쳤다.

"앉아요, 여러분. 그리고 내 말 좀 들어봐요! 내가 여러분들의 몸을 말려드리겠습니다."

일행은 생쥐를 중심으로 빙 둘러 모여 앉았다. 앨리스는 초조하게 생쥐를 쳐다보았다. 빨리 몸을 말리지 않으면 감기에 걸릴 것이 뻔했다.

"에헴!"

생쥐가 헛기침을 했다.

"모두 앉았나요? 이건 내가 아는 최상의 건조 방법이에요. 조용히 들어주세요! 교황의 총애에 힘을 얻은 정복왕 윌리엄은 지도자를 학수고대하고 있던 영국 사람들에게 쉽게 인정을 받았습니다. 머시아와 노섬브리아(잉글랜드에 있었던 옛 왕국 _ 옮긴이 주)의 백작들인 에드윈과 모르카는……."

"우우!"

로리가 몸을 떨며 야유를 보냈다.

"죄송합니다! 하실 말씀이라도?"

생쥐는 얼굴을 찡그렸지만 최대한 정중하게 물었다.

"아니에요!"

로리가 허둥대며 대답했다.

"저는 또 하실 말씀이 있는 줄 알았지요."

생쥐가 말했다.

"그럼 제가 계속 말하겠습니다. 에드윈 백작과 모르카 백작은 정복왕 윌리엄을 지지했습니다. 심지어 충성심 있는 캔터베리 대주교 스티건드조차 그것이 현명한 일임을 발견하고⋯⋯."

"뭘 발견했는데요?"

덕이 물었다.

"그것을 발견했죠. 모두 아는 것 아닙니까?"

이번에 생쥐는 좀 퉁명스럽게 대답했다.

"물론 알고말고요. 내가 직접 발견한 거라면 그렇지요. 대개 개구리나 벌레이지요. 그런데 대주교는 뭘 발견했는데요?"

덕이 다시 물었다.

생쥐는 질문을 무시하고, 빠르게 말을 이었다.

"에, 에드가 왕자와 함께 윌리엄 왕을 찾아가 왕관을 바치는 것이 현명한 일임을 발견했습니다. 윌리엄은 처음에 온화하게 행동했습니다. 그러나 노르만족의 오만함이⋯⋯ 지금은 몸이 어때?"

이야기를 하다 말고 생쥐가 앨리스에게 물었다.

"여전히 축축해. 전혀 마르는 것 같지 않아."

앨리스가 우울한 목소리로 대꾸했다.

이때 도도가 자리에서 일어서며 엄숙하게 말했다.

"그러면 좀 더 효과적인 방법을 즉각적으로 채택하기 위해 휴회를 제안합니다."

"알아듣기 쉽게 말해요! 난 당신이 말이랍시고 나열하는 그 긴 단어 중 절반의 뜻도 모르겠어요. 게다가 당신 말은 믿을 수도 없어요!"

이글렛이 말했다. 그리고 이글렛은 미소를 감추려고 고개를 숙였다. 다른 새들 몇 마리가 킥킥 웃었다. 도도는 언짢은 목소리로 말했다.

"나는 몸을 말리는 가장 좋은 방법이 코커스 경주라는 말을 하려는 겁니다."

"코커스 경주가 뭐야?"

앨리스가 물었다. 사실 앨리스는 그다지 궁금하지 않았다. 그러나 도도는 누군가 설명할 것이라고 생각했는지 입을 닫았다. 그런데 다른 동물들은 설명할 생각이 전혀 없어 보였다. 그래서 도도가 다시 입을 열었다.

"가장 좋은 설명은 직접 해보는 것입니다."

도도는 제일 먼저 둥근 원을 그려서 경주로를 표시했다. 그런 다음 일행 모두에게 그 원을 따라 여기저기에 자리를 잡게 했다.

'하나, 둘, 셋, 출발!'

이런 신호도 없이 일행은 마음 내킬 때 달리고 마음 내킬 때 멈추었다. 그러니 언제 경주가 끝날지 알 수가 없었다. 그러나 30분쯤 달린 후 몸이 거의 마르자, 도도가 갑자기 소리쳤다.

"경주 끝!"

그들은 숨을 헐떡이며 도도 주위로 모여서 물었다.

"누가 우승을 했지?"

도도는 즉시 대답할 수가 없었다.

한참 동안 도도는 한 손가락을 이마에 댄 채 고민에 빠졌다. 그동안 일행은 조용히 기다렸다. 마침내 도도가 말했다.

"여러분 모두 우승자입니다. 그러니 모두들 상을 받아야죠."

"하지만 누가 상을 줘?"

모두 동시에 외쳤다.

"그야 물론, 이 여자애죠."

도도는 한 손가락으로 앨리스를 가리켰다. 그러자 동물들은 순식간에 앨리스를 둘러싼 뒤 마구 떠들었다.

"상을 줘! 상을 줘!"

앨리스는 어쩔 줄 몰랐다. 앨리스는 간절한 마음으로 호주머니에 손을 넣었다. 그리고 손에 잡히는 과자상자를 꺼내서 동물들에게

상으로 건네주었다. 다행히 소금물에 젖지 않은 과자가 동물들에게 딱 한 조각씩 돌아갔다.

"그런데 이 여자애에게도 상이 있어야지."

생쥐가 말했다.

"물론 있어야지. 네 호주머니에 다른 건 없니?"

도도가 아주 진지하게 물었다.

"골무밖에 없어."

앨리스가 서글프게 대답했다.

"이리 줘."

도도가 말했다.

동물들이 다시 앨리스를 둘러싼 가운데 도도가 다음과 같이 말하며 엄숙하게 골무를 수여했다.

"이 아름다운 골무를 받아주시기 바랍니다."

도도의 짧은 연설이 끝나자 동물들은 일제히 박수를 쳤다. 앨리스는 정말 우스꽝스러운 짓이라는 생각이 들었지만, 동물들이 너무 진지해서 웃을 수는 없었다. 딱히 할 말이 생각나지 않았기에 앨리스는 그냥 고개를 숙였고, 가능한 한 엄숙한 표정으로 골무를 받았다.

그런 다음 모두 과자를 먹는데, 그동안에도 소동은 끊이지 않았다. 큰 새들은 양이 너무 적어서 맛을 모르겠다고 불평했고, 작은 새들은 목이 메어 등을 두드려줘야만 했다. 그렇지만 어쨌든 과자 먹기는 끝이 났고, 그들은 다시 둥글게 둘러앉아서 생쥐에게 이야기를 좀 더 해달라고 졸랐다.

"너에 대해서 말해준다고 약속했잖아."

앨리스가 말했다.

그리고 앨리스는 다시 실수하는 게 아닌지 염려하며 조그만 목소리로 덧붙였다.

"'고'와 '멍'을 싫어하는 이유도 말이야."

앨리스는 고양이와 멍멍이의 앞 글자만 따서 말해 생쥐가 마음 상하게 하지 않으려 최대한 배려했다. 생쥐는 다음과 같이 말하고 나서 한숨을 쉬었다.

"그건 아주 길고 슬픈 이야기야!"

앨리스는 '이야기tale'를 '꼬리tail'로 잘못 알아듣고 다음과 같이 말했다.

"그래, 네 꼬리가 긴 것은 분명해. 하지만 왜 슬픈 꼬리라고 부르는 거지?"

앨리스는 어리둥절한 눈빛으로 생쥐를 내려다보았다. 그리고 생쥐가 말을 하는 동안에도 줄곧 왜 슬픈 꼬리인지 곰곰이 생각했다. 그래서 결국 생쥐의 이야기를 꼬리에 대한 것으로 받아들였다.

"넌 내 말을 듣지 않는구나! 지금 도대체 무슨 생각을 하고 있는 거야?"

생쥐가 날카롭게 앨리스를 비난했다.

"미안해, 네 꼬리가 다섯 번 휘어졌지?"

앨리스는 매우 미안해하며 말했다.

"아니야!"

생쥐는 몹시 화를 내며 소리쳤다.

퍼리가 집에서 만난 생쥐에게 말했
다네. "법정으로 가자. 반드시
너를 고소하겠다. 싫다는 말을
못하게 해주마. 우리는 재판을
해야만 해. 오늘 아침에 나는
정말로 아무 할 일이
없거든." 그 말을 들은
생쥐는 그 불량배에게
말했네. "친애하는
선생, 배심원도 판사도
없는 그런 재판은 기운만
빠지게 할 뿐이오."
"내가 판사가 되마.
배심원이 되마."
교활한 퍼리는
말했다네.
"내가 죄를
따져서 너에게
사형 선고를
내리
리
오."

"그럼 꼬리에 매듭이 졌구나!"

이번에 앨리스는 생쥐가 '아니야not'라고 말한 것을 '매듭knot'이
라고 잘못 알아들었다. 앨리스는 걱정스럽게 생쥐의 꼬리를 바라보
았다.

"내가 매듭을 풀어줄게!"

"무슨 엉터리 같은 소리야. 나를 모욕하지 마!"

생쥐는 일어나서 멀리 걸어갔다.

"그럴 생각은 아니었어. 하지만 너도 너무 쉽게 화를 내는 거 아니니?"

가엾은 앨리스가 애원했다. 생쥐는 대답 대신 낮게 으르렁거렸다.

"부탁이야. 돌아와서 네 이야기를 끝까지 해줘."

앨리스는 생쥐를 불렀다. 다른 동물들도 함께 부탁했다.

"그래, 어서 돌아와."

그러나 생쥐는 참을 수 없다는 듯이 고개만 흔들고 좀 더 빨리 걸어갔다.

"저런, 그냥 가버리네!"

생쥐의 모습이 완전히 사라지자 로리가 한숨을 쉬었다. 나이 든 게 한 마리가 기회를 놓치지 않고 자기 딸 게에게 말했다.

"봤지, 얘야! 그래서 항상 참을성이 있어야 하는 거야!"

"그만둬요, 엄마! 엄마는 끈덕지게 껍질을 벌리지 않는 굴에 질릴 대로 질렸으면서 어떻게 그런 말이 쉽게 나와요?"

어린 딸 게가 토라진 채 말했다.

"다이나가 여기 있었으면 좋았을걸! 그럼 생쥐를 금방 다시 데려왔을 텐데."

앨리스는 큰 소리로 혼잣말을 했다.

"다이나가 누군지 내가 물어봐도 되겠니?"

로리가 물었다. 다이나를 자랑하고 싶었던 앨리스는 기뻐하며 대답했다.

"다이나는 우리 집 고양이야, 쥐잡기 선수이지. 그리고 새도 얼마나 잘 잡는지 몰라! 아마, 눈에 띄는 순간 꿀꺽할걸?"

동물들은 앨리스의 말에 큰 충격을 받았다. 앨리스의 말이 끝나기가 무섭게 새들 중 몇 마리는 허겁지겁 자리를 떴다. 늙은 까치는 날개를 조신하게 움직이며 말했다.

"그만 집에 가야지. 밤공기는 목에 좋지 않아."

어미 카나리아 새는 떨리는 목소리로 아기 새들을 불러모았다.

"가자, 내 아기들아! 모두 잠자리에 들 시간이야!"

동물들은 각자 핑계를 대며 자리를 떠났고, 앨리스는 곧 혼자가 되었다.

"다이나 이야기를 하는 게 아니었어!"

앨리스는 슬프게 중얼거렸다.

"여기에서는 아무도 다이나를 좋아하지 않는가 봐. 다이나는 세상에서 가장 좋은 고양이인데! 아, 다이나! 너를 다시 못 볼지도 몰라!"

너무도 외롭고 슬퍼진 앨리스는 다시 소리 내 울기 시작했다. 그렇지만 잠시 후, 앨리스는 통통통 뛰어오는 작은 발걸음 소리를 들었다. 혹시 생쥐가 마음을 바꿔서 나머지 이야기를 마저 들려주려고 오는 건지도 몰라, 반가운 마음으로 앨리스는 번쩍 고개를 들었다.

# 정치인의 간악한 가스등 켜기

제 3장의 본문에 색으로 표시한 부분을 보면 정치인과 그에 대한 비판이 쉽게 떠오른다. 앨리스 일행은 생쥐 등의 정치적 기만술에 따라 서로 비판하고 싸우느라 건설적인 대처를 하지 못한다. 오래된 농담이 떠오르는 상황이다.

의사와 건축가, 정치인이 각각 자기 직업이 가장 오래된 직업이라고 우겼다. 의사는 하나님이 아담의 갈비뼈로 이브를 만들어낸 것이 바로 외과수술이라면서 의사가 가장 오래된 직업이라고 말했다. 이에 건축가도 하나님이 건축가와 같이 혼돈상태에서 세상을 창조한 것이라면서 건축가가 가장 오래됐다고 했다. 그러자 정치인이 히죽 웃으며 말했다.
"그럼 당신들은 애당초 세상을 혼돈 속에 빠트린 사람이 누구라고 생각하세요?"

가장 오래된 직업의 승리자는 정치인이었다. 현실에서도 마찬가지다. '무능하다'거나 '양심 없다' 등의 비판을 받아도 정치인들은 자신의 의지대로 상황을 바꾸는 데 탁월한 재능을 보인다. 정치인 관련 기사를 검색하면 날치기 법 통과, 퍼주기식 선심 공약, 재산 증식, 각종 청탁 등의 사건이 많이 나온다. 이게 모두 심성이 아주 못된 정치인 하나가 벌인 일이라고 생각하면 마음이 편해진다. 하지만 매번 선거에서 그런 정치인을 뽑은 유권자가 우리 자신이라고 생각하면 마음이 불편해진다. 마음의 화살이란 오묘하다. 이상한 지식 나라에 살고 있는 심리학자들은 화살을 우리 쪽에 돌려 불편한 질문을 했다.

　"왜 우리는 사기꾼이나 범죄자와 다름없는 정치인에게 계속 속는가?"

　이 질문에 대해서는 다양한 답이 가능하다. 정치적 순진함, 정치인이 제공하는 환상의 화려함, 강자 앞에서 비굴해지는 약자 의식, 자신도 권력을 얻으려는 욕망, 지역 감정, 학연·지연. 그러나 이 책에서는 심리학적 측면에서 답을 하고자 한다. 심리학자들은 정치적인 선전 및 조작에 관심을 가져왔다. 그리고 인간의 인지적인 오류의 틈을 공략하여 여론조작을 하는 '가스등 켜기gaslighting'에 대해서 특히 주목해왔다.

　'가스등 켜기'는 원래 1944년 조지 쿠커George D. Cukor감독의 스릴러 영화 가스등gaslight에서 유래한 용어이다. 영화는 재산을 빼앗기 위해 의도적으로 아내를 미치게 만들려는 남편의 음모를 주된 줄거리로 하고 있다.

'가스등 켜기'를 잘 이해하려면 이 개념의 유래가 된 영화의 내용을 알아야만 한다. 이 영화는 루이스 캐럴의 주인공과 동명이인인 '앨리스'의 이야기에서부터 출발한다. 세계적인 오페라 가수인 앨리스 엘퀴스트는 자신의 집에서 살해된다. 하지만 경찰은 범인을 잡는 데 실패한다. 그런데 나중에 앨리스 엘퀴스트의 집을 조카인 폴라(잉그리드 버그먼 분)가 물려받는다. 그리고 그녀는 이탈리아로 성악 수업을 받으러 가고 그곳에서 멋진 청년인 그레고리(찰스 보이어 분)와 사랑에 빠진다.

사랑에 눈이 먼 폴라는 성악 공부마저 포기하고 그레고리와 결혼한다. 그 후 폴라는 10년 만에 런던으로 돌아와 앨리스에게 물려받은 집에서 신혼생활을 시작한다. 그러나 막상 앨리스의 집으로 들어오고 나자 그레고리는 갖가지 구실을 붙여서 폴라의 외출을 막는다. 그리고 그녀를 정신이상자로 몰아간다. 왜 그랬던 것일까?

그레고리는 폴라가 믿은 것처럼 건실한 청년이 아니었다. 보석도둑이자 앨리스의 살인범이었다. 그레고리는 폴라가 물려받은 유명한 보석을 가로채기 위해 폴라에게 계획적으로 접근했던 것이다. 그레고리의 세뇌로 인해 폴라는 자신이 물건을 잃어버리고도 기억 못하는 상태가 되었다고 믿는다. 그리고 심지어 남편의 시계를 훔치고도 기억하지 못하는 처지에 놓였다는 생각에 심리적 불안이 극으로 치닫는다. 밤마다 방 안의 가스등이 희미해지고 다락방에서 소음이 들리자 폴라는 이 사실을 남편에게 말한다. 하지만 그레고리는 폴라가 상상 속에서 꾸며낸 일이라며 그녀를 미쳤다고 몰아세운다.

그런데 예전에 앨리스의 팬이었던 런던 경시청의 브라이언 경위(조셉 코튼 분)는 그레고리의 수상한 행동을 눈치챈다. 폴라를 찾아온 브라이언은 희미해지는 가스등과 미심쩍은 발소리에 관한 그녀의 얘길 듣는다. 사건의 진상을 추적하던 브라이언은 그레고리가 밤마다 다락방에서 앨리스의 보석을 몰래 찾고 있었다는 사실을 알게 된다. 마침내 폴라는 그레고리의 정체를 알아내고 자신이 미치지 않았음을 깨닫는다. 그리고 진정한 자신을 되찾는다.

## 나보다 상대를 더 믿게 되는 가스등 효과

영화 내용 중에서 눈에 띄는 것은 남편이 아내가 병들고 약한 존재라는 것을 스스로 받아들이도록 끊임없이 세뇌시키는 장면이다. 아내는 남편을 사랑하기 때문에 자신이 병약하다는 남편의 말을 믿는다. 그리고 결국 아내는 자신이 분명히 본 것도 남편이 공상이라고 하면, 오히려 그 말을 믿으며 자신의 생각을 부정하는 상황에 이르게 된다. 남편은 공공연하게 자신의 아내가 미쳐가고 있다는 이야기를 퍼뜨리며 점점 더 상황을 악화시킨다.

이 영화의 여주인공인 아내처럼 자신보다 상대방을 더 믿는 상황을 '가스등 효과gaslight effect'라고 부른다. 가스등 효과의 희생자는 가해자를 이상적인 존재로 생각한다. 그리고 문제는 자신에게 있다 믿으며 상대방에게 더 잘해줘서 인정받고 싶어 한다. 그래서 상대방이 기만책을 쓰거나 폭언, 폭력을 써도 순순히 받아들인다. 이런 상황이 되면 상대방은 여유 있게 '가스등 켜기'를 즐긴다.

정치인의 경우에는 대중 연설이나 법안 상정 등으로 영향력을 발휘하는데 이것이 바로 가스등 켜기이다. 징치인이 가스등 켜기를 하면 분명히 있었던 사건이 없던 일이 되기도 하고 없던 일이 만들어지기도 한다. 문제가 되는 특정 발언을 한 적이 없다고 발뺌하는 정치인이 있고 그 말에 속는 지지자가 생긴다. 가스등을 켜고 끄면서 정치인들은 사이비 종교의 교주처럼 자신의 지지자를 끊임없이 세뇌시킨다.

## 세뇌와 은밀한 통제권

그런데 왜 우리는 가스등 켜기에 대해서 잘 모르는 것일까? 정치인은 하지도 않은 업적이나 갖고 있지 않은 능력을 자랑하는 데 일가견이 있다. 하지만 그런 자랑이 거짓으로 보일 수 있다는 생각마저 못할 정도로 현실 감각이 없지는 않다. 그래서 새빨간 거짓말로 보이기 직전까지 현란한 말로 사람들을 홀린 후 치고 빠진다. 이것이 정치인들이 잘하는 가스등 켜기이다. 즉 정치인들은 가스등 켜기에 몰두해서 그 등이 과열로 폭발하기를 바라지 않는다. 남들이 눈치채지 못할 적당한 간격으로 가스등 켜고 끄기를 반복해서 자신의 가스등을 지킨다.

가스등 켜기의 주된 목적은 상대방에 대한 은밀한 통제권을 갖는 것이다. 지지자가 아닌 사람에게는 헛소리에 지나지 않을 주장도 지지자에게는 밀교의 철칙처럼 느껴져야 한다. 그렇게 하려면 믿음의 단계에 맞는 적정선을 지켜야 한다. 사이비 교주가 처음부터 여신도에게 성폭행할 테니 자신의 방으로 들어오라고 한다면 몇 명이나 들어가겠는가. 정치인이 비리를 화끈하게 저지를 테니 표를 몰아달라고 하면 몇 명이나 표를 주겠는가.

정치인은 사이비 교주가 주변을 단속하는 것처럼 믿음과 교감의 단계에 따라 자신의 속을 드러낸다. 그리고 괜한 소리가 밖으로 새어나가지 않게 한다. 이를 위해 영화 속의 남편이 집에서 아내에게 은밀하게 세뇌를 시키는 것과 같이 가해자와 피해자, 정치인과 지지자는 폐쇄적으로 정보를 주고받기도 한다. 정치인이 지지 세력을 모아놓고 하는 연설과 일반 대중을 향한 연설은 그 내용이 크게 차이가 난다.

폐쇄적이라고 해서 귓속말을 떠올려서는 안 된다. 공개를 하되 특정한 정보만 오갈 수 있도록 통제할 수도 있다. 세계화, 경쟁, 초일류 등 특정한 단어를 선전문구로 삼아 그 외의 가치는 자연스럽게 무시되도록 조장한다. 사람들의 관심은 정치인이 반복적으로 언급하는, 많이 유행하고 있는 단어에 집중이 된다.

결국 다른 논의 가능성이 막혀 사실상 은밀하게 정보를 주고받는 것과 비슷한 효과를 거둔다. 이것이 기본적인 가스등 켜기의 과정이다. 원래 먹거리에 대한 관심에서 출발한 쇠고기 협상에 대한 논의가 결국 반정부나 이념적 논쟁으로 번진 현상은 그렇게 가스등 켜기를 해서 이익을 얻으려는 정치인이 있었기에 가능했다.

## 거짓 신념 주입하기

가스등 켜기는 단순한 선전 행위가 아니다. 가스등 켜기의 핵심은 거짓 신념을 상대방에게 주입하는 것이다. 사실 가스등 켜기는 정치인의 전유물만은 아니다. 아이가 아동 성학대자에게 어젯밤 자신의 몸을 더듬었냐고 물으면 그는 이렇게 대답한다. "모두 네 상상이야." 그리고 자신의 알리바이와 함께 아이가 상상이라고 믿을 수밖에 없는 여러 가지 근거를 꾸며낸다. 아이는 자신이 꿈을 꾸거나 잠시 비몽사몽 상태에서 상상한 것이라 생각하며 성학대자에게 오히려 미안하다고 사과한다.

이런 대화를 제3자가 듣는다면 뭔가 이상한 구석이 있다고 여길 것이다. 하지만 가해자는 자신이 항상 옳다고 여기며 확신에 차서 자신의 힘을 과시한다. 그 모습을 보며 피해자는 자신의 감각과 생각을 포기한다. 이 과정에 객관성이 개입되면 가스등 효과가 깨진다. 그러니 폐쇄적으로 정보가 오가야 하는 것이다.

한동안 국내 언론을 뜨겁게 달구며 사회를 극도로 불안한 분위기로 몰고 갔던 신종 플루의 공포는 외국 신문에서는 찾기 힘든 현상이기도 했다. 간혹 신종 플루의 위험성이 지나치게 과장됐다는 기사나 보도가 들려왔지만 국내 언론이 만들어놓은 신뢰의 벽을 넘지는 못했다.

이런 가스등 켜기를 알아챌 수 있는 방법은 있다. 가스등 켜기가 진행되면 문제가 되는 사안에 대한 논의가 많아진다. 원래 그 사안이 내포한 의미가 대단해서가 아니다. 가스등 켜기를 하는 정치인이나 정치집단은 자신의 간악함을 숨기기 위해 말을 장황하게 하기 때문이다. 제3장의 도도가 다른 동물들에게 연설조로 말하는 모습이 그렇다.

루이스 캐럴이 제3장의 제목에 '긴 이야기'라는 단어를 넣은 것도 정치에 대한 통찰이 들어갔기 때문이다. 캐럴은 사회적인 야심이 없는 인물이었다. 아이들과 잘 통할 수 있었던 것도 이런 그의 순박한 성격 덕분이었다. 하지만 루이스 캐럴은 야심이 많은 정치인들에 대해서는 풍자 정신이 대단했다.

〈격주 논평〉지에 동물 학대에 대한 비판글을 실으면서 법제화된 잔혹성을 방치하는 정치인을 비난하기도 했다.《이상한 나라의 앨리스》에서는 하트 여왕과 그녀를 따르는 신하와 시종의 행동을 우스꽝스럽게 묘사함으로써 정치인을 신랄하게 풍자했다.

정치인은 자신들의 올바름을 알리기 위해 그럴듯한 절차(규칙, 규율 등)를 제안하기도 한다. 코커스 경기나 제3장에 인용된 시 속의 법정처럼 말이다. 미셸 푸코는 '감옥이 있는 것은 이 세상이 감옥이라는 사실을 감추기 위한 장치'라고 말한 적이 있다. 그의 저서《감시와 처벌》과《폭력과 광기》에 드러난 논리를 따르면 정신병원도 환자를 치료하기 위한 장치가 아니다. 통제 불가능한 정신병 환자를 사회로부터 격리 감금하여 인간에 대한 정치 권력의 지배를 강화하려는 억압적 수단의 필연적 산물이다.

감옥 역시 범죄자들의 단순한 수용소가 아니다. 권력의 목적에 부합하도록 훈육시켜 사회통제를 원활히 하기 위한 전략의 소산이다. 범죄자로부터 선량한 국민을 보호하기 위해 더욱 강력한 공권력이 필요할 수밖에 없다는 말은 정치인들이 즐겨하는 그럴듯한 가스등이라는 것이다.

## 인지부조화와 신념의 변화

가스등 켜기에 대해서 알게 되었다고 어떤 정치인이나 집단이 의도하는 방향으로 자신의 생각이 끌려가는 것을 막기는 쉽지 않다. 왜냐하면 '인지부조화의 원리' 때문이다. 인간은 애매모호한 상황에서 한 행동을 가지고 자신의 마음을 수정한다.

이 원리는 원래 정상적인 사람들이 (누가 봐도 이상한) 사이비 종교에 왜 빠지는가를 연구한 레온 페스팅거Leon Festinger 박사의 연구에 바탕을 두고 있다. 사이비 종교는 처음부터 자신의 본색을 드러내지 않는다. 처음에는 친목 모임처럼 시작한다.

하지만 이런저런 이유로 집회에 처음 가서 다른 신도와 함께 노래하고 박수 친 사람은 잠시 찝찝해하다가 결국 종교에 빠진다. 왜냐하면 자신이 다른 신도와 똑같은 (찝찝한) 행동을 한 것에 대해 스스로에게 합당한 설명이 불가능하니, 아예 자신의 마음을 행동과 일치시켜 심리적 부담을 덜려는 인지부조화의 원리가 작용하기 때문이다.

이 원리와 관련된 또 다른 실험 예로는 정치적 신념 변화가 있다. 어떤 사람에게는 자신의 신념과 반대되는 안건에 대해 지지표를 던지는 조건으로 천 원을 주고, 또 다른 사람에게는 그보다 훨씬 많은 돈을 주었다. 그 결과 돈을 많이 받고 지지표를 던진 사람들은 자신의 신념을 바꾸지 않았지만, 그보다 적은 돈을 받고 지지표를 던진 사람들은 자신의 신념마저 실제 지지하는 쪽으로 바꾸었다. 자신이 고작 천 원을 받고 신념과는 달리 행동했다는 사실에 마음이 불편하기 때문에 자신이 한 투표 행동과 일치하는 방향으로 마음, 즉 신념을 바꿔버린 것이다.

지금까지의 내용을 정리하면 가스등 켜기를 하려는 정치인에게 필요한 것은 인지부조화가 일어날 수 있도록 초기 행동을 이끌어내거나 애매모호한 상황을 연출하는 능력이다. 정치인들은 국민들이 정상적으로 찬찬히 사안을 따져볼 수 없도록 상황을 빠르게 전개시킨다. 혹은 여러 장황한 말들로 상황을 애매모호하게 한다. 아니면 분명히 우스꽝스러운 광경이라는 생각이 들지만 그런 생각을 억누르는 진지함이 느껴지도록 한다(요란한 박수 소리나 분위기 조장 등의 기만적 장치는 앨리스의 이야기 속에도 나온다).

제3장의 내용을 보면 앨리스는 실제로 다른 동물들이 너무 진지해서 우스꽝스러운 짓이라 여기면서도 웃지 못했다는 부분이 나온다. 가스등 켜기의 대표적인 기법은 다음과 같다.

### (1) 사실 부정

가장 간단한 조작 방법이다. 실제로 있었던 일이 없었다고 주장하는 것은 그와 연관된 사람들의 감정이나 의견을 무시할 수 있는 유용한 출발점이 된다. 광주항쟁의 경우, 청문회를 통해 그 진상을 샅샅이 밝히려 했지만 지휘계통에 있던 사람 누구도 지시를 내린 사실이 확인되지 않았다. 그런데도 광주에서는 엄청나게 많은 희생자가 나왔고, 지금까지 많은 사람들이 신체적, 심리적으로 고통받고 있다. '그런 일은 있을 수가 없다', '해당 사실을 보고받은 적이 없다', '기억이 잘 나지 않는다' 등 사실 부정의 가스등 켜기는 계속 활용되고 있다.

### (2) 반대 의견 제시자의 신뢰성 공격

털어서 먼지 안 나는 사람은 없는 법. 문제가 된 사안과 관련이 없는 상대방의 과거나 사건, 가십gossip, 비밀 들을 부각시킨다. 삼성의 불법 로비 문제가 불거졌을 때 김용철 변호사의 아내가 운영한 노래방의 불법에 대해서 언론이 갑자기 많은 관심을 가졌던 것이 그 예가 될 수 있다. 세계적 기업의 경영 투명성과 노래방 경영의 투명성은 전혀 다른 문제이지만, 적어도 삼성을 지지하는 사람들에게는 김용철 변호사의 삼성 비판에 대한 면역체계가 발동할 수 있었다.

### (3) 전문가 활용

특별한 전문가를 고용하여 복잡한 논증으로 자신에게 유리한 주장을 펼치는 것이다. 중요한 것은 결론 그 자체가 아니라 일반인이 쉽게 접근할 수 없을 정도로 특수하게 상황을 만드는 것이다. 담배 회사는 과학자를 고용하여 담배가 폐암과 '직접적인' 관련이 없다는 것을 증명했다(그러나 많은 사람들의 생각은 다르다). 황우석 박사의 거짓말 논란 때에도 초기에는 각계의 특별한 전문가들이 확신에 가득 차서 각종 어려운 용어와 가치를 들어가며 황우석 박사를 옹호하고 나섰음을 기억해보자. 당시 황우석 박사 사건을 둘러싼 논란의 전개과정 모두가 지금 살펴본 가스등 켜기 기법의 '명예의 전당' 헌정감이다.

가스등 켜기 전략은 점점 더 무섭도록 치밀해진다.

그리고 앨리스가 요즘 세상을 봤다면 '이상한 나라'가 아니라 '무서운 나라'라고 했을지도 모른다. 하긴 요즘에는 그 말이 그 말이지만.

( 토끼굴 추천 정보 )

1    **코끼리는 생각하지마** : 미국의 진보세력은 왜 선거에서 패배하는가
Don't Think Of An Elephant!
조지 레이코프 저 | 유나영 역 | 삼인

조지 레이코프는 정치학자가 아니다. 언어학자이다. 그러나 정치에 대해서 정치학자보다 더 탁월한 통찰을 내놓았다. 레이코프는 정치적 사고에 미치는 언어의 영향력을 인지언어학적 측면에서 살펴본다. 그리고 생각의 틀에 해당하는 프레임frame 활성화를 통해 정치적 결과가 어떻게 달라지는지를 다양한 사례를 통해 소개한다. 레이코프 자신이 진보주의자로서 미국의 공화당을 상징하는 코끼리를 생각하지 말라는 제목을 달았으나, 이미 그 말에 의해 코끼리(공화당)부터 생각나는 역설을 재치 있게 보여주기도 한다. 닉슨이 '저는 거짓말쟁이가 아닙니다'라는 말로 TV 시청자의 머릿속에 있던 거짓말쟁이 프레임을 일깨워 결국 대통령직을 사임한 사례와도 연결될 수 있다. 이 책에 나온 여러 정치적인 프레임 전쟁 사례를 읽다 보면 국내 정치의 여러 사건들이 저절로 떠오르게 될 것이다. 일상 언어와 정치의 연결 원리는 같은 것이니 말이다.

## 2 괴벨스, 대중 선동의 심리학 Joseph Goebbels

랄프 게오르크 로이트 저 | 김태희 역 | 교양인

20세기 정치 구도 형성에 큰 영향을 준 히틀러. 그런데 그런 히틀러를 만든 사람
이 있다. 바로 요제프 괴벨스이다. 괴벨스가 오스트리아 한 식당에서 히틀러를
처음 만났을 때만 해도 히틀러는 실패한 화가 지망생에 지나지 않았다. 그런 그
가 영웅으로 총통의 신화적 위치에 올라갈 수 있었던 것은 괴벨스의 탁월한 대중
선동 전략의 힘이었다. 총통은 신이나 마찬가지의 존재였다. 최고 권력자인 히틀
러가 모든 일을 최종 결정했지만, 유태인 학살이나 비열한 정치적 모략 등의 책
임이 힘러나 괴링과 같은 다른 나치 대표자들의 몫으로 돌아갈 수 있었던 것도
괴벨스가 만든 총통 신화 덕분이었다. 괴벨스는 이성이 아닌 감성과 본능에 호소
해서 일종의 최면을 걸듯이 정치하는 것의 처음과 끝을 보여주었다. 괴벨스가 언
론을 통제하고 미디어를 조작하며 보여준 전술이 한국을 비롯한 여러 나라의 독
재 시대에 똑같이 벌어졌던 사실과, 현재에도 계속 시도를 하는 세력이 있음을
확인하면 소름이 끼칠 것이다.

## 3 여론조작 : 매스미디어의 정치경제학
### Manufacturing Consent

노엄 촘스키, 에드워드 허먼 저 | 정경옥 역 | 에코리브르

노엄 촘스키는 언어학자이지만, 현실적인 정치 문제에 대한 적극적 참여로 더 유
명하다. 이 책은 워터게이트 사건과 캄보디아 내전에 관한 보도 등 중요한 사회
적 사건에 대해서 미국 언론이 취한 친권력적 태도들을 과감하게 비판한다. 자
유로운 언론활동의 대표격인 탐사보도의 경우에도 결국 정치적 조작에 의한 것
일 수 있음을 여러 사례를 통해 이야기하고 있다. 이 책에서 지적한 미국 주류 언
론의 '가치 있는 희생자'와 '무가치한 희생자'의 구별 행태는 해외 토픽이나 국내
사건에 대한 보도에서도 그대로 확인할 수 있다. 제3세계의 선거에 대한 '정당한
선거'와 '무의미한 선거' 이야기도 공정하고 냉정한 보도가 아니라, 지배 권력의
메시지 전달을 위한 것이라고 이 책은 주장한다. 그리고 풍부한 사례를 통해 저
자들은 이런 보도 행태들이 더욱 정교해지고 있으며 더 광범위하게 확산되고 있
음을 경고한다. 이 책에 약점이 없는 것은 아니다. 저자들이 기존 주류 언론의 대
안으로 상정한 인터넷도 사실은 주류 언론의 문제를 답습하기 시작했다는 비판
도 가능하다. 하지만, 이 책에서 제기한 여러 논제와 역사적 사건에 대한 다시 보
기의 단초를 얻을 수 있다는 점만으로도 읽을 만한 가치가 있다.

# 4

# 하얀 토끼가 꼬마 빌을 보내다

발소리의 주인공은 생쥐가 아니라 토끼였다. 토끼는 잃어버린 물건을 찾는 듯 두리번거리며 계속 중얼거리고 있었다.

"공작부인! 공작부인! 오, 내 불쌍한 발들! 내 불쌍한 털과 콧수염들! 공작부인이 날 죽일 거야. 족제비처럼 사정없이! 도대체 내가 어디에다 그것들을 흘린 거야?"

그 순간 앨리스는 토끼가 부채와 흰 가죽 장갑을 찾고 있음을 깨달았다. 앨리스는 토끼를 돕기 위해 주변을 살펴보았다. 그러나 부채와 장갑은 보이지 않았다. 앨리스가 웅덩이에서 빠져나온 뒤에 모든 것이 바뀐 것처럼 보였다. 유리 탁자와 작은 문이 있던 큰 방도 감쪽같이 사라지고 없었다.

바로 그때 토끼가 앨리스를 쳐다보았다. 토끼는 화난 목소리로 소리쳤다.

"어이, 메리 앤. 여기에서 뭘 하고 있는 거야? 당장 집으로 뛰어 가서 내 장갑과 부채를 가져와! 얼른, 빨리!"

메리 앤이 하녀를 뜻하는 말임을 알았지만, 앨리스는 너무나 놀라서 군말 없이 토끼가 가리키는 방향을 향해서 달려갔다.

"내가 자기 하녀인 줄 아나 봐."

앨리스는 달리면서 중얼거렸다.

"내가 누구인 줄 알게 되면 깜짝 놀라겠지! 그래도 부채랑 장갑은 갖다주는 게 좋겠어. 찾을 수만 있다면 말이야."

그 순간 앨리스는 작고 아담한 집을 발견했다. 그 집의 문에는 '토끼집'이라는 글자가 새겨진 반짝거리는 놋쇠 판이 걸려 있었다. 앨리스는 문을 두드리지 않고 집 안으로 들어갔다. 그리고 진짜 하녀와 딱 마주쳐서 부채와 장갑을 찾지 못하고 밖으로 쫓겨나게 될까 봐 마음 졸이며 서둘러 이층으로 올라갔다.

"토끼 심부름을 하다니, 내가 얼마나 우스꽝스러워 보일까! 다음에는 다이나가 나에게 심부름을 시킬지도 몰라!"

앨리스는 그런 상상을 하기 시작했다.

"'앨리스 양, 당장 이리 와요. 심부름해야 할 데가 있으니까.'"'금방 갈게! 유모! 하지만 다이나가 돌아올 때까지 이 쥐구멍을 보고 있어야 해요. 쥐가 나가지 않는지 감시해야 하거든요.'"

앨리스는 계속 상상했다.

'다이나가 그런 식으로 사람들에게 명령을 한다면 사람들이 다이나를 집에 두려고 할지는 모르겠네.'

이런 상상을 하면서 앨리스는 창가에 탁자가 있는 아주 아담한 방으로 들어갔다. 그런데 그 탁자 위에 부채 하나와 조그맣고 하얀 장갑 두세 켤레가 놓여 있었다. 앨리스는 부채와 장갑 한 켤레를 집어 들고 바로 그 방을 나오려 했다. 그때 거울 옆에 있는 작은 병이 눈에 띄었다. 이번에는 병에 '마시시오.' 같은 지시문이 붙어있지 않았다. 그렇지만 앨리스는 뚜껑을 열고 병을 입으로 가져갔다.

"내가 무엇을 먹든지 마시든지 하면 뭔가 재미있는 일이 일어나잖아? 그러니 이번에는 어떤가 봐야지. 이걸 마시고 내 몸이 다시 커지면 좋을 텐데. 이렇게 작게 사는 건 너무 힘들어!"

정말 금세 앨리스의 소원이 이루어졌다. 절반도 채 마시지 않았는데 앨리스의 머리가 천장에 닿았다. 조금만 더 마셨더라면 목이 부러졌을 것이다. 앨리스는 병을 내려놓고 중얼거렸다.

"됐어, 더 커지면 안 돼. 그럼 저 문을 나갈 수 없게 돼. 조금만 마셨으면 좋았을 텐데."

그러나 이미 때늦은 후회였다. 몸은 점점 커졌고, 앨리스는 마룻바닥에 무릎을 꿇고 앉아야만 했다. 그래도 몸이 계속 커지자, 앨리스는 한쪽 팔꿈치를 문에 기대고 누워서 다른 쪽 팔로 머리를 감쌌다. 하지만 앨리스의 몸은 여전히 멈추지 않고 계속 커졌다. 결국 앨리스는 어쩔 수 없이 한쪽 팔은 창문 밖으로 내밀고, 한쪽 발은

굴뚝 속으로 집어넣어야 했다. 앨리스는 울상이 되어 중얼거렸다.

"이젠 무슨 일이 일어나도 더 이상 어쩔 수가 없어. 난 어떻게 되는 걸까?"

다행히 작은 마법병의 효력이 끝난 듯했다. 앨리스의 몸은 더 커지지 않았다. 그러나 앨리스는 여전히 아주 불편한 자세로 누워 있어야 했고, 방을 빠져나갈 방법조차 없어 보였다. 앨리스는 너무 불행했다.

"집에 있을 때가 훨씬 더 즐거웠어. 그땐 몸이 커졌다가 작아졌다가 하지도 않았고, 생쥐나 토끼의 심부름을 하지도 않았어. 토끼굴에 뛰어들지 말았어야 했어. 그렇지만, 으음, 그렇지만, 이런 게더 재미있는 인생이잖아! 이제 나에게 무슨 일이 생길까! 요정 이야기들을 읽으면서 현실에선 절대로 일어나지 않는 일들을 상상하곤 했는데, 지금 내가 바로 그런 일을 겪고 있잖아! 나에 대해서 책이라도 쓸 수 있을걸. 그럼, 쓰고말고! 내가 다 큰 어른이 되면, 꼭 책을 쓸 거야. 하지만 벌써 난 다 자랐잖아?"

앨리스는 서글픈 목소리로 덧붙였다.

"그것도 이 방이 꽉 차버릴 만큼 크게 자랐는걸."

그러나 곧 앨리스는 생각했다.

"그러면 이제 난 더 이상 나이를 먹지 않는 것일까? 그건 좋아. 어찌됐든 할머니는 절대로 되지 않을 테니까 말야. 음, 그런데…… 그럼 공부도 계속 해야 하잖아! 아, 그건 싫어!"

"이 바보 앨리스야!"

앨리스는 자신을 꾸짖었다.

"어떻게 여기에서 공부를 할 수가 있어? 네 몸조차 둘 공간이 부족한데 교과서를 어디에 둔다는 거야!"

앨리스는 얼마 동안 계속해서 혼자 말하고 대꾸하며 자신의 불행을 슬퍼했다. 그러나 얼마 후 바깥에서 무슨 소리가 들렸고, 앨리스는 혼잣말을 멈추고 귀를 기울였다.

"메리 앤! 메리 앤! 당장 내 장갑을 가져와!"

목소리에 뒤이어 계단을 뛰어 올라오는 발소리가 들렸다. 앨리스는 토끼가 자신을 찾고 있다는 걸 깨달았다. 순간 앨리스는 자신의 몸이 토끼보다 몇천 배나 더 크다는 사실을 잊고 집이 흔들릴 정도로 몸을 떨었다. 하지만 이내 자신이 토끼를 두려워할 이유가 없다는 생각이 들었다.

곧 토끼가 방문 앞으로 와서 문을 잡아당겼다. 그러나 방 안쪽으로 열리게 되어 있는 문은 앨리스가 팔꿈치로 누르고 있었기에 당연히 열리지 않았다. 토끼가 중얼거렸다.

"뒤로 돌아가서 창문으로 들어가야지."

'그렇게는 못할걸!'

앨리스는 생각했다. 그리고 토끼가 창문으로 들어오는 소리가 날 때까지 기다렸다가 갑자기 손을 내밀어서 허공에 대고 움켜쥐었다. 손에는 아무것도 잡히지 않았다. 그러나 작은 비명 소리와 쿵 하고 뭔가 떨어지는 소리, 그리고 유리 깨지는 소리가 들렸다. 소리로 짐작하건대 뭔가가 온실 유리 위 같은 데 떨어진 것 같았다. 이어서 토끼의 성난 목소리가 들렸다.

"패트! 패트! 어디 있지?"

그러자 다른 목소리가 대답했다.

"여기 있습니다요! 땅에서 사과를 파내고 있습죠, 나리!"

"사과를 파내다니!"

토끼는 화를 내며 재촉했다.

"이리 와! 와서 내가 나가게 좀 도우라고!"

유리 깨지는 소리가 더 들렸다.

"패트, 창문에 있는 저게 뭐지?"

"팔인데요, 나리!"

패트는 팔을 파아알로 발음했다.

"팔이라고? 바보같으니! 저렇게 큰 팔을 본 적 있나? 창문이 꽉 찼잖아!"

"그렇군요, 나으리. 하지만 저건 팔 하나가 틀림없어요."

"글쎄, 어쨌든 저게 저기 있어서는 안 돼. 빨리 치워버려!"

긴 침묵이 흘렀다. 그리고 잠시 후 앨리스는 소곤거리는 소리를 들었다.

"싫습니다요. 나으리, 절대로, 절대로요!"

"시키는 대로 해, 겁쟁이야!"

앨리스는 다시 손을 펼쳐서 허공을 움켜쥐었다. 이번에는 두 번의 작은 비명 소리와 함께 더 많은 유리 깨지는 소리가 들렸다.

"온실 유리가 아직 꽤 남아 있었나 보네! 그런데 다음엔 뭘 할까? 창문으로 날 끌어내리려고 한다면 좋겠는데! 이젠 잠시도 더 이 안에 있고 싶지 않아!"

바깥에서 아무 소리도 들리지 않았지만 앨리스는 기다렸다. 드디어 바퀴가 굴러가는 소리와 여럿이 떠들어대는 소리가 들렸다.

"다른 사다리는 어디 있어?"

"난 하나만 가져왔는데, 다른 사다리는 빌이 갖고 있어. 빌! 그 사다리, 이리 갖고 와!"

"잠깐 여기에 놓자."

"아니, 먼저 두 개를 함께 묶어야 해."

"그래도 아직 높이가 절반도 닿지 않겠는걸."

"아, 그럭저럭 되겠어. 까다롭게 굴지 마. 이봐, 빌! 어서 이 밧줄을 잡아."

"지붕이 괜찮을까?"

"기왓장 조심해."

"앗, 떨어진다! 밑에 머리들 조심해!" (크게 부서지는 소리가 났다.)

"누가 그랬어? 빌이지, 뭐."

"누가 굴뚝으로 내려갈 거야? 아니, 나는 안 할 거야! 네가 해! 나는 안 한다니깐! 빌을 내려보내."

"이봐, 빌! 나으리가 너더러 내려가래!"

"어머나, 빌이 굴뚝으로 내려오겠구나! 쟤들은 모든 걸 빌에게 떠넘기는 것 같군! 나는 빌처럼 되지 말아야지. 그런데 이 난로는 정말 좁아. 하지만 조금은 발차기를 할 수 있을 것 같아!"

앨리스는 굴뚝 아래로 최대한 발을 끌어내리고 기다렸다. 잠시 후 작은 동물이 굴뚝을 따라 기어 내려오는 소리가 들렸다.

"빌이야!"

앨리스는 중얼거렸다. 그런 다음 힘껏 발차기를 하고, 어떻게 일이 돌아가나 기다려보았다. 처음엔 여럿이 일제히 외치는 소리가 들렸다.

"빌이 날아간다!"

이어서 토끼가 외치는 소리가 들렸다.

"빌을 잡아! 울타리 옆에 있는 너희들 말이야!"

다시 침묵이 흘렀다가 곧 여럿이 이러쿵저러쿵 떠드는 소리가 들렸다.

"고개를 받쳐."

"자, 브랜디야."

"숨 막히지 않게 조심해."

"어떻게 된 거야? 무슨 일이 있었어? 어서 말해봐!"

마침내 가냘프게 찍찍거리는 목소리가 들렸다. 그 목소리의 주인 공이 빌이라고 앨리스는 생각했다.

"글쎄, 뭐가 뭔지 모르겠어요. 아니, 그만 됐어요. 고마워요. 이제 많이 괜찮아졌어요. 하지만 여러분에게 할 말은 별로 없어요. 도깨 비 상자처럼 뭔가가 갑자기 튀어나와서 나를 걷어찬 것밖에는 모르 겠어요. 난 로켓처럼 날았고요."

"그래, 꼭 로켓 같았어."

다른 목소리들이 대구했다.

"그럼 집을 불태워버릴 수밖에!"

토끼의 목소리가 들렸다. 앨리스는 버럭 소리를 질렀다.

"그러기만 해봐. 다이나를 시켜 널 가만두지 않을 거야!"

순식간에 바깥은 쥐 죽은 듯이 조용해졌다. 앨리스는 생각했다.

'이제 또 어떻게 하려는 걸까? 조금만 생각이 있다면 지붕을 벗 길 텐데!'

잠시 후, 바깥에서 움직이는 소리가 들렸다. 토끼가 지시를 내렸다.

"손수레에 하나 가득 채우면 돼. 처음에는."

"뭘 가득 채우지?"

앨리스는 궁금했다. 그러나 곧 작은 조약돌들이 소나기처럼 창문 에 후두두 쏟아졌고, 그 중 몇 개는 앨리스의 얼굴을 쳤다.

"이런 짓을 하게 둘 순 없지."

앨리스는 중얼거렸다. 그리고 크게 소리쳤다.

"그만두는 게 좋을 거야!"

바깥이 또다시 쥐 죽은 듯이 조용해졌다.

문득 앨리스는 놀랍게도 마룻바닥에 떨어진 조약돌들이 모두 작은 과자들로 변한 것을 알았다. 순간 앨리스에게 좋은 생각이 떠올랐다.

'이 과자를 먹으면 내 몸에 어떤 변화가 일어날지도 몰라. 내 몸이 더 커지기는 힘드니까 아마 작아지지 않을까?'

앨리스는 과자 하나를 꿀꺽 삼켰다. 그리고 바로 몸이 줄어드는 것을 깨닫고 기뻐했다. 문을 빠져나갈 수 있을 만큼 몸이 작아지자 앨리스는 집 밖으로 달려나왔다. 그리고 문 밖에서 웅성거리고 있는 작은 동물들과 새 무리를 발견했다. 가엾은 작은 도마뱀 빌은 그 무리 안에서 기니피그 두 마리의 시중을 받으며 병에 든 어떤 액체를 마시고 있었다. 앨리스의 모습을 본 동물들이 달려왔다. 그러나 앨리스는 있는 힘껏 달렸고, 곧 무성한 숲에 몸을 숨길 수가 있었다. 주변을 살피면서 앨리스는 중얼거렸다.

"내가 제일 먼저 할 일은 다시 내 본래 몸 크기로 돌아가는 거야. 그런 다음 그 아름다운 정원으로 들어가는 방법을 찾아야지. 그게 가장 좋은 계획이야."

확실히 그것은 매우 훌륭한 계획 같았다. 또한 아주 명확하고 간단해 보였다. 단지 문제는 그 계획을 시작할 방도를 전혀 알 수가 없다는 것이었다. 앨리스가 골똘히 생각에 빠져 있는데 머리 위에서 날카롭게 짖는 소리가 들렸다. 앨리스는 깜짝 놀라서 위를 쳐다보았다.

어마어마하게 큰 강아지 한 마리가 커다랗고 둥근 두 눈으로 앨리스를 내려다보고 있었다. 강아지는 슬쩍 앞발을 내밀어서 앨리스

를 건드리려고 했다.

"강아지야!"

앨리스는 부드럽게 강아지를 달래며 휘파람을 불어주려고 했다. 그런데 순간 강아지가 배가 고픈지도 모르고, 만일 그렇다면 아무리 친근하게 대하더라도 자신을 잡아먹을 수 있다는 생각이 들어 앨리스는 너무나 겁에 질렸다.

자신도 모르게 앨리스는 작은 나뭇가지를 집어 들어서 그것을 강아지에게 내밀었다. 그러자 강아지는 껑충 공중으로 뛰어오르며 기쁜 듯이 캥캥 짖었다. 그리고 나뭇가지를 물려고 달려들었다. 자칫하면 강아지 발에 깔릴 수도 있는 위험한 상황이었다. 앨리스는 커다란 엉겅퀴 뒤로 몸을 재빨리 피했다. 그런 다음 앨리스가 다른 쪽에서 모습을 드러내자, 강아지는 또다시 나뭇가지를 향해 달려들었다. 그리고 급히 나뭇가지를 물려다가 곤두박질쳤다.

'이건 꼭 짐마차를 끄는 말이랑 노는 것 같아.'라고 앨리스는 생각했다. 그리고 강아지 발에 짓밟힐 것 같은 불안한 마음에 쫓기면서 엉겅퀴를 빙빙 돌았다. 그러자 강아지는 앞으로 조금 달려나왔다가 뒤로 멀찌감치 물러갔다가를 반복하면서 줄곧 낮게 짖어댔다. 그러다가 마침내 강아지는 땅바닥에 주저앉아서 혓바닥을 길게 늘어뜨린 채 헐떡거렸고, 커다란 두 눈도 반쯤 감겼다.

달아나려면 지금이 가장 좋은 기회였다. 그런 생각이 들자, 앨리스는 기진맥진할 때까지, 그리고 강아지의 짖는 소리가 거의 들리지 않을 때까지 달리고 또 달렸다.

"그래도 정말 귀여운 강아지였어!"

앨리스는 미나리아재비에 몸을 기대며 중얼거렸다. 그리고 미나리아재비 잎으로 부채질을 했다.

"그 강아지한테 기술들을 가르치면 무척 재미있을 텐데. 내 몸 크기가 정상이어서 그럴 수만 있다면 얼마나 좋겠어! 참! 다시 커져야 된다는 걸 깜박 잊고 있었네. 어디 보자, 어떻게 하면 될까? 무언가 먹든지 마시든지 해야만 하겠지. 그런데 도대체 뭘 먹지?"

아주 중요한 문제였다. '무엇을 먹는담?' 앨리스는 주변에 있는 꽃들과 풀잎들을 살펴보았다. 그러나 먹거나 마실 만한 것은 보이지 않았다. 가까운 곳에 앨리스의 키만 한 높이의 버섯이 솟아 있었다. 버섯을 올려다보고 버섯 기둥과 뒤쪽을 살펴보고 나서, 앨리스는 버섯 위에 무엇이 있는지 봐야겠다고 생각했다.

앨리스는 까치발로 서서 버섯 위를 쳐다보았다. 순간 앨리스의 시선과 버섯 꼭대기에 앉아 있는 커다란 푸른 쐐기벌레의 시선이 딱 마주쳤다. 쐐기벌레는 발들을 팔짱 낀 채 긴 담뱃대를 뻐끔거리고 있었다. 쐐기벌레는 앨리스든 다른 어떤 것이든 완전히 무심한 듯 보였다.

# 유머의 철학

앨리스 이야기에는 다양한 해석 코드가 들어가 있다. 그래서 여러 각도로 해석할 수 있다. 그런데 만약 앨리스 이야기에 단지 해석 코드만 들어 있다면 지금과 같은 사랑을 받기는 힘들었을 것이다. 앨리스 이야기가 지속적으로 인기를 끌고 있는 바탕에는 이야기 곳곳에 숨어 있는 유머 코드의 역할이 크다. 그런데 유머란 과연 무엇인가?

유머humor라는 용어는 고대 그리스의 약 'humours(그리스어로는 χυμός)'에서 유래했다. 이 약은 건강과 감정을 조절하기 위한 체액의 균형을 맞추는 데 작용하는 것으로 알려져 있다. 그런데 현대에 와서 유머는 약이 아니라 주로 농담이나 우리가 겪는 상황을 뜻하는 말로 더 많이 쓰이고 있다.

유머와 관련한 이론은 플라톤에서부터 시작한다. 플라톤은 그의 스승인 소크라테스가 문답법을 구사하면서 보여준 풍자를 눈여겨

보았다. 그리고 세상 사람들의 유머를 살폈다. 그 결과 얻은 결론을 자신의 저서 《필레부스Philebus》에 밝혔다. 이 책에서 플라톤은 풍자가 강자에게 무시받는 약자가 직접적으로 보복하기 힘들기 때문에 취하는 정서적 방어책이라고 지적했다. 한편, 플라톤의 제자였던 아리스토텔레스Aristoteles는 그의 저서 《시학Poetics》을 통해 혐오감을 주지 않는 정도의 추함은 유머의 기본 요소라고 주장했다. 그리고 아리스토텔레스의 시학 이후에 '희극comedy'과 '풍자satire'는 동의어처럼 쓰였다.

그러다가 독일 철학자 임마누엘 칸트Immanuel Kant에 이르러서야 유머에 대한 체계적인 이론인 '불일치Incongruity 이론'이 나오게 된다. 칸트는 유머가 기대와 상반되는 반전 때문에 나온다고 주장했다.


## 우월과 열등, 위안과 은유의 철학

프랑스 철학자 앙리 베르그송도 비슷한 주장을 내놓았는데, 우리가 재미있어 하는 건 뻔한 것이 아니다. 뒤통수를 치는 듯한 반전이 있어야 더 큰 재미를 느낀다. 이 원리는 만화와 영화 톰과 *세리 Tom and Jerry*나 외계인이 특별한 존재가 아니라 이미 지구에 많이 살고 있다는 SF 영화 *맨 인 블랙Man in Black* 시리즈의 기본 세팅에 사용될 정도로 일반적이다.

영국의 토머스 홉스Thomas Hobbes와 같은 철학자는 '우월성 Superiority 이론'을 펼쳤다. 그에 따르면, 유머는 우리가 다른 사람보다 낫다는 생각을 할 때 갑자기 느껴지는 감정이라고 한다. 플라톤도 타인을 놀림으로써 잠시나마 우월한 위치를 차지하게 되는 유머의 측면을 강조했을 정도로 이 이론의 뿌리는 깊다. 샤를 보들레르Charles P. Baudelaire도 이 학파에 속한다. '악의 꽃'을 쓴 시인이자 철학자답게 그는 '웃음은 악마적이다'라고 말했다.

하지만 현대 철학자인 로버트 솔로몬Robert Solomon은 이 우월성 이론을 뒤집어, '열등Inferiority 이론'을 만들었다. 이에 따르면 사람들은 자신을 일부러 비하함으로써 실제 자기보다 더 못한 상태를 가정한다. 그리고 자연스럽게 자신의 현재 상태와 비교함으로써 안도감을 느끼고 문제를 심각하게 받아들이지 않게 된다. 자기 비하의 유머를 하는 사람이 진정 비참한 마음으로 햄릿의 대사와 같은 진정성을 담아 말하지 않는 한 말이다. 로버트 솔로몬의 이론은 적어도 타인에 대한 우월성이 유머의 필수적 요건은 아님을 지적한다는 측면에서 의의가 있다.

이 밖에 '위안Relief 이론'도 있다. 이 이론과 관련된 인물로는 지그문트 프로이트Sigmund Freud와 허버트 스펜서Herbert Spencer가 있다. 스펜서는 별도의 유머 관련 철학서인《웃음의 정신물리학The Physiology of Laughter》을 쓰기도 했는데, 웃음은 흥분된 상태 후에 긴장을 해소시키는 한 방법이며, 유머는 육체적 심리적 건강에 긍정적인 영향을 끼친다고 주장했다.

이 학파에 따르면 유머는 억압에 의해 만들어진 에너지를 소진하거나 새로운 에너지로 전환시키는 역할을 한다. 프로이트는 의식이 지나치게 욕망을 억압하면 신경증이 나타난다고 보았는데, 그렇게 되기 전에 적절한 유머로 긴장을 배출하면 병을 막을 수 있다고 한다. 또한 공격성이 있을 경우 직접적인 몸싸움보다는 풍자를 통해 유익하게 승화시킬 수가 있다고 프로이트는 주장했다.

걸출한 언어철학자이자 심리학자인 조지 레이코프는 '은유 Metaphor 이론'으로 유머를 설명하기도 한다. 은유는 뭔가를 또 다른 무엇인가에 빗대어 설명하는 방식이다. 그런데 이 방식을 잘 보면 서로 다른 구조 맞추기임을 알 수 있다. 사람들은 자기가 갖고 있는 개념과 현재 자신이 경험하는 것을 끊임없이 짝 맞추기하며 살고 있다.

예를 들어 '사과 같은 내 얼굴'이라는 말을 들으면 얼굴과 사과라는 개념을 조합해서, 지금 그 말을 한 사람의 얼굴과 짝을 맞춘다. 짝을 맞추면서 그냥 얼굴과 사과가 아닌 제3의 생각이 머릿속에 떠오른다. 그런데 그게 '물탱크만 한 얼굴'이라면 상대방 앞에서 웃을 수도 있다. 정말 '사과 같은 얼굴'이라는 말에 맞는다면 질투심을 느끼거나 잘난 체하는 못된 성격의 애라고 욕할 수도 있겠지만 말이다.


## 앨리스의 웃음 공식 3가지

그런데 앨리스 이야기를 재미있다고 생각하게 만드는 유머의 공식은 무엇일까? 크게 나누면 다음과 같이 3가지로 정리할 수 있다 (한 개 더 뽑아서 4가지로 정리할 수도 있었으나, 4라는 숫자를 한글로 읽었을 때 발음이 좋지 않아 중도에 그만 두었다. 물론, 농담이다).

## 동음이의어 놀이

첫째, 언어유희이다. 앨리스 이야기에는 동음이의어homonym를 활용한 언어유희가 많이 나온다. 제3장에서 'tail'과 'tale', 그리고 'not'과 'knot'을 가지고 등장인물들 간의 의사소통이 혼란스럽게 되는 상황을 만들어 웃음을 유발한 것이 그 좋은 예이다. 이러한 언어유희를 '동음이의의 해학pun'이라고 한다(pun은 '곁말', '신소리'라고 번역하기도 한다).

원래 pun이란 단어는 pundigrion의 축약어라는 설이 있다. pundigrion은 punctilious란 단어에서 나온 것으로, 이 단어는 이탈리아어 puntiglio(원래의 의미는 '미세한 끝')에서 나왔다고도 한다. 하지만 간단하게 용어부터 굳이 'fun'을 비틀어 비슷한 발음인 'pun'으로 정한 것만으로도 이 용어를 만든 이의 유머 감각을 알아챌 수 있다. 우아한 '동음이의의 해학'의 전형은 영국 작가인 오스카 와일드Oscar Wilde의 농담에서 확인할 수 있다.

"Immanuel doesn't pun; he Kant(임마누엘은 재담을 하지 않는다. 그는 할 수 없다)."

오스카 와일드는 이성을 강조했던 독일의 철학자 임마누엘 칸트의 이름을 가지고 농담을 했다. 위 문장에서 Kant는 can't를 의미한다. 이 농담은 우아하게 영국식으로 단어를 발음해야 그 맛이 난다. 동음이의의 해학인데 발음부터 다르게 하면 유머 코드가 먹히지 않는다. 예전 개그콘서트의 한 코너를 인용해서 설명하자면 다음과 같다.

"can't는 캔트? 아니죠. 칸~트? 맞습니다~."

동음이의의 해학은 한국에서도 많이 쓰이는 유머이다. 선거 전의 약속을 안 지키는 정치인에 대해 실망할 때 '공약公約이 공약空約이 되었다'고 하는 것도 하나의 예이다. 한때 전 국민적인 호응을 얻었던 덩달이 시리즈 유머를 봐도 그렇다.

> 덩달이의 선생님께서 덩달이에게 숙제를 내주셨다.
> 숙제는 삼국인 백제, 신라, 고구려에 대하여 조사하기.
> 덩달이는 어떻게 써야 할지 한참을 생각했다.
> 몇 시간 동안 고민하던 덩달이는 잠시 머리를 식히러 밖으로 나갔다.
> 밖에서는 아버지께서 돼지를 잡고 있었다.
> 덩달이는 아버지에게,
> "아부지! 돼지 배 째실라고 구려?"

덩달이 시리즈의 유머는 최불암 시리즈와 만득이 시리즈, 사오정 시리즈, 간 큰 남자 시리즈 등과는 확실히 내용이 다르다. 가장 단순하다. 선생님이나 어른이 공부를 시키거나 뭘 물어보면 덩달이는 항상 엉뚱한 말을 한다. 그런데 그 엉뚱한 말이 황당무계하지만은 않다. 원래 묻고자 했던 것과 발음이 비슷하다.

'불안감'이라는 작문 숙제는 '어느 게 엄마의 브란감?'으로, '서울대'는 '부엌에서 울대'로 비틀어지는 식이다. 유치하지만 유머를 느끼게 한다. 만약 그 유치함을 이해하지 못한다면 유머를 느낄 수가 없다. 그리고 이해를 돕고자 말장난이 나올 때마다 일일이 주석을 달아도 유머를 느낄 수 없다. 기표와 기의의 불일치에 의한 반전의

묘미는 즉발성卽發性이 생명이다. 일일이 설명하면 맛이 떨어진다.

'배 쌔실라고 구려'를 하나하나 떨어뜨려 '배 째'가 '백제'를 가리키는 것이고, 덩달이는 아버지에게 아는 척을 하기 위해서 한 말이라고 자세하게 설명을 한다고 생각해보라. 만약에 이 농담이 외국에 번역되는 경우라면 상황이 좀 더 심각해진다. 백제가 어떤 나라였는지에 대한 백과사전식 지식이 심각한 어조로 소개될 수도 있다. 우리가 보는 루이스 캐럴의《이상한 나라의 앨리스》에 나오는 언어유희에 대한 주석서들이 그런 것처럼 말이다. 번역과 주석으로 얼마나 유머가 전달될 수 있는지를 확인하는 데는 앨리스 이야기만한 것이 없다. 긍정적이거나 부정적이거나.

## 배경 지식이 필요한 풍자의 유머

앨리스 이야기의 두 번째 유머 공식은 풍자이다. 예를 들어 제4장에서 몸이 커진 앨리스가 '내가 다 큰 어른이 되면, 꼭 책을 쓸 거야. 하지만 벌써 난 다 자랐잖아?' 하는 식이다. 풍자는 상황을 있는 그대로 드러내는 것 이상의 문학적 장치이다. 우화 등 허위의 장치를 일부러 삽입하여 신랄한 비판 의도를 숨기거나 완곡하게 표현하기도 하고, 혹은 반대로 일부러 과장되게 표현하기도 한다.

이승하는 연작장편소설《장난감 도시》를 통해 한국전쟁 직후 장난감처럼 판잣집이 어엿한 주택으로 들어서고 사람이 옮겨다니는 당시 도시를 중심으로 한 세태 변화를 잘 풍자했다. 한편 조지 오웰George Orwell의《동물농장》도 동물들의 이야기를 통해 스탈린 체

제를 빗대어 비판한 것으로 유명하다. 이솝 우화의 교훈적인 내용
도 풍자에 바탕을 두고 있으며, 유럽의 잔혹 동화도 당시 시대적 가
치를 대변해주는 풍자작품들이다.

앨리스 이야기에서는 각 인물별로 풍자가 있다. 그 풍자를 이해
하려면 루이스 캐럴이 살았던 당대 상황을 알아야 한다. 당시에는
교회의 권위·의식을 존중하는 이상理想으로 돌아가야 한다는 '옥
스퍼드 운동'이 있었다. 그리고 이 운동은 루이스 캐럴에게도 큰 영
향을 끼쳤다. 그런데 극단적인 교회지상주의자인 헨리 매닝 추기경
은 이 운동의 지도자인 존 헨리 뉴먼 추기경을 비난했다. 이에 루이
스 캐럴은 헨리 매닝 추기경을 자기 맘대로 목을 베라고 외치는 하
트 여왕에 비유하여 글을 썼다. 그리고 반대로 착한 성품을 지닌 인
물로 나중에《거울 나라의 앨리스》에 등장하는 하얀 여왕으로 뉴먼
을 등장시켰다. 또한 하얀 기사와 붉은 기사의 결투는 옥스퍼드 논
쟁에서의 진화론을 옹호한 토머스 헉슬리Thomas H. Huxley와 창조
론을 옹호한 윌버포스Wilberforce 주교의 격렬한 논쟁을 염두에 두
고 쓴 것이다.

이처럼 풍자에 의한 유머를 이해하기 위해서는 배경 지식이 필
요하다. 그렇지 않으면 겉이야기만 읽게 되어 그 안의 숨겨진 의도
를 파악할 수 없기 때문이다.

하지만 내용이 간단한 풍자의 경우에는 배경 지식 없이 유머를
이해할 수도 있다. 서로마 제국의 황제였던 샤를 대머리왕Charles
the Bald은 아일랜드의 철학자인 존 스코투스 에리제나John Scotus
Erigena를 만난 자리에서 이렇게 물었다.

"아일랜드인과 바보를 구별하는 방법은 무엇인가요?"

"지금 우리 사이에 있는 테이블입니다."

철학자는 정색을 하지 않았다. 여유를 갖고, 자신을 경멸하는 질문을 한 왕에게 멋진 반격을 했다. 이런 것이 풍자의 아름다움이다.


## 모방을 통한 웃음 코드

앨리스의 세 번째 유머 공식은 패러디parody이다. 패러디는 순수한 창작 유머가 아니다. 원전이 따로 있고, 그것을 익살스럽게 모방하는 것이 패러디이다. 패러디는 표절 자체가 목적이 아니다. 모방을 통한 웃음이 목적이다.

마틴 가드너Martin Gardner의 앨리스 주석서에 많이 나와 있는 것처럼 앨리스 이야기에 나오는 시와 특정 경구들은 당대에 유행하던 것들을 비튼 것이다.

예를 들어 제5장에 나오는 '늙은 아버지 윌리엄'을 앨리스가 암송하는 장면은 로버트 사우디의 시 '노인의 안락과 그것을 얻는 법'을 패러디한 것이다. 실제 로버트 사우디의 시는 교훈을 줄 목적으로 내내 진지한 어조로 되어 있다. 하지만 앨리스 이야기에 등장하는 아버지와 아들은 서로 잡아먹지 못해서 안달인 것처럼 쓰여 있다.

국내에서도 한 라면광고에 나온 대사인 '한 뚝배기 하실래예?'를 가지고 누리꾼들이 수많은 버전을 만든 것처럼 패러디는 성행하고 있다. 정치인의 연설, 뮤직비디오, 영화, 드라마, 책의 일부분, 사진 등의 어느 요소를 패러디해서 웃음을 주는 경우가 많다. 진지한 것을 우스꽝스럽게 바꾸기도 하고, 우스운 장면의 앞뒤에 아주 진지한 음악이나 대사들을 배치해서 더 우습게 만들기도 한다.

## 유머는 웃음을 유발하는 인지적 경험

그런데 이런 웃음 공식이 왜 재미를 느끼게 하는 것일까? 유머는 웃음을 유발하는 인지적 경험이다. 이 경험은 진화적 이유로 우리의 뇌에 구조화되어 있다. 유머는 뇌가 놀라운 패턴을 보고 반응을 할 때 나타난다. 놀라운 패턴을 발견하는 능력은 위험을 감지해서 목숨을 구하는 데 아주 중요한 요소이다.

패턴을 잘 발견하는 능력을 갖고 있으면 여러 모로 도움이 된다. 원시시대에는 모두 다 그게 그것처럼 보이는 나무들로 가득 찬 숲 속에 숨어 있는 맹수를 발견하는 데 큰 도움을 주었을 것이다. 현대에서는 시험에 잘 나올 항목을 찾거나, 보고서의 빈틈을 찾거나, 배필을 알아보거나 등등에 더 많이 쓰이는 능력이지만 말이다. 뭐가 되었든 무의식적이며 즉각적으로 패턴에 반응하는 능력은 예나 지금이나 중요하다. 그리고 그런 능력을 계속 길러줄 수 있는 유머 감각을 갖는다는 것도 아주 중요하다.

유머를 사람들이 좋아하는 것도 우수함을 드러내는 표현이기 때문이다. 일처리 자체에 허덕이는 사람은 여유를 갖고 유머를 구사할 수가 없다. 머리 회전이 빠르지 않은 사람은 반어를 생각해내거나, 주어진 말 이면에 있는 의도를 파악할 수가 없다. 정확한 타이밍을 찾아 적절한 항목을 이야기할 수도 없다. 과장이나 대조 등의 다양한 수사법을 동원해서 상황을 다르게 묘사할 창의성도 가질 수 없다. 여러모로 유머는 우수함을 드러내는 수단이다.

그래서 매번 실시간으로 아이큐 검사를 할 수도 없는 상황에서, 사회는 계속 유머를 잘 구사할 수 있느냐 없느냐로 사람의 능력을 판단했다. 그리고 유머 감각이 우수한 사람에 대한 보상을 확실히 해왔다. 승진을 시키거나, 모임에 더 자주 초대하다가 결국 리더로 만들어주었다. 덕분에 성공을 하려면 유머가 있어야 한다는 사실이 널리 퍼지게 되었다. 유머는 이런 과정을 거치며 계속 강화되고 있다.

그러나 이게 꼭 우수한 능력 개발로 모두 이어지는 것은 아니다. 유튜브 사이트의 동영상을 보면 정말 바보 같은 짓을 해서 웃기려는 사람들의 모습을 쉽게 확인할 수 있다. 유머 하나 없이 독설만 있는 유명 사이트들의 게시판 덧글을 봐도 유머의 진화에 대한 회의가 들 수 있다. 그러나 사람이 행복을 바라는 마음을 버리지 않는 한 유머의 진화는 수그러들지 않을 것이다.

실제로 최근에는 '웃음의 해석학Gelotology'이라는 분야까지 만들어졌다. 이 신진 학문은 심리학을 근간으로 동물행동학, 정신의학, 정신신경면역학, 사회학 등이 통합된 지식으로 이루어져 있다. 사회 발전과 개인 생활의 향상을 도모하기 위해 꼭 필요한 학문이기 때문에 앞으로의 전망도 밝다. 곧 일반인들이 철학서를 읽듯이 모두 진지하게 쌍심지를 켜고 유머를 해석하는 것이 일반화될지도 모르겠다. 이 얼마나 반어적인 유머가 저절로 묻어나는 세상인가.

## 1 메난드로스 희극 Menandros

메난드로스 저 | 심난해 역 | 안팔아 출판사

웃자고 한 일을 죽자고 덤비는 경우가 있다. 웃긴 내용의 작품을 쌍심지 켜고 분석하다 보면 희극이 아니라 비극처럼 무겁게 느껴진다. 메난드로스 희극. 제목만으로도 무겁다. 메난드로스 희극은 고대 그리스 아테네에서 널리 퍼진 연애담에 바탕을 둔 것으로 후대의 희곡문학 발전에 큰 영향을 준 작품이다. 그러나 문학 전공자가 아닌 이상 이 책을 여러분에게 정말 심각하게 읽으라고 권하고 싶지는 않다.

그럼에도 추천 정보에 쓴 이유가 있다. 유머이다. 루이스 캐럴이 앨리스 이야기에서 갑자기 심각한 시를 암송하는 장면을 넣은 것처럼 말이다. 저자 나름대로는 반전을 노린 것이지만, 썰렁한 유머였다면 독자 여러분께 사과를 하고 싶다. 저자의 참을 수 없는 유머의 가벼움을 부디 넓은 마음으로 양해해헤헤해 주시기를. 그리고 척박한 문화 풍토를 바꿔보고자 남다른 책임감으로 난해한 책을 번역한 심난해 씨와 힘든 출판 사정에도 과감하게 출간을 결정한 안팔아 출판사에도 사과의 말을 전하고 싶다.

## 2 사치와 평온과 쾌락 Luxe, Calme & Volupté

장 자끄 상뻬 저 | 이원희 역 | 열린책들

장 자끄 상뻬는 '20세기 프랑스인의 아버지'라고 불릴 정도로 큰 영향을 준 인물이다. 단순한 삽화가라기보다는 인생과 사회에 대한 통찰을 그림으로 풀어낸 재치있는 철학자에 가까운 인물이기도 하다. 물론 이런 진지한 평가를 그는 특유의 재치로 비틀어서 농담으로 바꾸겠지만 말이다. 이 책의 제목은 보들레르의 시에서 따온 말이며, 마티스의 회화에 차용된 제목이기도 하다. 상뻬는 이 책에서 소시민들의 삶을 유머러스하게 보여주고 있다. 삽화를 그렸던 《꼬마 니콜라》나 자신의 작품 《얼굴 빨개지는 아이》, 《각별한 마음》 등의 작품과는 또 다른 성찰을 바탕으로 한 유머를 느낄 수 있다.

## 3 맨 온 더 문 Man on The Moon

영화 *아마데우스*를 감독했던 밀로스 포먼이 1999년 짐 캐리를 주인공으로 내세운 앤디 코프먼Andy Kaufman의 전기 영화이다. 그러나 코미디언 앤디 코프먼뿐만 아니라 짐 캐리의 유머 철학마저 느끼게 하는 묘한 매력을 가진 영화이다. 앤디 코프먼은 반전과 풍자의 유머를 갖고 있던 인물이었다. 루이스 캐럴처럼 말이다. 그래서 그 유머가 낯설게 느껴질 때도 있다. 때로는 반감에 가득 찬 사람들에게 조롱을 당할 수도 있다. *마스크* 이후에 *케이블 맨* 등등 과도한 슬랩스틱 코미디로 슬럼프에 빠졌던 짐 캐리처럼 말이다. 하지만 맥락을 알면 유머의 진수를 느낄 수 있다. 폐암에 걸린 앤디 코프먼이 필리핀에 가서 기적을 구했으나, 결국 그것이 속임수임을 알게 되었을 때 껄껄 웃던 것처럼 때로는 씁쓸한 기분이어도 말이다.

# 5

## 쐐기벌레의 충고

쐐기벌레와 앨리스는 잠시 말없이 서로를 쳐다보았다. 마침내 쐐기벌레가 입에서 담뱃대를 빼고 졸린 목소리로 나른하게 물었다.

"넌 누구니?"

이런 질문은 대화를 유쾌하게 시작하는 좋은 방법은 아니었다. 앨리스는 무척 부끄러워하며 대답했다.

"난……, 잘 모르겠어요. 지금은요. 오늘 아침에 일어났을 때만 해도 내가 누구인지 알고 있었는데, 그때 이후로 여러 번 바뀐 것 같아요."

"그게 도대체 무슨 말이지? 알아듣게 설명해!"

쐐기벌레가 엄하게 말했다.

"설명할 수가 없어요. 죄송해요. 하지만 다 아시다시피, 나는 내가 아닌걸요."

"난 모르겠다."

쐐기벌레가 말했다.

"더 분명하게 설명을 드리지 못해서 죄송해요. 하지만 나도 내자신을 이해할 수가 없어요. 하루 사이에 몇 번씩이나 다른 크기로 변하는 건 무척 혼란스럽거든요."

앨리스는 매우 정중하게 대답했다.

"그렇지 않아."

쐐기벌레가 대꾸했다.

"글쎄요. 아직 그런 경험을 해본 적이 없나 보네요. 하지만 당신도 언젠가는 번데기로 변할 수밖에 없어요. 그런 뒤에 다시 나비로 변하겠죠. 그때가 되면 그렇게 변하는 것이 조금 기묘하게 느껴질 거예요. 그렇죠?"

앨리스가 말했다.

"천만에."

쐐기벌레가 말했다.

"글쎄. 어쩌면 기분이 다를지도 모르죠. 나는 그랬어요. 변할 때마다 기분이 아주 이상했거든요."

"넌 그랬겠지! 그런데 네가 누구냐니까?"

쐐기벌레가 비웃으며 말했다. 이렇게 되면 다시 대화가 처음으로 돌아가는 셈이었다. 앨리스는 쐐기벌레의 너무나 퉁명스러운 대꾸들에 조금 짜증났다. 앨리스는 허리를 꼿꼿이 세우고 진지하게 말했다.

"먼저, 당신이 누구인지 말해줘야 하지 않나요."

"왜?"

쐐기벌레가 말했다. 그것은 또 다른 어려운 질문이었다. 앨리스는 적당한 이유를 생각해내지 못했고, 쐐기벌레는 기분이 매우 언짢아보여 앨리스는 몸을 돌려서 다른 곳으로 걸어갔다.

"돌아와! 너에게 해줄 중요한 말이 있어!"

이번에는 확실히 희망이 있어 보였다. 앨리스는 다시 쐐기벌레에게 돌아갔다.

"참아."

쐐기벌레가 말했다.

"할 말이 그게 다예요?"

앨리스는 억지로 화를 누그러뜨리며 물었다.

"아니."

쐐기벌레가 말했다.

앨리스는 '기다려 보자, 어차피 다른 할 일도 없으니까. 그리고 어쩌면 쐐기벌레가 정말로 무언가 도움이 되는 말을 해줄지도 모르니까'라고 생각했다. 몇 분 동안 쐐기벌레는 말없이 담배만 뻐끔뻐끔 피웠다. 그러다가 마침내 쐐기벌레는 발들을 폈고, 입에서 담뱃대를 떼고 물었다.

"그러니까 너는 네가 바뀌었다고 생각하는구나, 그렇지?"

"유감스럽게도 그래요. 내가 알던 것들도 기억을 못해요. 10분도 같은 크기로 있지 못하는걸요, 뭐."

"뭘 기억하지 못하지?"

쐐기벌레가 물었다.

"'작고 부지런한 꿀벌'을 외우려고 했어요. 하지만 외울 때마다 달라지지 뭐예요!"

앨리스가 매우 슬픈 목소리로 말했다.

"'늙은 아버지 윌리엄'을 외워보렴."

쐐기벌레가 말했다.

앨리스는 두 손을 맞잡고 외우기 시작했다.

"아버지 윌리엄, 당신은 늙으셨어요." 청년이 말했네.

"머리도 하얗게 세셨고요.

그런데도 계속 물구나무서기를 하시네요.
아버지 나이에, 그게 어울리나요?"


"내가 젊었을 때에는" 아버지 윌리엄이 아들에게 대답했네.
"그러다가 머리를 다칠까 봐 두려웠단다.
하지만 지금은 머리가 텅 비었으니
하고 또 하는 거란다."


"아버지 윌리엄, 당신은 늙으셨어요." 청년이 말했네.
"전에도 말씀드렸잖아요. 게다가 살도 너무 찌셨어요.
그런데도 집에 돌아오실 때면 공중제비를 도는군요.
도대체 왜 그러세요?"


"내가 젊었을 때에는" 회색 머리카락을 흔들며 노인이 말했네.
"팔다리가 나긋나긋했지.
이 약 덕분이지. 한 상자에 1실링.
너도 두 상자쯤 사겠니?"


"아버지 윌리엄, 당신은 늙으셨어요." 청년이 말했네.
"물렁한 비계밖에는 못 드실 만큼 턱도 약해지셨어요.
그런데도 뼈 하나 남김없이 거위 한 마리를 다 드셨네요.
어떻게 그렇게 하실 수가 있나요?"

"내가 젊었을 때에는" 아버지는 말했네.

"법정에 가서 사시건건 네 엄마와 말씨름을 했지.

내 턱의 강한 근육은 그래서 생겼지.

지금도 이렇게 튼튼하단다."


"아버지 윌리엄, 당신은 늙으셨어요." 청년이 말했네.

"이제 눈도 어두우실 텐데

그런데도 뱀장어를 콧등에 세우시네요.

어떻게 그런 재주를 부리실 수가 있나요?"


"세 번이나 대답해주었으면 충분하지 않니?" 아버지는 말했네.

"잘난 체하지 마라!

하루 종일 내가 너의 건방진 말을 들어줄 줄 알았니?

저리 비켜라, 그러지 않는다면 층계 밑으로 걷어차줄 테다!"

112

"틀렸어."

쐐기벌레가 말했다.

"딱 맞진 않을 거예요. 단어 몇 개가 틀렸거든요."

부끄러워하며 앨리스가 말했다.

"처음부터 끝까지 틀렸어."

쐐기벌레가 단호하게 말했다. 잠시 동안 둘 다 아무 말도 하지 않았다. 먼저 입을 연 쪽은 쐐기벌레였다.

"얼마나 커지고 싶지?"

앨리스는 재빨리 대답했다.

"크기가 문제가 아니에요. 아시다시피 너무 자주 변하는 게 싫어요."

"난 모르겠는데."

쐐기벌레가 말했다. 앨리스는 아무 말도 하지 않았다. 지금껏 살아오는 동안 반박을 이렇게 많이 당한 적은 없었다. 점점 화를 참을 수가 없었다.

"지금 크기는 마음에 드니?"

"글쎄요. 조금 더 컸으면 좋겠어요. 7센티미터는 너무 볼품없는 키인걸요."

"딱 좋은 키인데 뭘 그래!"

몸을 꼿꼿이 세우면서 성난 목소리로 쐐기벌레가 말했다. 쐐기벌레의 키가 정확하게 7센티미터였기 때문이었다.

"하지만 전 원래 이렇게 작지 않았어요!"

가여운 앨리스는 울상이 되어 말했다. 그리고 앨리스는 마음속으로 생각했다.

'이 쐐기벌레가 화를 쉽게 내는 성격이 아니어야 할 텐데!'

"곧 지금 몸 크기에 익숙해질 거야."

쐐기벌레가 대꾸했다. 그리고 쐐기벌레는 다시 담뱃대를 입에 물고 뻐끔뻐끔 피우기 시작했다.

이번에 앨리스는 쐐기벌레가 다시 입을 열 때까지 인내심을 가지고 기다렸다. 1, 2분쯤 지나자 쐐기벌레는 담뱃대에서 입을 뗐고, 한두 번 하품을 하고 난 후 몸을 흔들었다. 그런 다음 쐐기벌레는 버섯에서 내려와 풀밭 속으로 기어가면서 딱 한 마디를 중얼거렸다.

"한쪽은 너를 크게 만들고, 다른 한쪽은 너를 작게 만들지."

'뭐가 그럴까? 뭐의 한쪽과 다른 쪽이 그런다는 거지?'

앨리스는 혼자 생각했다.

"버섯이 그렇다고."

앨리스의 생각을 듣기라도 한 듯이 쐐기벌레가 대꾸했다. 그리고 잠시 후 쐐기벌레는 풀밭 속으로 완전히 사라졌다.

앨리스는 몇 분 동안 버섯을 골똘히 쳐다보며 버섯의 양쪽이 어디인지 생각했다. 그러나 버섯은 완벽한 원형이라 왼쪽과 오른쪽을 구별하는 것 자체가 아주 어려웠다. 결국 앨리스는 두 팔을 한껏 뻗어서 버섯을 감쌌고, 양손 끝에 닿는 버섯을 각각 뜯어냈다.

"그런데 어느 것이 어떻게 만드는 걸까?"

앨리스는 중얼거렸다. 그리고 효과를 시험하기 위해서 오른손에 쥔 버섯을 조금 물어뜯었다. 다음 순간 앨리스는 턱을 심하게 부딪쳤다. 다름 아닌 자신의 발에!

너무나 갑작스러운 변화에 앨리스는 크게 겁을 먹었다. 그러나 너무나도 빠르게 몸이 줄어들고 있어서 머뭇거릴 시간이 없었다. 앨리스는 즉시 다른 손의 버섯을 조금 먹어보려고 했다. 턱이 발에 딱 달라붙어 입을 벌리기가 무척 힘들었다. 그러나 앨리스는 겨우 겨우 입을 벌렸고, 가까스로 왼손에 든 버섯을 한 조각 삼킬 수가 있었다.

"와, 이제 머리를 마음대로 움직일 수가 있어!"

앨리스는 기뻐서 소리쳤다. 그러나 어깨가 보이지 않는다는 걸 깨닫고는 순간 그 기쁨이 불안감으로 바뀌었다. 아래를 내려다보았을 때 앨리스의 눈에 띈 것은 오직 어마어마하게 긴 목뿐이었다. 목은 먼 아래쪽에 우거져 있는 초록색 나뭇잎들의 바다 사이에 마치 나무줄기처럼 솟아 있었다.

"뭐가 저렇게 푸를까? 그리고 아아, 내 불쌍한 손은 왜 보이지 않는 걸까?"

앨리스는 중얼거리면서 손을 움직거렸다. 그러나 한참 아래쪽에 펼쳐져 있는 초록색 나뭇잎들이 가볍게 떨릴 뿐 여전히 손은 보이지 않았다. 그런 형편이니 두 손을 머리 위로 올리기는 거의 불가능해 보였다. 앨리스는 손을 보려고 고개를 아래로 숙였다. 그리고 자신의 목이 마치 뱀처럼 어느 방향으로든 자유롭게 구부러진다는 사실을 알고 기뻐했다. 앨리스는 목을 구불구불 아래쪽으로 늘어뜨렸다. 무성한 나뭇잎들 사이로 들어가 초록빛 바다 같던 아래쪽이 사실은 그저 나뭇가지였음을 알았다. 그때 날카로운 비명 소리가 울려 앨리스는 급히 얼굴을 뒤로 젖혔다. 커다란 비둘기 한 마리가 앨리스의 얼굴로 돌진했다. 비둘기는 양 날개로 앨리스의 얼굴을 사정없이 후려쳤다.

"이 못된 뱀 같으니라고!"

비둘기는 소리쳤다.

"나는 뱀이 아니야. 나를 내버려둬!"

앨리스는 화를 내며 말했다.

"뱀이야, 넌 뱀이야!"

비둘기는 되풀이해서 말했다. 그러나 목소리는 조금 힘이 빠졌고 슬프게까지 들렸다.

"난 별의별 방법을 다 써봤어. 하지만 어쩔 수가 없는 것 같아!"

"네가 무슨 말을 하고 있는지 난 도무지 모르겠어."

앨리스가 말했다.

"나무뿌리에도 시도했고, 강둑에도, 울타리에도 시도했었지. 그러나 뱀들은! 뱀들에게는 당해낼 수가 없어!"

비둘기는 어리둥절해하는 앨리스는 상관하지 않고 혼자서 계속 떠들어댔다.

앨리스는 점점 더 영문을 알 수가 없었지만, 비둘기가 말을 끝낼 때까지는 무슨 말을 해도 소용이 없겠다고 생각했다.

"알을 품는 것만 해도 힘이 들어 죽겠는데, 밤이고 낮이고 뱀들을 감시해야만 하다니! 3주일 동안 한숨도 자지 못했다고!"

"너를 놀라게 해서 정말 미안해."

앨리스는 조금씩 비둘기의 말이 이해되기 시작했다.

"그래서 이번에는 숲에서 가장 높은 나무를 골라서 드디어 안심해도 되겠다고 생각했는데, 어느새 하늘에서 구불구불 내려오다니!

이 나쁜 뱀 놈아!"

"하지만 나는 뱀이 아니야, 아니라니까! 나는…… 나는…….”

"흥! 네가 뭔데? 대충 얼버무리려고!"

"나는…… 나는 여자아이야."

오늘 하루 동안 변했던 모습들을 떠올리면서 앨리스는 조금 자신 없는 어투로 대답했다.

"퍽도 그렇겠다! 나는 여자아이들을 수없이 봤지만, 이렇게 긴 목을 가진 여자아이는 한 번도 보지 못했다고! 아니야, 아니야! 너는 뱀이야. 거짓말해도 소용없어. 다음엔 아예 알은 먹어본 적도 없다고 말하지 그래!"

비둘기가 비아냥거렸다.

"물론 알이야 먹지. 하지만 알다시피 여자아이들도 뱀 못지않게 알을 많이 먹어."

"믿지 못하겠는걸. 하지만 여자아이들이 그렇다면, 여자아이들도 뱀과 같은 종류야. 그렇고말고."

뜻밖의 생각에 앨리스는 잠깐 동안 할 말을 잃었고, 그 틈을 타서 비둘기가 다시 떠들었다.

"네가 알을 찾고 있다면, 나에게는 그걸로 충분해. 네가 여자아이든 뱀이든 나에게는 중요하지 않아."

"나한테는 무척 중요한 일이야. 하지만 나는 알을 찾고 있지 않았어. 설령 알을 찾는다 해도 너의 알은 싫어. 난 날 것은 좋아하지 않거든."

"그래, 그럼 꺼져버려!"

통명스럽게 말하고, 비둘기는 다시 자기 둥지에 자리를 잡았다. 앨리스는 한껏 나무들 사이로 몸을 웅크렸다. 자꾸 목이 나뭇가지에 걸렸고, 그때마다 앨리스는 동작을 멈추고 목을 풀어야만 했다. 얼마 후에 앨리스는 자신이 아직 두 손에 버섯 조각을 쥐고 있다는 걸 깨달았다. 앨리스는 아주 침착하게 한쪽 손의 버섯을 먼저 조금 뜯어먹은 다음 다른 쪽 손의 버섯도 뜯어먹었다. 커졌다가 작아졌다가, 커졌다가 작아졌다가, 앨리스는 자신의 본래 키를 되찾을 때까지 조금씩 조금씩 두 손의 버섯을 번갈아 먹었다.

한참 애를 쓰고 나서야 앨리스는 자신의 모습을 되찾을 수 있었는데, 처음엔 자신의 몸이 아주 어색하게 느껴졌다. 그러나 앨리스는 금방 익숙해졌고 곧잘 그랬듯이 혼잣말을 하기 시작했다.

"이제 내가 세운 계획의 절반이 이루어졌어! 정말 정신없이 변했지 뭐야! 다음엔 내가 무엇이 될지 무슨 수로 알겠어! 어쨌든 원래 내 몸 크기로 돌아왔어. 다음에 할 일은 그 아름다운 정원에 들어가는 거야. 그런데 어떻게 들어가지?"

그런데 그렇게 말을 하자마자, 앨리스는 갑자기 높이가 1미터 20센티미터쯤 되는 작은 집이 있는 넓은 광장에 와 있었다. 앨리스는 생각했다.

"저기에 누가 사는지는 모르지만, 이 크기로 만나면 안 돼. 모두들 무서워할 테니까 말이야."

그래서 앨리스는 오른손에 쥐고 있는 버섯을 다시 조금 뜯어먹었고, 키를 20센티미터쯤으로 맞춘 다음에 그 집으로 다가갔다.

# 텔레파시의 초과학

제 5장을 보면 앨리스는 의사소통에 문제를 보인다. 텔레파시 telepathy가 있기라도 한 것처럼, '다 아시다시피'라는 말까지 하지만 정작 쐐기벌레는 앨리스의 의도를 바로 알아채주지 않는다. 우리들도 일상생활에서 상대방이 쉽게 자기 의도를 알 것이라 여기며 말을 한다. 하지만 결과는 오해가 더 많다. 만약 텔레파시가 있다면 더 나을 것 같다. 이상한 나라에서 모험을 해야 하는 앨리스도 막힘없이 의사소통이 되는 세상을 간절히 원할 듯하다.

하지만 토끼굴 위에 사는 사람들은 진정으로 텔레파시를 원하지는 않는다. 자신의 생각을 영화 *사토라레*의 주인공처럼 남이 다 아는 것은 불편하다. 그러나 남의 생각을 읽을 수 있는 것은 대환영이다. 사람을 사귀거나, 가격 흥정을 할 때나, 도박을 할 때나 모두 사람의 속마음이 궁금한 법이니까.

이상한 나라에서도 텔레파시의 가능성은 보인다. 제5장의 내용을 보면 쐐기벌레가 앨리스의 생각을 읽었다는 듯이 반응하는 부분이 나온다. 그런데 정말 텔레파시는 가능한 것일까? 조지 클루니와 이완 맥그리거가 주연한 영화 염소를 노려보는 사람들*The Men Who Stare At Goats*은 시작 부분에 '이 영화에는 의외로 사실인 것이 많다'라고 했다. 반전反戰을 주제로 한 코미디 반전反轉 영화에서 실제로 일어난 일이 많이 들어갔다는 말에 관객은 놀랐다.

한때 미국은 육군 대령 출신 조셉 맥모니글의 폭로로 시끄러웠다. 그는 자신이 투시 능력자remote viewer이며, 미군은 병사들의 초능력을 실제 작전에 활용했다고 주장했다. 그리고 그 증거로 중국이 롭로드 사막에 차린 비밀 핵시설 단지와 소련의 비밀 핵기지를 탐색한 것을 댔다. 조셉 맥모니글이 폭로한 부대의 암호명은 '스타게이트'였다. 미군은 줄곧 초능력자 특수부대의 존재를 부정해왔으나, 최근 비밀해제 문서에서 부대의 존재가 공개되면서 공식적으로 인정하게 되었다. 공개된 문서에 따르면 해당 특수부대가 수행한 프로젝트에는 텔레파시를 이용한 첩보통신도 포함되어 있었다.

이제는 일상어처럼 쓰고 있는 텔레파시이지만 그 뜻은 불명확하다. 단지 '먼 곳에 떨어져 있어도 같은 것을 느끼고 생각할 수 있는 것'정도로 정의되고 있을 뿐이다.

텔레파시는 물리학자이자 심리학자인 프레드릭 마이어스Frederic W. H. Myers가 1882년 학회지 논문에 실은 용어에서 유래했다. 그러나 텔레파시의 존재 자체에 대해서는 불분명하다. 왜냐하면 처음 용어가 나온 이후 100년이 훨씬 지난 지금까지도 텔레파시의 존재를 확실히 증명하는 학문적 연구성과가 없기 때문이다.

## 정신감응

텔레파시는 초감각적 지각ESP, extrasensory perception으로 분류되어 현재 초심리학parapsychology에서 주로 연구하고 있다. 초심리학은 심령현상을 연구하는 분야로 미국 듀크 대학의 연구팀이 가장 유명하다. 초심리학 연구자들은 텔레파시를 정신감응이라고도 생각한다. 즉 두 사람 이상이 기본적인 감각기관을 사용하지 않고 정보를 직접 교환하는 능력을 텔레파시라고 본다. 꼭 거리가 문제가 되는 것은 아니다. 가까운 곳에서도 오감을 사용하지 않고 정보를 교환한다면 텔레파시이다. 같은 원리로 먼 곳에서도 정보를 교환할 수 있다. 그렇다면 텔레파시를 어떻게 증명할 수 있을까?

초기 텔레파시 실험은 초감각지각 카드ESP card를 사용했다. 1930년 듀크 대학에서 처음 사용된 이 카드는 칼 제너Carl Zener가 고안했다. 초감각지각 카드는 별, 십자, 네모, 원, 세 줄의 파도 등 다섯 가지 기호가 그려져 있으며, 각 종류마다 다섯 장씩 한 세트가 구성된다. 즉 모두 스물다섯 장이 한 세트인 카드이다.

우선 실험이 시작되기 전에 모든 카드를 철저하게 뒤섞는다. 그리고 실험검사자가 스물다섯 장의 카드 전부를 위로부터 차례대로 넘기면서 한 장에 한 번씩 카드 위의 기호에 주의를 집중하는 방법으로 멀리 떨어진 곳의 실험참가자에게 그 기호를 알려준다. 실험참가자는 마음에 느껴진 대로 기호를 적어간다. 그리고 그 합치성을 보면 텔레파시의 여부를 증명할 수 있다는 논리였다.

ESP 카드의 실험결과는 우연히 적중할 수 있는 비율이 20퍼센트였다. 그런데 8만 5,724번의 실험에서 2만 4,364번 적중했다. 즉 우연히 적중할 수 있는 1만 7,145회(20퍼센트)보다 7,219회를 더 맞춘 것이었다. 연구자들은 이로써 ESP의 존재가 증명된 것으로 볼 수 있다고 주장했다.

하지만 듀크 대학의 연구는 혹독한 비판을 받았다. 제일 많았던 것이 속임수의 개입 가능성이었다. 비판자들은 카드를 뒤섞을 때 얼마든지 속임수를 쓸 수 있어 실험결과는 설득력이 없다고 주장했다. 또한 실험참가자가 검사자의 몸짓 등 미세한 단서를 통해 기호를 짐작할 수 있었다며, 실험절차가 바뀌어야 한다고 지적했다.

실제로 미세한 단서는 상상을 초월한다. 다른 예로 숫자를 정확히 셈할 줄 안다고 유명해진 말이 있었는데, 말은 셈의 정답이 3이면 발을 세 번 찼다. 그런데 비판자들은 말이 앞다리를 차서 숫자를 표시하는 과정에 집중했다. 그 결과 주인의 미세한 눈썹 동작을 읽어 자신의 앞다리를 차는 숫자를 조절한다는 사실을 발견했다. 주인의 얼굴을 못 보게 한 결과 말은 셈을 하지 못했다. 마찬가지로 텔레파시 실험의 비판자들도 미세한 단서를 제한할 것을 지적했다.

찰스 호노턴Charles Honorton은 이러한 여러 비판을 감안해서 1973년 '간츠펠트Ganzfeld 실험'을 창안했다. 간츠펠트는 독일어로 완전한ganz 계feld를 뜻한다. 간츠펠트라는 용어를 쓴 까닭은 실험 참가자의 마음이 산란해지는 것을 막기 위해 완전한 동질의 감각계를 창출한 상태에서 실험이 진행되기 때문이다. 한마디로 말하자면 실험참가자는 감각이 박탈된 상태에서 ESP 시험을 받게 된다.

## 찰스 호노턴의 간츠펠트 실험

　간츠펠트 실험은 세 사람에 의해 진행된다. 텔레파시가 기본적으로 의사소통에 관련한 것이므로, 메시지의 발신자와 수신자 2명이 있다. 그리고 이 의사소통 과정을 기록하는 검사자 1명이 있다. 수신자는 일체의 감각 정보를 받을 수 없게 차폐된 방에 들어가 앉는다. 그리고 발신자는 모니터에 표시된 그림을 보면서 순전히 정신적 능력으로 다른 방에 있는 수신자에게 메시지를 전달하려고 시도한다. 또 다른 방에 있는 검사자는 수신자가 자신이 느낀 것을 보고하면 기록한다.

　호노턴이 240명을 대상으로 실험한 결과는 놀라웠다. 적중률이 34퍼센트나 되는 것으로 나와 20퍼센트인 우연 확률 이상으로 메시지가 전달됨이 밝혀졌다. 하지만 백발백중으로 메시지가 전달되지 않는 이유에 대해서는 적절한 설명을 찾지 못했다. 의사소통의 획기적 변화를 위해서 텔레파시를 도입하려면, 오류를 줄일 방법을 찾아야만 한다.

　초심리학 연구자들은 '양 · 염소 효과sheep · goat effect'로 오류의 개입 가능성과 개인차를 설명하려고 한다(영화 염소를 노려보는 사람들도 이 효과를 염두에 두고 제목을 선정한 듯하다). 양 · 염소 효과는 초감각지각의 존재 자체를 믿는 사람(양)이 그렇지 않은 사람(염소)보다 초감각지각 실험에서 적중률이 높은 현상을 가리킨다. 최면도 그것을 믿는 사람이 더 잘 걸리는 것처럼, 텔레파시도 텔레파시에 열린 마음을 갖고 있는 사람이 더 좋은 능력을 보인다는 것이다. 그러나 이제는 굳이 양 · 염소 효과를 따지지 않아도 될 듯하다. 텔레파시를 실제로 제품으로 구현해서 사람들 앞에 보여주면 믿는 사람이 더 많아질 것이기 때문이다.

현재는 초보 단계이지만 B2Bbrain-to-brain 연구를 통해 텔레파시의 가능성을 살펴볼 수 있다. 특히 뇌와 컴퓨터의 인터페이스를 연구하는 BCIBrain-Computer Interface 연구는 그 결과가 고무적이다. BCI 연구는 뇌에서 발생하는 신호를 가지고 이를 일종의 명령으로 활용해서 컴퓨터나 로봇, 재활장비 등을 조종하는 것을 목표로 한다. 실제로 2003년 미국 브라운 대학의 존 도너휴John Donoghue 박사 연구팀은 전신마비 환자인 매튜 네이글의 뇌에 '브레인 게이트Braingate'라는 전자칩을 삽입하여 뇌의 명령을 직접적 받아 마우스를 조작하여 시스템을 제어하는 데 성공했다.

앞으로 갈 길이 멀기는 하지만 인간과 기계의 경계가 사라지는 트랜스휴머니즘의 특이점singularity을 예견하는 사례로 많이 인용되기도 한다. 그리고 언젠가는 마우스가 아닌 뇌 속의 전자칩의 무선 통신으로 바로 다른 사람이 뇌와 직접 접속할 수 있을 가능성에 대해서도 생각해보게 하는 사례이다.

애플의 아이폰 애플리케이션에는 악수를 하면 인체에 흐르는 미세한 전류를 감지해서 상대방의 아이폰에 해당 메시지가 뜨는 식으로 의사소통을 하는 애플리케이션까지 나와 있다. 말을 하지 않고도 의사소통이 가능해지는 일은 먼 미래의 이야기가 아니다. 한 예로 2009년 10월에 시카고에서 있었던 신경과학회Society of Neuroscience에서는 일종의 뇌 스캐너가 발표되어 큰 관심을 받았다. UC 버클리의 잭 갤런트Jack Gallant 박사는 뇌의 활동을 읽어,

동영상 클립을 만들어내는 데 성공했다. 이들의 스캐너는 뇌의 시각중추의 활동전위action potential(신경세포 또는 근육세포의 세포막에서 짧은 시간 동안 전기적 분극 역전이 일어나는 현상)를 해석했다.


## 뇌를 스캔하다

실험은 참가자에게 2시간 정도 DVD 트레일러 비디오 클립 영상을 보게 하면서 뇌의 활동전위를 측정하는 식으로 진행되었다. 컴퓨터 프로그램이 동영상에서 나오는 모양이나 컬러, 움직임 등에 변화가 있을 때마다 시각중추에서 나오는 신호의 패턴을 분석해서 데이터베이스에 저장하고 비교하는 과정을 거쳤다.

그리고 이렇게 분석된 데이터로 유튜브 사이트의 비디오 클립 200일 분 정도가 저장되어 있는 대용량 동영상 데이터베이스에서 비슷한 패턴을 가진 유튜브 영상을 찾는 데 성공했다. 그리고 완전히 새로운 영상을 보도록 한 뒤에 기록한 뇌의 활동 데이터를 이용해서 100개의 유튜브 클립을 선정하고 이를 융합하여 새로운 영상을 만들었다. 그 결과 만들어진 최종 영상은 비록 희미하고, 원본과 차이가 있었지만 기본적으로 원래의 비디오 클립과 비슷하게 만들어졌다. 즉 의사소통이 일어난 것이다.

뇌의 활동을 읽어내는 휴대용 스캐너를 갖고 다니면서 결국 아무 말을 주고받지 않아도 인간의 마음을 읽어내는 날이 현실화될 수도 있다. 영국의 미래학자인 이언 피어슨Ian Pearson은 과학이 더욱 진보한 2025년을 전후해 우리 두뇌는 직접 웹에 접속될 것이라

예측했다. 그는 지금의 인터넷과 같은 상호접속 네트워크를 '풀 다이렉트 브레인 링크full direct brain link'라고 명명했다.

지금까지 이야기를 보면서 그냥 말로 하는 게 그래도 편하지 않냐고 할 독자가 있을 수 있다. 하지만 여러 질병 때문에 정상적인 의사소통이 불가능한 사람에게는 이런 텔레파시와 접목된 대안적인 의사소통 방법이 큰 희망이 될 수 있다. 또한 정상인 중에서도 창의적 작업을 해서 상대방에게 이해를 구하기 힘든 경우 바로 표현의 오류 없이 원본 대로 정보를 전송할 수 있게 된다면 인류는 새로운 지적 성장의 발판을 마련하게 될 것이다.

초능력자의 특별한 능력이 아니라, 일반인들도 텔레파시를 쓰게 하는 상용화 연구의 수준은 상상을 초월한다. 미국 뉴욕대 데이비드 포펠David Poeppel 교수는 오랜 기간 동안 인공 텔레파시 synthetic telepathy 연구를 해온 인물이다. 그의 연구는 미국 국방과학연구소DARPA의 지원을 받아 진행되고 있다. 생명을 지키고 적을 섬멸하기 위해 일분일초의 판단이 빨라야 하는 상황에서 수신호와 암호 해석에 소진할 시간은 없다. 바로 서로의 생각이 빛의 속도로 교환이 된다면 그만큼 유리할 것이다.

포펠 교수의 연구팀은 실험참가자에게 '나는 지금 뉴욕 지하철로 달려간다'는 식의 문장과 '바에서 맥주를 즐기며 음악을 듣고 있다'는 식의 서로 다른 여러 문장을 한 번만 말하도록 했다. 그리고 다른 참가자에게 생각만으로 어떤 문장을 말하는지 알아맞히도록 했다. 그 결과는 놀랍게도 다른 사람이 알아맞혔다. 포펠 교수는 "마치 모스부호처럼 정보를 담은 패턴이 뇌로부터 발산되는 것을 탐지했다"고 말했다.

지금은 거대한 뇌 스캐너가 있어야 검증을 할 수 있지만, 언젠가 기기가 소형화되면 휴대용 뇌 스캐너가 사회 각 부문에 쓰일 것이다. 실제로 영국에서는 식물인간 환자에게 뇌자기공명fMRI 장치를 이용해 아주 간단하게 대화하는 데 성공하기도 했다. 안구 마우스조차 움직이지 못하는 루게릭 병 환자에게도 도움이 될 수 있다.

텔레파시는 과학적으로 접근하기 힘든 주제이다. 아인슈타인이 텔레파시 연구 초기에 아예 무시했던 것처럼 물리법칙을 벗어나 시공간을 초월하는 정신 에너지라는 것이 존재하기가 어렵기 때문이다. 그러나 손쉽게 사이비 과학이라고 물리치지 못하는 것은, SF 소설에 등장하는 여러 상황처럼 텔레파시를 통해 얻게 될 장점이 너무도 멋지기 때문이 아닐까. 그리고 그 중의 몇은 이미 실용화를 통해 구현이 되고 있다. 텔레파시가 완전히 비과학적인 연구주제로 결론이 나더라도 과학의 발전에 영향을 준 것은 인정받을 수 있다. 연금술을 통해 화학이 발전하고, 점성술을 통해 천문학이 발전한 것처럼 말이다.

**1**   **왜 여자의 육감은 잘 맞는 걸까 : 마음과 물질이 소통하는 초심리학의 세계**

Extraordinary Knowing

엘리자베스 로이드 마이어 저 / 이병렬 역 ㅣ 21세기북스

육감hunch을 특별한 인간만 갖고 있는 능력처럼 생각하는 경우가 많다. 그러나 저명한 인지신경학자인 안토니오 다마지오의 저서《데카르트의 오류》를 보면 그렇지 않다. 일반인의 경우에도 상당히 발달된 육감을 갖고 있다. 그래서 도박을 할 때 명확히 이유를 몰라도 결과가 안 좋을 패를 미리 알아맞힐 수 있다. 그런데도 육감은 과학적인 실험과는 어울리지 않는 주제처럼 생각되어왔다. 그러나 마이어 박사는 이 책에서 아예 초감각적 인식의 세계를 다뤘다. 전화 통화만으로 잃어버린 하프를 찾아준 다우징 전문가, 상담한 환자의 꿈이 자신의 현실로 이루어지는 의사, 종양에 생각을 집중함으로써 스스로 종양이 되어 종양을 분해한 사람, 신생아의 언어를 알아듣는 간호사 등의 사례를 통해 우리 주변에 항상 존재했던 초감각적 인지의 실체를 보여준다.

**2**   **Unbelievable:**

Investigations into Ghosts, Poltergeists, Telepathy, and Other Unseen Phenomena, from the Duke Parapsychology Laboratory

Stacy Horn ㅣ Ecco

'언빌리버블Unbelievable'은 놀라운 현상을 보았을 때 쓰는 감탄사가 되어버렸다. 그런데 이 단어를 연구팀의 이름으로 쓰는 곳이 있다. 바로 듀크 대학의 초심리학 관련 연구팀이다. 초과학, 초심리학과 관련해서 가장 유명한 연구들은 듀크 대학에서 나오고 있다. 이 책에 소개된  듀크 대학의 초심리학 연구소의 언빌리버블 연구팀의 연구들을 보면 기존의 상식마저도 의심하게 된다. 1930년대부터 60년대까지 이어진 초심리학 연구의 황금기가 다시 21세기에도 오게 될지는 모르겠으나, 이 책에 실린 것처럼 여러 현상들에 대한 사람들의 호기심은 앞으로도 계속 될 것이다. 현재 번역이 되어 있지 않지만, 언젠가는 이 분야에 관심이 있는 사람들의 입에서 입으로 전해질 이야기가 많이 들어 있다. 책에 대한 간략한 소개 동영상은 인터넷http://www.youtube.com/watch?v=4ZWLszDb7HM에서 확인할 수 있다.

# 3 초심리학 관련 사이트

인터넷으로 정보를 검색하면 전 세계의 대학과 일반 기관에서 장기적인 관점으로 초심리학 연구를 하고 있는 것에 놀라게 된다. 아래는 그 중에서 추천할 만한 사이트를 따로 모은 것이다.

- 인간의 잠재성 발현에 대한 연구를 하는 윈드브리지 연구소Windbridge Institute
  http://www.windbridge.org/investigators.htm
- 에딘버러대학Edinburgh University의 초심리학 연구팀
  http://www.koestler-parapsychology.psy.ed.ac.uk/
- 심리학자이자 마술사이자 베스트셀러 작가인 리처드 와이즈먼Richard Wiseman
  http://www.richardwiseman.com/
- 독일 프라이부르크에 있는 초심리학 관련 IGPP 연구소
  http://www.igpp.de/english/welcome.htm
- 프린스턴의 PEAR 연구소에서 발전한 초심리학 관련 의식 연구에 대한 국제 연구소
  http://www.icrl.org/
- 프랑스의 초심리학 관련 연구소
  http://geepp.or3p.free.fr/index1024.htm
- 캘리포니아 대학의 제시카 웃Jessica Utts 교수의 홈페이지
  http://www.ics.uci.edu/~jutts/

# 6

## 돼지와 후추

작은 집을 바라보며 이제 어떻게 할까 망설이고 있는데, 갑자기 제복을 입은 하인 하나가 숲에서 달려나오더니 주먹으로 그 집 문을 쾅쾅 두드렸다. 그러자 둥근 얼굴에 개구리처럼 커다란 눈을 가진 다른 하인이 문을 열었다. 앨리스는 하인들의 곱슬곱슬한 머리카락에 가루분이 잔뜩 뿌려져 있는 것이 신기했다. 잔뜩 흥미를 느낀 앨리스는 무슨 일이 일어나는지 엿듣기 위해 집으로 슬며시 다가갔다.

　물고기 얼굴의 하인은 팔 밑에서 자기 몸 크기 정도인 편지를 꺼내서 개구리 얼굴의 하인에게 건네며 엄숙한 목소리로 알렸다.

　"공작부인에게. 여왕 폐하가 보내신 크로케 경기 초대장입니다."

　개구리 얼굴의 하인이 똑같이 엄숙한 목소리로 단어의 순서만 조금 바꿔서 응답했다.

　"여왕 폐하로부터. 공작부인에게 보내신 크로케 경기 초대장입니다."

　그런 다음 두 하인은 매우 정중하게 절을 했고, 두 사람의 곱슬머리가 서로 엉켰다. 그 모습을 보고 앨리스는 숨이 넘어갈 정도로 웃었다. 그리고 혹시 웃음소리가 들렸을까 봐 잽싸게 숲 속으로 달아났다. 앨리스가 다시 그 집을 엿보았을 때 물고기 얼굴의 하인은 사라진 뒤였고, 개구리 얼굴의 하인이 문 옆의 땅바닥에 주저앉아 멍하니 하늘을 바라보고 있었다. 앨리스는 조심스럽게 다가가 문을 두드렸다. 개구리 얼굴의 하인이 말했다.

"두드려도 소용없어. 두 가지 이유가 있지. 첫째, 나는 너처럼 문밖에 있고, 둘째 집 안은 지금 너무 시끄러워서 문 두드리는 소리가 들리지 않거든."

확실히 집 안에서는 어마어마한 소음이 계속 울리고 있었다. 울부짖는 소리와 재채기 소리가 계속 들렸고, 가끔 접시나 솥이 박살나는 듯한 소리가 섞였다.

"죄송하지만, 그럼 어떻게 하면 안으로 들어갈 수 있나요?"

앨리스가 물었다.

"만일 우리 둘 사이에 문이 있다면 문을 두드리는 것이 의미가 있겠지. 가령 네가 안에 있는데 문을 두드리면 내가 문을 열어서 너를 나가게 해줄 수가 있거든."

개구리 얼굴의 하인은 말하는 내내 하늘을 쳐다보고 있었기 때문에 앨리스는 그가 무척 무례하다고 생각했다. 앨리스는 몰래 중얼거렸다.

"하지만 눈이 거의 머리 꼭대기에 있으니까 어쩔 수가 없는 건지도 몰라. 어쨌든 대답은 해주고 있잖아. 어떻게 하면 안으로 들어갈 수 있죠?"

앨리스는 중얼거리다 다시 크게 물었다. 하인은 이렇게 대답했다.

"나는 내일까지 여기 앉아 있을 거야."

바로 그 순간 문이 열렸고, 커다란 접시 하나가 곧장 개구리 얼굴

하인의 머리로 날아왔다. 접시는 그의 코를 살짝 스치고 지나가 뒤쪽 나무에 부딪쳐 산산조각이 났다.

"경우에 따라서는 모레까지도."

개구리 얼굴의 하인이 마치 아무 일도 없었다는 듯이 변함없는 목소리로 덧붙였다.

"어떻게 해야 안으로 들어갈 수 있느냐고요!"

좀 더 큰 목소리로 앨리스가 다시 물었다.

"도대체 안으로 들어갈 생각은 있는 거니? 그게 가장 중요한 문제거든. 아무렴."

개구리 얼굴의 하인이 말했다. 그것은 두말할 나위가 없었다. 그러나 앨리스는 그런 말투가 싫었다. 앨리스는 속으로 투덜거렸다.

'동물들의 대화법은 정말 지겨워. 아주 질려버렸어!'

하인은 이때가 같은 말을 되풀이할 좋은 기회라고 생각했는지 다시 말했다.

"나는 여기 앉아 있을 거야. 어찌 되든, 며칠이든."

"하지만 나는 어떻게 해야 되죠?"

앨리스가 물었다.

"너 좋을 대로 하렴."

개구리 얼굴의 하인은 그렇게 대꾸하고 휘파람을 불기 시작했다.

"아아, 이 사람에게 말해봐야 아무 소용없어. 완전히 바보인걸!"

앨리스는 크게 실망해서 말했다. 그리고 앨리스는 문을 열고 안으로 들어갔다. 문은 바로 커다란 부엌으로 통하게 되어 있었는데, 부엌 한쪽 끝에는 연기가 자욱했다. 공작부인은 부엌 한가운데에서 다리가 셋 달린 등받이 없는 의자에 앉아 갓난아기를 달래고 있었다. 요리사는 화덕에 몸을 기울인 채 스프가 가득 든 큰 냄비를 휘젓고 있었다.

"수프에 후추를 너무 많이 넣은 게 분명해!"

재채기를 하면서 앨리스는 혼자 중얼거렸다. 확실히 방 안의 공기가 너무 매웠다. 심지어 공작부인조차 계속 재채기를 해댔다. 그러니 아기는 오죽했겠는가. 아기는 한순간도 쉬지 않고 재채기를 하며 울어댔다. 그 부엌에서 재채기를 하지 않는 것은 요리사와 난로 위에 누워서 귀가 찢어질 정도로 크게 이를 드러낸 채 웃고 있는 커다란 고양이뿐이었다.

"대답 좀 해주실래요, 왜 저 고양이가 저렇게 웃고 있죠?"

대화를 시작하는 예의 바른 태도가 어떤 것인지 몰라, 앨리스는 조심스럽게 물었다.

"체셔 고양이니까 그렇지, 돼지야!"

공작부인이 대꾸했다. 공작부인은 앨리스가 깜짝 놀랄 만큼 너무나 갑작스럽게 화난 말투로 돼지라는 말을 덧붙였다. 그러나 앨리스는 곧 그 단어가 자신이 아니라 아기에게 한 말인 걸 알고, 다시 용기를 내어 말했다.

"저는 체셔 고양이가 언제나 이를 드러내고 웃는지 몰랐어요. 사실은 고양이들이 웃을 수 있다는 것도 몰랐고요."

"고양이들은 대부분 웃을 수가 있어."

공작부인이 말했다.

"저는 전혀 몰랐어요."

대화를 시작하게 된 것을 기뻐하며 앨리스는 아주 정중하게 말했다.

"너는 그다지 아는 게 없구나. 그리고 그건 사실이지."

공작부인이 말했다. 앨리스는 그 말이 마음에 들지 않았다. 그래서 다른 대화를 시작하는 게 좋겠다고 생각했다. 앨리스가 골똘히 생각하는 사이에 요리사는 수프 냄비를 화덕에서 내리더니, 공작부인과 아기에게 손에 잡히는 대로 온갖 물건들을 집어던지기 시작했다. 먼저 부삽이 날아왔다. 그런 다음 스튜 냄비들, 각종 접시들이 마구 쏟아졌다. 공작부인은 그것들에 맞으면서도 태연했다. 그리고 아기는 계속 큰 소리로 울어대고 있었기 때문에 접시에 맞아서 우는 것인지 아닌지 분간할 수가 없었다.

"안 돼요. 무슨 짓을 하는 거예요!"

앨리스는 겁에 질려서 펄쩍 뛰면서 소리쳤다.

"어머, 아기 코가 위험해요!"

커다란 스튜 냄비가 아기 쪽으로 날아와서 하마터면 아기의 코를 칠 뻔했다.

"모든 사람들이 자기 일에만 신경 쓴다면 지구가 지금보다 더 빨리 돌 텐데."

공작부인이 쉰 목소리로 낮게 말했다.

"그러면 좋을 게 없는 걸요."

앨리스는 자신이 아는 지식을 조금 뽐낼 수 있는 기회가 생겨 반가웠다.

"낮과 밤이 어떻게 되겠어요! 지구가 남북의 축axis을 중심으로 자전하는 데는 24시간이 걸리는데…….”

“도끼axes 얘기를 하다니, 이 아이의 목을 잘라버려라!”

공작부인이 말했다. 앨리스는 불안한 눈길로 요리사를 훔쳐보았다. 그러나 요리사는 수프를 휘젓느라 공작부인의 말을 듣지 못한 듯했다. 그래서 앨리스는 다시 말을 이었다.

“24시간이라고 생각해요, 아니 12시간인가요? 저는…….”

“오, 닥쳐! 나는 숫자는 딱 질색이라고!”

공작부인이 말했다. 그리고 공작부인은 다시 아기를 달래기 시작했는데, 자장가 비슷한 노래를 부르면서 한 절이 끝날 때마다 아기를 난폭하게 흔들었다.

> 거칠게 말해! 꼬마 사내 녀석에게는.
> 재채기를 하면 때려줘야 해.
> 아이는 떼를 쓰려고 재채기를 할 뿐이라네.
> 그럼 성가시다는 걸 잘 알거든.
>
> [합창]
> 와! 와! 와!

공작부인은 노래의 2절을 부르면서도 아기를 난폭하게 위아래로 흔들었고, 가엾은 아기는 큰 소리로 울어댔다. 앨리스는 노래의 가사를 알아듣기가 어려웠다.

사내아이에겐 사납게 말해.

재채기를 하면 때려줄 테야.

사실 아기는 후추를 잘 먹을 수 있거든.

자기 마음만 내키면 말이야.

[합창]

와! 와! 와!

"자! 아기를 좀 보거라!"

공작부인이 아기를 거칠게 던지며 앨리스에게 말했다.

"나는 여왕님의 크로케 경기에 참석할 준비를 해야 한다."

공작부인은 부엌을 바삐 나갔다. 요리사가 공작부인의 뒤에서 프라이팬을 던졌지만 빗나갔다. 앨리스는 서툴게 아기를 안았다. 아기는 괴상한 모습이었다. 팔다리가 사방으로 솟아 있었다.

'꼭 불가사리 같아.'

앨리스는 생각했다. 가엾은 어린 것은 증기기관차처럼 코를 씨근거리며 쉬지 않고 배를 앞으로 내밀었다가 몸을 쭉 뻗고는 했다. 그래서 처음에 앨리스는 아기가 떨어지지 않게 붙잡고 있는 것만도 무척 힘이 들었다.

아기 다루는 적당한 방법을 알게 되자 앨리스는 아기를 바깥으로 안고 나왔다.

"내가 이 아기를 데려가지 않으면, 그들이 며칠 내로 이 아기를 죽이고 말 거야. 그러니 아기를 두고 떠난다면 살인범이 되는 게 아닐까?"

앨리스가 이렇게 말하자 어린것이 마치 대답이라도 하듯이 꿀꿀거렸다.

"얘, 꿀꿀거리지 마. 어린 아기답지 않잖니?"

아기가 다시 꿀꿀거렸다. 앨리스는 아기가 아픈가 싶어 걱정스런 표정으로 아기의 얼굴을 들여다보았다. 아기는 매우 괴상한 코를 갖고 있었다. 그것은 사람의 코가 아니라 삐죽한 돼지 코에 더 가까웠다. 게다가 눈도 아기 눈치고는 너무나 작았다. 앨리스는 아기의 생김새가 조금도 마음에 들지 않았다.

'아마 계속 울기만 해서 그럴 거야.'

앨리스는 생각했다. 그리고 눈물 자국이 있는지 보려고 다시 아기의 눈을 들여다보았다. 천만에, 눈물 자국은 없었다. 앨리스는 심각하게 말했다.

"아기야, 네가 돼지로 변할 거라면 난 너에게 아무것도 더 해줄 수가 없어. 내 말 알아들었지?"

불쌍한 어린것은 다시 흐느껴 울었고(아니 꿀꿀거렸다. 사실 어느 쪽인지 분간이 잘 안 되지만) 얼마 동안 그들은 말없이 계속 걸었다. 앨리스는 혼자 생각하기 시작했다.

'이 아기를 집에 데려가면 그다음에는 어떻게 하지?'

아기가 다시 꿀꿀거렸다. 그런데 이번에는 꿀꿀 소리가 너무 커

서 앨리스는 깜짝 놀라 아기의 얼굴을 내려다보았다. 이번에는 의심할 여지가 없었다. 그것은 다름 아닌 딱 돼지였다. 앨리스는 돼지를 계속 안고 간다는 게 무척 우스꽝스럽다고 느꼈다. 그래서 앨리스는 그 어린것을 내려놓았고, 그것이 조용히 숲 속으로 사라지는 것을 보면서 픽 안심했다.

"저 아기가 자라면 엄청 못생긴 아이가 될 거야. 하지만 돼지치고는 꽤 잘생겼을 테지."

그리고 앨리스는 돼지처럼 구는 자기가 아는 다른 아이들을 생각하며 혼자 중얼거렸다.

"누군가 그 애들을 바꿀 수 있는 방법을 알기만 한다면……."

그 순간 앨리스는 3미터쯤 앞에 있는 큰 나뭇가지 위에 체셔 고양이가 앉아 있는 것을 보고 조금 당황했다. 고양이는 싱긋 웃으며 앨리스를 보고 있었다. 착해 보인다고 앨리스는 생각했다. 하지만 고양이에게는 날카로운 발톱과 커다란 이빨이 있어, 앨리스는 정중하게 대해야겠다고 생각했다.

"체셔 고양이님."

앨리스는 약간 자신 없는 목소리로 입을 열었다. 고양이가 그렇게 불리는 것을 좋아하는지 싫어하는지 전혀 모르기 때문이었다. 그렇지만 고양이는 조금 더 크게 싱긋 웃을 뿐이었다.

'됐어, 기분이 좋은가 봐.'

앨리스는 생각했다. 그리고 앨리스는 말을 이었다.

"부탁인데, 말 좀 해줄래요, 내가 어느 길로 가야 할까요?"

"그거야 네가 가고 싶은 곳에 달렸지."

고양이가 말했다.

"난 어디든 별로 상관없어요……."

앨리스가 말했다.

"그렇다면 어느 길로 가든 괜찮아."

고양이가 말했다.

"어디든지 도착만 한다면요……."

앨리스는 설명하듯이 덧붙였다.

"오, 그렇게 되고말고, 꾸준히 걷는다면 말이야."

고양이가 대꾸했다. 그건 틀림없는 말이었으므로 앨리스는 다른 질문을 던졌다.

"이 근처에는 어떤 사람들이 살죠?"

고양이는 오른쪽 앞발을 흔들며 말했다.

"저쪽에는 모자 장수들이 살지. 그리고 저쪽에는."

고양이는 왼쪽 앞발을 흔들었다.

"3월의 토끼가 살아. 네가 가고 싶은 곳으로 가렴. 둘 다 미쳤지
만 말이야."

"하지만 난 미친 사람들이 있는 곳에는 가고 싶지 않아요."

앨리스가 대꾸했다.

"오오, 그래도 어쩔 수 없어. 여기 있는 것들은 모두 미쳤거든. 나
도 미쳤어. 너도 미쳤고."

고양이가 말했다.

"내가 미친 걸 당신이 어떻게 알죠?"

"너는 분명히 미쳤어. 미치지 않았다면 여기 오지 않았을 테니
까."

고양이가 대꾸했다. 앨리스는 순 엉터리라 생각했다. 그렇지만
앨리스는 다시 물었다.

"그럼 당신이 미친 건 어떻게 알죠?"

"우선 첫째로 개는 미치지 않았어. 그건 인정하지?"

"네."

"흠, 그럼 말이야. 개가 화가 날 땐 으르렁거리고, 기분이 좋을 땐
꼬리를 흔드는 걸 보았을 거야. 그런데 나는 기분이 좋을 땐 으르렁
거리고, 화가 날 땐 꼬리를 흔들거든. 그러니까 나는 미쳤지."

"그건 으르렁거린다고 하는 게 아니라 목을 가르랑거린다고 하
는 거예요."

앨리스가 말했다.

"너 좋을 대로 부르렴. 그런데 오늘 여왕과 크로케 경기를 할 거
니?"

"정말 그러고 싶어요. 하지만 아직 초대를 받지 못했어요."

"거기에서 나를 보게 될 거야."

그렇게 말하고 고양이는 사라졌다. 앨리스는 이번에도 그다지 놀라지 않았다. 이젠 기묘한 일들이 일어나는 것에 꽤 익숙해졌기 때문이다. 고양이가 앉아 있던 나뭇가지를 물끄러미 보고 있는데, 갑자기 고양이가 다시 나타나 물었다.

"안녕, 그런데 아기는 어떻게 됐지? 묻는다는 걸 깜빡 잊을 뻔했지 뭐야."

"돼지로 변했어요."

고양이가 돌아올 줄 알았다는 듯이 앨리스는 담담하게 대답했다.

"그럴 거라고 생각했어."

그렇게 말하고 고양이는 다시 사라졌다. 앨리스는 다시 고양이가 나타나지 않을까 기대하며 조금 더 기다렸다. 그러나 고양이는 나타나지 않았고, 앨리스는 3월의 토끼가 산다고 들은 방향으로 걸어갔다.

"모자 장수들은 전에도 보았어. 아마 3월의 토끼가 훨씬 더 재미있을 거야. 그리고 이번 달은 5월이니까 토끼가 괜찮을지도 몰라. 적어도 3월처럼 그렇게 심하게 미쳐 있지는 않을 거야."

중얼거리며 앨리스는 고개를 들었다. 그런데 바로 머리 위 나뭇가지에 고양이가 다시 앉아 있었다.

"'돼지pig'라고 했던가, 아니면 '무화과fig'라고 했던가?"

고양이가 물었다.

"돼지라고 했어요. 그런데 그렇게 갑자기 나타났다가 사라졌다가 하지 말았으면 좋겠어요. 너무 어지러워요!"

"알았어."

고양이가 말했다. 그리고 이번에는 꼬리 끝부터 시작해서 매우 천천히 사라졌다. 그렇게 몸이 완전히 사라진 후에 고양이의 웃는 입이 마지막으로 사라졌다.

"어머나! 웃지 않는 고양이는 자주 보았지만, 고양이 없이 웃는 입만 남아 있는 건 본 적이 없어. 이렇게 이상한 일은 정말 처음이야."

얼마 가지 않아서 3월의 토끼가 사는 집이 보였다. 앨리스는 정말 어울리는 집이라고 생각했다. 그 집의 굴뚝은 토끼 귀 모양이고, 지붕은 토끼털로 이어져 있었기 때문이다. 집이 너무 커서 앨리스는 왼쪽 손에 있는 버섯을 조금 먹어 키를 60센티미터 정도로 키운 후에 가까이 가기로 했다. 그러나 키가 커진 후에도 앨리스는 꺼림칙한 마음을 떨쳐내지 못하며 계속 중얼거렸다.

"만약 토끼가 완전히 미쳐 있으면 어떻게 한담! 모자 장수를 만나러 갈걸 그랬어!"

지식탐험 6

# 신기한 뇌 과학

D NA의 이중나선 구조 발견으로 유명한 노벨상 수상자 프
랜시스 크릭Francis H.C. Crick은 그의 저서《놀라운 가설The
Astonishing Hypothesis》을 통해 뇌의 오묘함에 대해서 조명했다. 그
런데 크릭의 책을 훑어보면《이상한 나라의 앨리스》에서 봤던 친숙
한 고양이가 사다리에 앉아 있는 사진을 볼 수 있다. 왜 체셔 고양
이가 뇌 과학과 관련된 이야기에 등장하는 것일까?

'체셔 고양이 실험Cheshire Cat experiment'이라고 검색하면, 수많
은 신경과학 웹페이지로 이동할 수 있다. 그리고 눈의 한가운데를
거울로 가리고 한쪽 손을 눈앞에서 흔들면 앨리스 이야기에 나오는
내용과 비슷하게 고양이의 미소만 남게 된다는 신기한 실험 내용과
만나게 된다. 어떻게 이런 일이 벌어지는 것일까?

실험을 검증하기 위해 체셔 고양이를 살 필요는 없다. 아무것도
없는 깨끗한 벽과 거울과 친구 한 명만 있으면 된다. 아래의 지시를

144

따라서 직접 해보면 친구의 얼굴이 천천히 지워지면서 입가의 미소만 남는 착각을 스스로 경험해볼 수 있을 것이다.

그림처럼 오른쪽에 하얀 벽이 위치하도록 앉고 왼손으로 거울 밑변을 잡자. 그리고 거울을 콧등에 올려놓고 오른쪽 벽을 향하게 한다. 친구는 약 한두 걸음 앞에 앉게 한다. 즉 왼쪽 눈은 친구를 직접 바라보고, 오른쪽 눈은 벽이 비치는 거울을 보게 되는 상황을 만드는 것이다. 그런 다음에 하얀 벽을 마치 칠판지우개로 지우는 것처럼 문지르는 시늉을 한다(아니면 그냥 공중에서 손가락을 펴고 흔들어

도 된다). 그러면 친구의 얼굴 중 일부분이 사라지는 것처럼 보일 것이다(만약 친구의 얼굴 중 일부분이 사라지지 않는다면, 한쪽 시력이 다른 쪽보다 좋아서 그런 것이다. 그러니 벽으로 향하는 눈을 바꿔서 다시 시도하면 원하는 결과를 얻게 될 것이다).

## 양안시차

이런 이상한 현상은 우리 뇌의 신비와 관련이 있다. 우리의 시각은 양쪽 눈의 정보에 바탕을 두고 있다. 좀 더 정확히 말하자면 미간의 크기만큼 떨어져 있는 두 눈이 각각 보내주는 정보를 뇌에서 종합하여 사물을 보고 있는 것이다. 이때 두 눈이 보내주는 정보 간의 차이를 일컬어 '양안시차兩眼視差'라고 한다.

뇌는 운동에 민감하게 반응하는데 위 실험 조건의 경우, 오른쪽 눈에는 손의 운동 정보가 입력되어 뇌의 주의를 끄는 반면, 왼쪽 눈은 가만히 앉아 있는 친구를 보기 때문에 뇌의 활성화 정도가 크지 않다는 차이가 생긴다. 만약 손을 흔들기 전에 얼굴 중에서 입가를 특히 보았다면, 그나마 뇌가 활성화되어 포착해둔 친구의 얼굴 중 입이 나중까지 사라지지 않고 남을 것이다.

뇌의 신비를 느낄 수 있는 다른 방법이 있다. 우리의 눈은 커다란 구멍이 있지만 그것을 눈치채는 사람은 아무도 없다. 눈에 커다란 구멍이 있다는 말에 오히려 놀란 눈을 뜬다. 자, 눈의 구조를 떠올려보자.

눈 뒷면을 덮고 있는 망막의 시세포는 빛에 의한 자극을 받아들

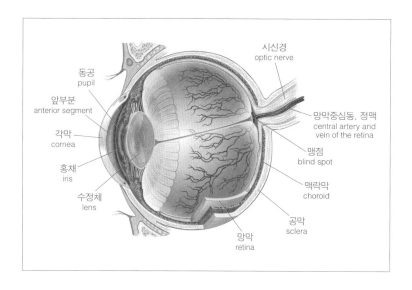

시신경
optic nerve

동공
pupil

앞부분
anterior segment

각막
cornea

홍채
iris

수정체
lens

망막중심동, 정맥
central artery and
vein of the retina

맹점
blind spot

맥락막
choroid

공막
sclera

망막
retina

여 이것을 전기적 신호로 바꿔 뇌로 보낸다. 그런데 그림에서처럼 공막과 맥락막을 뚫고 안구 바깥으로 나가 뇌로 이어지는 시신경 다발 부분을 보면 위아래 정보가 모아지고 정맥이 있는 바로 그 접점에는 빛을 받아들이는 시세포가 없는 구조임을 쉽게 알 수 있다. 즉 여기로 떨어진 외부의 빛은 전혀 신경신호로 바뀌지 않으며, 그 결과 우리의 시야에 맹점blind spot이 하나 생긴다. 정확히 얘기하면, 한쪽 눈에 하나씩 인간은 두 개의 맹점이 있는 셈이다. 이렇게 말을 했는데도 설마 맹점이 있을까 싶은 사람은 직접 실험을 해보면 된다.

왼쪽 눈을 감은 채 다음 그림의 왼쪽에 위치한 십자 표시를 똑바로 바라보라. 오른쪽 눈을 십자표에 고정시키는 것이 중요하다. 그리고 이 책을 얼굴에서 약 한 뼘 이상 떨어뜨려 편평하게 편 채로 있다가 천천히 책을 얼굴 쪽으로 움직여 가까이 해보자. 약 반 뼘보다 조금 더 많이 남은 지점에서 오른쪽의 검은 원이 사라질 것이다. 즉 원이 있던 자리는 주변과 같은 색으로 보여 사라진 깃처럼 보일 것이다. 책을 앞뒤로 조금씩 움직여보는 것도 도움이 된다. 그러다 보면 검은 원이 언제 완전히 사라지는지 알 수 있다.

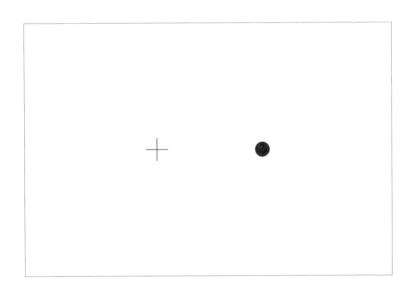

　분명히 점이 있었는데 사라진다니. 마치 마술과도 같다. 그렇다 이는 뇌가 보여주는 마술이다. 우리 뇌는 끊임없이 뻥 뚫린 점을 사라지게 하고 있다. 어느 누구도 맹점을 보지 않도록 훈련받지 않았다. 하지만 저절로 꽉 채워진 풍경을 우리는 보고 있다. 어느 누구도 구멍이 뚫려 있다가 몇 걸음 걸으면 완벽해지는 식으로 세상을 보고 있지는 않다.

　뇌가 잘하는 마술은 이뿐만이 아니다. 우리는 눈을 고정시켰다고 생각하지만 안구는 미세하게라도 끊임없이 움직인다. 그리고 책을 읽는 순간에도 계속 움직인다. 움직임은 정확히 말하면 한 지점에서 다른 지점으로의 도약이다. 그런데 이 도약 중간에는 정보가 입력되지 못한다. 도약 운동에 걸리는 평균 시간은 약 1/10초인데 누구도 약 1/10초씩 하루에 십만 번 눈을 깜박이는 것과 같은 기분을 경험하지 않는다. 뇌가 끊임없이 연속 영상을 보는 것처럼 마술을 벌이기 때문이다. 뇌 과학이 fMRI 등 최첨단 기술로 뇌의 움직임을 추적한다고는 하지만, 이러한 뇌의 기본적 마술은 아직도 신비의 영역으로 남아 있다.

## 뇌의 10퍼센트 신화

뇌가 신비롭다 보니 그것을 이용해 비과학적인 이야기가 많이 퍼지고 있다. 심지어 뇌를 훈련시켜 우주 에너지와 만나고, 그것을 통제하는 등의 사이비 종교적인 이야기도 버젓이 광고를 하고 있다. 그러나 이것보다 더 무서운 것은 상식의 이름으로 퍼지고 있는 뇌 과학 이야기이다. 그 중 대표적인 것이 인간은 자신의 뇌를 10퍼센트밖에 쓰지 못하고 있다는 것과, 우뇌와 좌뇌의 역할이 각각 다르며 그에 따라 인간의 생활양식도 달라져야 한다는 이야기이다.

가장 심각한 것은 뇌의 10퍼센트 신화이다. 왜 이런 신화가 퍼졌는지는 확실하지 않다. 다만, 사람들에게 잠재성이 무한하니 좀 더 분발하라는 교육적 목적으로 말하는 사람이 많아서 이런 잘못된 믿음이 없어지지 않는 것 같다는 주장이 지배적이다.

인간은 뇌를 100퍼센트 사용한다. 만약 우리가 뇌의 일부분만 쓴다면 치매 환자처럼 심각한 상황에 처하게 된다. 생각해보자. 만약에 우리가 뇌의 10퍼센트만 사용한다면, 나머지 90퍼센트에 해당하는 부위들은 왜 있는 것일까? 그리고 왜 사고가 나서 뇌를 다치면 사람의 상태가 갑자기 변할까? 어차피 10퍼센트만 쓰던 뇌이니까, 대부분의 쓸모없는 부위가 다칠 수도 있는데 말이다.

사람들은 잠을 자고 있을 때와 같이 휴식을 취하는 시간에는 뇌의 활동량이 줄어들어 10퍼센트 정도로 내려가지 않을까 생각하기도 한다. 하지만 오히려 꿈을 꿀 때 뇌가 낮보다 더 활발하게 움직이는 경우가 있다. 그리고 특정 부위만 활발하게 움직이는 것이 아니라 뇌의 전 영역이 고루 활성화된다.

뇌는 원래 어느 한 부분만 활성화되는 것이 아니라, 어떤 정보를 처리하느냐에 따라 각기 다른 부위가 활성화되는 식으로 움직인다. 예를 들어 뭔가를 보거나 상상을 할 때는 머리 뒤통수에 해당하는 후두엽이 활성화된다. 다른 사람의 말을 이해하려고 할 때는 측두엽과 두정엽이 만나는 베르니케 영역Wernicke area이 활성화되어야 한다. 그리고 말을 하려고 할 때에는 브로카 영역Broca area이라는 뇌의 전두엽 부분이 활성화되어야 한다.

이렇듯 간단해 보이는 인지 과정에도 다양한 뇌의 부위가 고루 활성화되고 있다. 따라서 뇌의 10퍼센트만 쓰고 죽는다는 말은 어불성설이語不成說다. 잠재성을 끌어올리기 위한 목적으로 말을 해야 한다면, 아인슈타인도 뇌의 10퍼센트밖에 사용하지 않았다는 식의 비과학적인 말을 인용하기보다는 다른 칭찬이나 학생이 자극받을 수 있는 사례를 이야기해줘야 할 것이다. 그게 진정 교육적이다.

## 좌뇌형 인간, 우뇌형 인간론

뇌의 10퍼센트 신화만큼이나 최근 문제가 되고 있는 것이 좌뇌형 인간과 우뇌형 인간에 대한 이야기기이다. 좌뇌와 우뇌의 역할은 노벨상 수상자인 로저 스페리Roger W. Sperry 박사의 '분할 뇌split brain' 연구를 통해 어느 정도 밝혀졌다. 그러나 이 연구결과를 지나치게 확대 해석해서 인간형까지 나누는 것은 비과학적인 이야기이다.

대뇌피질은 독립된 두 반구, 즉 좌반구와 우반구로 이루어져 있고, 각 반구는 신경 섬유 집단인 뇌량corpus callosum으로 연결되어 있다. 여기서 뇌량은 정보의 전달을 담당한다. 그래서 뇌량 덕분에 정보가 통합되어 정상인들은 두 반구로 들어오는 정보의 차이를 느끼지 못한다. 하지만 간질 환자의 경우 병을 치료할 목적으로 뇌량을 절개하는 수술을 받는다. 뇌의 한쪽에서 시작한 발작이 뇌량을 통해서 뇌의 양쪽을 왔다갔다하면서 증폭되어 뇌 전체로 확산될 수 있기 때문이다. 그래서 의도적으로 뇌가 부분적으로 활성화되도록 뇌량을 절개한다.

수술을 받은 사람들을 가리켜 '분할 뇌'라고 하는데, 이들은 정상인에게서 볼 수 없는 특이한 현상을 보여준다. 예를 들어 외출을 하려고 옷장에서 오른손으로 옷을 고르면 갑자기 왼손이 튀어나와 그것을 막는 식이다. 신체의 왼쪽 부분은 우반구가, 신체의 오른쪽 부분은 좌반구가 지배하기 때문에 각기 다른 명령을 받아서 이런 현상이 나오는 것이다. 이렇게 마치 한 몸에 두 사람이 있는 것처럼 행동하는 것에 관심을 갖고 있던 로저 스페리 교수는 다양한 지각 실험을 통해 다음과 같이 결론을 내렸다.

> "인간의 좌반구는 언어, 논리, 수학 등을 포함한 분석적인 정보처
> 리에 능하고, 우반구는 공간지각, 예술, 추상적 사고 등을 포함한
> 종합적인 정보처리에 능하다."

그리고 후속 연구를 통해 정상인에서도 좌반구와 우반구가 서로
다른 역할을 한다는 주장을 했다.

문제는 이런 학문적 결과를 상업적으로 응용하면서 원래의 의도
와 다르게 활용된다는 점이다. 좌뇌는 언어적 뇌이고, 우뇌는 창의
성 뇌이니 하며 우뇌 학습법이 좋다는 내용도 나오고 있다. 그리고
우뇌형 인간은 우뇌형 생활 습관으로 살고, 좌뇌형 인간은 좌뇌형
생활 습관으로 살아야 성공할 수 있다는 주장도 새롭게 나왔다. 이
모든 것이 어불성설이다.

우리는 현상을 이분법적으로 범주화하는 것에 익숙해져 있다. 좋
은 사람 아니면 나쁜 사람, 유용한 것이 아니면 해로운 것 등등. 왜
냐하면 이분법적으로 사고를 하면 상황을 단순하게 볼 수 있어 마
음이 편해지기 때문이다. 좌뇌형 인간, 아니면 우뇌형 인간이라고
하는 분류도 인간의 다양성을 인정하기 귀찮아하는 이분법적 사고
때문에 나온 것일 뿐이다.

하지만 그렇게 단순화하다 보면 상황을 잘못 이해할 위험성이
있다. 좌뇌형 인간과 우뇌형 인간은 스페리 박사가 한창 논문을 발
표하던 60년대 중반부터 70년대에 나온 이야기가 아니다. 불과 얼

마 전까지만 해도 좌뇌형 인간이나 우뇌형 인간이라는 용어조차 없었다.

예전과 달리 연구자들 사이에서는 뇌의 역할에 대해서 더 조심스럽게 이야기를 하고 있다. 마치 뇌의 역할을 탐구하는 신경과학자의 과제에 따라 뇌의 역할이 달라지는 것처럼 보이기 때문이다. 우리 인간의 뇌는 좌뇌는 언어와 논리를 담당하고 우뇌는 공간지각과 추상화를 담당한다는 식으로 마치 두부 자르듯 확 나눌 수 없다. 우뇌에도 언어와 논리를 담당하는 기능이 있다. 로저 스페리 교수는 단지 세부적이고 지엽적 정보처리는 좌뇌가 비교적 우세함을 강조한 것뿐이다. 그런데 이것도 실험 시에 어떤 과제를 어떻게 주느냐에 따라 그 결과가 뒤바뀔 수 있다.

사고로 좌뇌를 거의 잃은 사람의 경우 남아 있는 우뇌를 통해 언어처리와 공간지각 등 일상생활을 거의 정상적으로 하고 있는 경우도 있다. 만약 우뇌와 좌뇌의 역할이 확실히 구분되는 것이라면 좌뇌가 없으니 언어처리는 불가능해야 한다. 하지만 원래 각 반구에 나눠져 있다고 생각한 정보처리 양식은 다른 쪽에도 어느 정도 있기 때문에 그런 상황에서도 인간은 적응하고 생존할 수 있다.

뇌는 생존을 주요 목적으로 진화한 최고의 걸작품이다. 그것이 비효율적으로 구조화되었을 리가 없다. 생각해보자. 어느 한쪽 뇌가 발전되었다고 바로 그 한쪽 뇌로 살아야 할까? 컴퓨터도 한 개의 CPU를 가동할 때보다는 두 개를 동시에 가동할 때 더 처리속도가 빠르듯이, 양쪽 뇌로 사는 게 더 이득이 아닐까? 좌뇌형 인간, 우뇌형 인간이라는 것 자체도 없지만, 만약 그렇게 나뉜다고 해도 두

루 여러 스타일을 갖고 있는 것이 더 우월한 경쟁력을 갖추는 자기
계발 방법이 아닐까 싶다.

( 토끼굴 추천 정보 )

### 1  뇌 과학의 함정 : 인간에 관한 가장 위험한 착각에 대하여

Out of Our Heads

알바 노에 저 | 김미선 역 | 갤리온

이 책의 주장은 간명하다. 철학자이자 인지과학자이며 신경과학자인 알바 노에
는 현재의 뇌 과학으로는 인간에 관한 그 어떤 비밀도 밝혀낼 수 없다고 주장한
다. 기존에 거의 무비판적으로 뇌 과학 연구에 매료되었던 사람에게는 충격적
인 내용일 수 있다. 저자는 신경과학뿐만 아니라 인지과학, 로보틱스, 인공지능,
HCI(Human Computer Interaction) 등의 최신 연구사례를 바탕으로 기존의 뇌
과학이 밝혀낸 인간의 본질과는 다른 측면에서 인간에 대한 고찰이 필요함을 소
개하고 있다. 이 책의 추천 평을 쓴 다양한 분야의 많은 학자들의 의견도 비판적
으로 볼 가치가 있다.

### 2  라마찬드란 박사의 두뇌 실험실 : 우리의 두뇌 속에는 무엇이 들어 있는가?

Phantoms in the Brain

빌라야누르 라마찬드란, 샌드라 블레이크슬리 지음 | 신상규 옮김 | 바다출판사

〈뉴스위크〉지가 센추리클럽(가장 주목해야 할 21세기 뛰어난 인물) 100인 가
운데 한 명으로 선정한 세계적인 신경과학자 라마찬드란. 그는 환자들의 이상행
동은 뇌 손상이 가져온 당연한 현상임을 증명해 보인다. 그리고 최고 권위자로서
현재의 뇌 과학의 현주소를 솔직하게 이 책에 소개하고 있다. '우리의 두뇌 속에
는 무엇이 들어 있는가?', '왜 팔이 잘려진 사람이 가끔 있지도 않은 팔이 가렵다
고 느끼는 것일까?', '정상적인 반응과 비정상적인 반응은 과연 무엇인가?' 등등

에 관심을 가진 독자라면 흥미있게 읽을 수 있는 책이다. 그리고 뇌 과학의 허울을 쓰고 무분별하게 유행하고 있는 뇌 과학 교양서를 비판적으로 볼 수 있는 지침을 이 책을 통해 얻을 수도 있다.

## 3    브레인 스토리 : 뇌는 어떻게 감정과 의식을 만들어낼까?
Brain Story

수전 그린필드 저 | 정병선 역 | 지호

영국 옥스퍼드 대학 약리학과 석좌교수인 수전 그린필드 박사는 비밀의 영역인 인간의 뇌에 대한 풍부한 연구사례와 쉬운 설명을 통해 기본적인 뇌 과학의 개념들을 이 책에서 소개하고 있다. '우리는 뇌에 지배받는 존재인가, 환경에 지배받는 존재인가', '기억은 어디에 저장되는가?', '생각하는 로봇을 만들 수 있는가?', '의식은 뇌에서 어떻게 만들어지는가?' 등등 많은 질문들에 대해 이 책은 답을 하고 있다. 때로는 상식과 다른 이야기에 놀랄 수 있지만, 바로 거부하기보다는 세계적 학자의 통찰을 한번 믿어보는 것이 어떨까 싶다. 수전 그린필드의 주장은 특이점을 주장하는 레이 커즈와일 등 미래학자들에 의해 자주 인용되고 있다.

# 7

## 엉망진창 파티

집 앞 나무 아래에는 탁자가 놓여 있고, 3월의 토끼와 모자 장수가 탁자에서 차를 마시고 있었다. 그 두 명 사이에서 산쥐 한 마리가 깊은 잠에 빠져 있었는데, 그 두 명은 마치 산쥐가 쿠션인 것처럼 팔꿈치를 얹고 산쥐의 머리 위에서 이야기를 나누었다. 앨리스는 이렇게 생각했다.

'산쥐가 아주 불편하겠어. 잠이 들어서 모르고 있을 뿐이지.'

탁자는 컸지만, 셋은 탁자 한쪽에 바짝 몰려서 앉아 있었다.

"자리가 없어! 자리가 없다고!"

그들은 앨리스가 다가오는 것을 보고 소리를 질렀다.

"넉넉한데 뭘 그래요!"

앨리스는 퉁명스럽게 대꾸하고 탁자 한쪽 끝에 있는 커다란 팔걸이 의자에 앉았다.

"포도주 좀 마실래?"

3월의 토끼가 달래듯이 말했다. 앨리스는 탁자 위를 꼼꼼하게 살폈지만 차만 눈에 띄었다.

"포도주가 없잖아요?"

앨리스가 물었다.

"없지."

3월의 토끼가 말했다.

"없는 포도주를 권하다니, 예의 없는 행동이에요."

앨리스가 화가 나서 말했다.

"초대도 안 했는데 마음대로 앉는 것도 예의 없는 행동이기는 마찬가지지."

3월의 토끼가 말했다.

"나는 이게 여러분 전용 탁자인 줄 몰랐어요. 3인용치고는 너무 큰걸요?"

앨리스가 말했다.

"너 말이야. 머리카락을 자를 때가 된 것 같아."

모자 장수가 처음으로 입을 열었다. 그는 한동안 아주 흥미롭게 앨리스를 관찰하고 있었다.

"남의 일에 대해서 이러쿵저러쿵 말하는 게 아니라는 걸 모르는군요. 그건 정말 예의 없는 짓이에요."

앨리스는 조금 엄격하게 말했다. 모자 장수는 눈이 휘둥그레졌다. 그러나 그는 이렇게만 대꾸했다.

"왜 까마귀와 책상이 닮았지?"

'어머, 이제 좀 재미있어지겠는걸!'

앨리스는 생각했다. 그리고 큰 소리로 말했다.

"수수께끼라면 좋아요. 잘할 수 있어요."

"그럼 넌 그 수수께끼의 답을 맞힐 수 있다는 거니?"

3월의 토끼가 물었다.

"그럼요."

"그럼 네가 생각하는 것을 말해야지."

3월의 토끼가 재촉했다. 앨리스는 당황해서 말했다.

"난 언제나 내가 생각하는 것을 말하고 있어요. 그러니까 적어도…… 적어도 나는 내가 말하는 대로 생각하고 있어요. 그러니까 결국 똑같은 거예요. 그렇죠?"

모자 장수는 고개를 가로저었다.

"전혀 달라! 네 말은 '내가 먹는 것이 보인다'와 '내가 보는 것을 먹는다'가 똑같다는 말인걸!"

3월의 토끼도 거들었다.

"네 말은 '내가 가진 것이 좋다'와 '내가 좋아하는 것을 가졌다'가 똑같다는 말인걸!"

산쥐도 잠꼬대를 하듯이 중얼거렸다.

"네 말은 '자면서 숨쉰다'와 '숨쉬면서 잔다'가 똑같다는 말인 걸!"

"너에게는 똑같겠지."

모자 장수가 말하자 대화는 끊어졌다. 모두 얼마 동안 말없이 앉아 있었고, 그동안 앨리스는 까마귀와 책상에 대해 곰곰이 생각했다. 모자 장수가 먼저 침묵을 깨뜨렸다.

"오늘이 며칠이지?"

모자 장수는 앨리스를 향해서 물었다. 그리고 자기 호주머니에서 시계를 꺼내 심각하게 들여다보면서, 가끔 흔들어보기도 하고 귀에 대보기도 했다. 앨리스는 잠깐 생각한 다음에 대답했다.

"4일이에요."

"이틀이나 틀리잖아!"

모자 장수는 한숨을 쉬었다. 그리고 화난 얼굴로 토끼를 돌아보며 말을 덧붙였다.

"내가 버터는 이 시계랑 맞지 않는다고 그랬지?"

"그건 최고급 버터였는데."

3월의 토끼가 조그맣게 대답했다.

"물론 그랬겠지. 하지만 버터뿐만 아니라 빵 부스러기까지 들어간 게 틀림없어. 빵칼을 쓰지 말았어야지!"

모자 장수가 투덜거렸다. 3월의 토끼는 시계를 받아 들고 울적한 얼굴로 들여다보았다. 그 후 토끼는 시계를 자기 찻잔 속에 담그고, 또 들여다보았다. 그러나 더 나은 평계를 찾을 수 없었는지 처음의 말을 되풀이했다.

"그건 정말 최고급 버터였어."

호기심에 끌린 앨리스는 토끼의 어깨 너머로 시계를 쳐다보았다. 그리고 깜짝 놀라며 중얼거렸다.

"어머, 이상한 시계잖아! 날짜는 나오는데, 시간은 나오지 않나 봐?"

"뭐가 이상하다는 거야? 그럼 네 시계는 몇 년도인지 표시가 되나 보지?"

모자 장수가 퉁명스럽게 말했다.

"아니에요. 하지만 그것은 같은 해가 너무 길기 때문이에요."

앨리스는 자신 있게 대답했다.

"그건 내 시계도 마찬가지야."

모자 장수는 대꾸했다. 앨리스는 어안이 벙벙해졌다. 모자 장수의 말이 무슨 뜻인지 도통 알 수 없었다.

"무슨 말인지 모르겠어요."

앨리스는 매우 정중하게 고백했다.

"이런, 산쥐가 다시 잠들었잖아?"

모자 장수가 말했다. 그리고 산쥐의 콧등에 뜨거운 차를 조금 쏟았다. 산쥐가 마구 머리를 흔들며 눈을 감은 채로 말했다.

"물론이지, 물론이야. 내가 말하려던 게 딱 그거야."

"이제 수수께끼는 풀었니?"

모자 장수는 다시 앨리스에게 물었다.

"아니요, 못 풀겠어요. 답이 뭐에요?"

"나도 몰라."

모자 장수가 말했다.

"나도."

3월의 토끼가 말했다. 앨리스는 한숨을 쉬었다.

"풀 수 없는 수수께끼를 하며 시간을 낭비하는 대신 뭔가 더 좋은 것을 할 수 있을 거예요."

"네가 나만큼 시간에 대해서 잘 안다면 시간 낭비라는 말은 하지 않을 텐데 말이야."

모자 장수가 말했다.

"나는 뭐라고 하시는지 하나도 모르겠어요."

앨리스가 말했다. 모자 장수는 경멸하듯이 고개를 흔들었다.

"네가 알 턱이 없지! 시간과 말해본 적이 없을 테니 말이야!"

앨리스는 신중하게 대답했다.

"그럴지도 몰라요. 하지만 수업을 들을 때 제시간에 맞춰야 한다는 건 알고 있어요."

"아하! 그런 게 시간이라고 생각하나 보군. 그런데 시간은 맞춰지는 것을 좋아하지 않아. 네가 시간과 친해지기만 하면 시간이 네가 원하는 시각으로 대부분 시계를 맞춰줄 거야. 예를 들자면 아침 아홉 시야. 이제 공부를 시작할 시간이란 말이지. 그때 넌 시간에게 살짝 속삭이기만 하는 거야. 그럼 시간은 눈 깜짝할 사이에 시계를 돌려버리지! 완전히 한 바퀴 돌려서, 저녁 식사 시간을 만들어버리는 거야!"

3월의 토끼는 "지금 그러면 오죽 좋아"라고 나지막이 중얼거렸다.

앨리스가 사려 깊게 말했다.

"그건 정말 근사하겠어요. 하지만 그렇게 되면 저녁 식사 시간이어도 배가 고프지 않을 텐데요."

"처음엔 그럴지도 모르지. 하지만 언제까지나 네가 원하는 만큼 시간을 세워둘 수가 있단다."

모자 장수가 말했다.

"당신은 그렇게 하고 있어요?"

앨리스가 물었다. 모자 장수는 슬픈 표정으로 고개를 흔들었다.

"그렇지가 못해! 우리는 지난 3월에 다퉜어. 그러니까 저놈이 미치기 직전이었지. (이때 모자 장수는 자신의 찻숟가락으로 3월의 토끼를 가리켰다.) 그때 나는 하트 여왕님이 주최한 큰 음악회에서 노래를 부르게 되어 있었어. '펄럭, 펄럭, 작은 박쥐! 신기하게 난다네!' 너도 이 노래 들어봤지?"

"비슷한 노래를 들은 적이 있어요."

앨리스가 말했다.

"다음 구절은 이렇단다."

모자 장수는 노래를 계속했다.

"저 하늘 높은 곳에서 쟁반처럼 펄럭, 펄럭."

이때 산쥐가 몸을 흔들며 잠든 채로 노래를 부르기 시작했다.

"펄럭, 펄럭, 펄럭, 펄럭……."

산쥐는 끝없이 노래를 불렀고, 그들은 산쥐를 꼬집어서 노래를 중단시켜야만 했다.

"그런데 말이야. 내가 아직 1절도 다 부르지 않았는데, 여왕이 소리를 질렀어. '시간을 죽이고 있잖아? 저놈의 목을 베어라!'"

"어쩜 그렇게 잔인할 수가!"

앨리스는 낮게 비명을 질렀다.

"그 이후로 시간은 내가 부탁하는 것을 들어주지 않아. 그래서 우린 언제나 여섯 시야."

모자 장수가 슬픈 목소리로 말했다. 그 순간 앨리스는 한 가지 사실을 깨닫고 물었다.

"그래서 이렇게 많은 찻잔들이 나와 있는 건가요?"

모자 장수는 한숨을 쉬었다.

"그래, 그 시간이 언제나 차를 마시는 시각이기 때문에 찻잔들을 닦을 시간도 없어."

"그럼 계속 탁자 둘레를 따라서 자리를 이동했군요?"

앨리스가 물었다.

"바로 그거야. 찻잔들을 다 쓸 때마다 자리를 옮긴단다."

모자 장수가 말했다.

"하지만 다시 처음 시작한 자리로 돌아오면 그때는 어떻게 해요?"

앨리는 용기를 내서 물었다.

"화제를 바꾸자."

하품을 하며, 3월의 토끼가 두 사람의 대화에 끼어들었다.

"그 이야기는 질렸어. 이제 어린 아가씨의 이야기를 들어보자고."

"죄송하지만 할 이야기가 없네요."

깜짝 놀라며 앨리스는 고개를 가로저었다.

"그럼 산쥐에게 들어볼 수밖에!"

모자 장수와 토끼는 소리를 지르며 양쪽에서 산쥐를 꼬집었다.

"일어나, 산쥐야!"

산쥐가 천천히 눈을 떴다. 그리고 잠긴 목소리로 힘없이 말했다.

"난 자지 않았어. 너희들이 하는 이야기를 다 듣고 있었다니깐."

"이제 네가 이야기를 해봐!"

3월의 토끼가 말했다.

"그래요, 이야기를 해줘요!"

앨리스도 부탁했다.

"그런데 빨리빨리 말하도록 해. 그렇지 않으면 이야기를 다 마치지도 않고 다시 잠들 테니."

모자 장수가 앨리스 말에 한마디 덧붙였다. 산쥐는 서둘러 이야기를 시작했다.

"옛날에 어린 세 자매가 살았습니다. 자매의 이름은 엘시, 레이시, 틸리였고, 우물 밑바닥에서 살았습니다."

"어머, 그럼 뭘 먹고 살았죠?"

늘 먹고 마시는 데에 관심이 많은 앨리스가 물었다.

"그들은 당밀을 먹고 살았습니다."

산쥐는 잠깐 생각한 후에 말했다.

"그럴 리가 없어요. 그랬다가는 금세 병에 걸릴 텐데요."

앨리스는 부드럽게 산쥐의 말을 반박했다.

"그래서 그렇게 됐어. 큰 병에 걸렸지."

산쥐가 말했다.

앨리스는 그 이상한 생활 방식에 대해서 상상해보려고 애를 썼지만, 도통 이해할 수가 없었다. 그래서 앨리스는 다시 물었다.

"왜 그들은 우물 밑바닥에서 살고 있었죠?"

"차를 더 마시지 그래."

3월의 토끼가 정색을 하고 앨리스에게 말했다.

"나는 아직 아무것도 안 먹었어요. 그러니까 더 먹을 수가 없죠."

앨리스는 화난 목소리로 대꾸했다.

"덜 먹을 수가 없다는 말이겠지."

모자 장수가 말했다.

"당신 의견을 아무도 안 물었어요."

앨리스가 퉁명스럽게 말했다.

"지금 개인적인 의견들을 말하고 있는 게 누구지?"

모자 장수가 의기양양하게 말했다. 앨리스는 이 말에 대답을 하지 못했다. 그래서 말없이 차를 마시고 버터 바른 빵을 먹었다. 그런 다음 다시 산쥐를 향해서 조금 전의 질문을 되풀이했다.

"왜 그들은 우물 밑바닥에서 살고 있었죠?"

산쥐는 다시 1, 2분 정도 생각한 뒤 대답했다.

"그게 당밀 우물이기 때문이지."

"그런 건 아무 데도 없어요!"

앨리스는 무척 화가 나기 시작했다. 그러나 모자 장수와 토끼는 계속 "쉿! 쉿!" 하며 조용히 하라는 신호를 보냈고, 산쥐는 퉁명스럽게 대꾸했다.

"그렇게 계속 무례하게 굴 거면 네가 이야기를 끝내지 그러니."

앨리스는 아주 겸연쩍어져서 말했다.

"어머, 아니에요. 계속해줘요. 다시는 끼어들지 않을게요. 절대로."

"절대로 말이지!"

산쥐가 성난 목소리로 말했다. 하지만 산쥐는 곧 다시 이야기를 이어갔다.

"물론 그 세 자매는 퍼내는 방법을 배우고 있었습니다."

"뭘 퍼내요?"

약속을 잊고 앨리스가 다시 물었다.

"그야 당밀이지."

이번에 산쥐는 생각하지 않고 바로 대꾸했다. 그때 모자 장수가 끼어들었다.

"난 깨끗한 컵이 필요해. 모두 한 자리씩 옆으로 옮기자."

그렇게 말하며 모자 장수는 자리를 옮겼고, 산쥐가 모자 장수의 자리로 옮겼다. 3월의 토끼는 산쥐의 자리로 옮겼고, 앨리스는 정말 내키지 않았지만 3월의 토끼 자리로 옮겼다. 자리를 바꿔서 이득을 본 사람은 모자 장수밖에 없었다. 앨리스는 가장 큰 피해자였다. 3월의 토끼가 자기 접시에 우유를 엎질러놓았기 때문이었다. 앨리스는 다시 산쥐를 기분 나쁘게 하고 싶지 않았기에, 아주 조심스럽게 물었다.

"하지만 전 이해가 안 돼요. 어디에서 당밀을 퍼내요?"

"우물에선 물을 퍼내잖아. 그러니까 당밀 우물에선 당연히 당밀을 퍼낸다는 생각이 안 드니, 이 바보야?"

모자 장수가 말했다.

"하지만 그들은 우물 안에서 살았다면서요."

바보라는 말에 앨리스는 산쥐의 기분을 고려할 여유가 없었다.

"물론 우물 안에서 살았지."

산쥐가 말했다. 앨리스는 더욱더 어리둥절해졌고, 얼마 동안 말 없이 산쥐의 이야기에 귀를 기울였다.

"그들은 퍼내는 방법을 배우고 있었습니다."

다시 졸음이 쏟아지는지 하품을 하고 두 눈을 비비면서 산쥐는 이야기를 계속했다.

"M으로 시작하는 온갖 것들을 퍼냈습니다……."

"왜 M으로 시작해요?"

앨리스가 물었다.

"그게 어때서?"

3월의 토끼가 퉁명스럽게 말했다. 앨리스는 입을 다물 수밖에 없었다. 그사이 산쥐는 두 눈을 감고 꾸벅꾸벅 졸고 있었다. 그러나 모자 장수가 산쥐를 꼬집자 가느다란 비명 소리를 내며 잠에서 깨어나 다시 이야기를 계속했다.

"M으로 시작되는 것들, 그러니까 쥐덫mouse-traps, 달moon, 추억 memory과 같은 것들부터 시작했습니다. 참, 그런데 넌 그런 것들을 퍼내는 걸 본 적이 있니?"

앨리스는 당황했다.

"아니, 난……."

"그럼 입 다물고 있어."

모자 장수가 말했다. 너무나 무례한 말투에 앨리스는 더 이상 참을 수가 없었다. 앨리스는 벌떡 일어나서 그 사리를 떠났다. 곧바로 산쥐는 잠이 들었고, 3월의 토끼와 모자 장수는 앨리스가 떠나든 말든 조금도 상관하지 않았다. 그러나 앨리스는 혹시 그들이 다시 불러주지 않을까 기대하며 한두 번 뒤를 돌아보았다. 앨리스가 마지막으로 뒤를 돌아보았을 때, 그 둘은 산쥐를 찻주전자에 집어넣으려고 하고 있었다.

　"무슨 일이 있어도 다시 저 자리에 끼지는 않을 거야!"

　숲 속 길을 따라 걸으며 앨리스는 중얼거렸다.

　"정말이지 저런 바보 같은 다과회는 생전 처음인걸!"

　그 순간 앨리스는 문이 달려 있는 나무를 보았다.

　"이상도 하지! 하지만 오늘은 모든 것이 이상한걸. 어쨌든 안으로 들어가 봐야지."

이런 생각을 하고 앨리스는 안으로 들어갔다. 놀랍게도 그곳은 처음 앨리스가 서 있던 긴 복도였고 옆에는 그 작은 유리 탁자가 서 있었다.

"좋아, 이번엔 잘해야지."

앨리스는 자그마한 황금열쇠를 집어 그 정원으로 들어가는 작은 문을 열었다. 그런 다음 (호주머니 속에 넣어두었던) 버섯을 먹어서 키를 30센티미터쯤으로 맞추었다. 작아진 앨리스는 그 작은 문을 통과했다. 그리고 드디어 화려한 꽃밭과 시원한 분수로 된 아름다운 정원에 들어섰다.

# 엉망진창 시간학

제 7장에서 모자 장수는 앨리스에게 말한다.
"네가 나만큼 시간에 대해서 잘 안다면, 시간 낭비라는 말은 하지 않을 텐데 말이야."

이 말은 '시간은 금이다'의 다른 표현이다. 그런데 정말 시간은 금일까? 달력을 만들 때 벤저민 프랭클린Benjamin Franklin은 세상의 좋은 경구들을 수집했다. 그 중에 시간을 소중히 여기라는 영국 속담이 있었고, 이것을 프랭클린은 더 느낌이 나도록 금에 비유했다. 달력과 수첩을 합친 프랭클린 플래너의 성공 덕분에 전 세계 사람들은 이 격언을 다 알게 되었다. 하지만 사람들에게 시간이 무엇이냐고 물어보면 금이 아니라 모래를 생각하는 경향이 더 많다.

"붙잡아 놓고 싶어도 잡아지지 않고, 손아귀에서 계속 빠져나가는 것. 그게 시간이다."

금과 모래 비유의 차이는 가치와 무가치 내지는 지속성과 일시성에 대한 관념의 차이로 볼 수도 있다. 그런데 시간의 가치를 논하면서 금과 모래를 비교하는 것은 논의의 깊이가 낮을 수밖에 없기에 조심해야 한다. 흔히 시간은 금이라며 시간을 낭비하지 말라고 하는데, 여기에는 시간을 효율적으로 써야 그 가치를 제대로 누리는 것이라는 의도가 숨어 있다. 그러면서 이런 비유를 쓰기도 한다.

"누군가 여러분의 통장에 8만 7,400원씩 날마다 입금해주는데, 그 날이 지나면 다 없어집니다. 그것을 다 쓰겠습니까, 아니면 그냥 두겠습니까?"

이런 질문을 받으면 대부분 '당연히 다 써야 한다'는 대답을 한다. 1초를 1원으로 생각해서 1시간은 3,600초이니까 3,600원인 셈이고, 하루가 24시간이니까 3,600 곱하기 24하면 하루는 8만 7,400원이 된다. 그러니까 결국 8만 7,400원이 아까워서 다 쓴다는 말은, 곧 일분일초를 부지런히 쓰는 것에 동의하는 셈이라는 말이다.

하지만 이것은 비유 자체의 순환 논리이다. 즉 돈에 대해서 물었기 때문에 순전히 경제 개념으로 대답한 것을 시간 개념을 물어서 대답한 것으로 어물쩍 해석해버리는 오류가 있다. 돈은 다른 사람이 줄 수도 있고 빼앗을 수도 있다. 하지만 시간은 빈둥거려도 자신의 것으로 남는다. 방바닥을 뒹굴거린 시간에 여러분이 유체이탈 수준의 의식을 갖고 있었다고 해도 그 시간은 온전히 기억 속에 남아 있다. 시간은 사라지지 않는다. 인생과 여러 사건이 벌어지는 기본 조건이다.

만약 시간이 아쉽게 사라지거나 누군가 빼앗을 수 있는 무엇이라면, 우리는 지나온 시간만큼 늙지 않아도 된다. 미하일 엔데 Michael A. H. Ende의 소설 《모모》에 나오는 시간 도둑을 고용해서 사업을 해도 된다. 정말 시간이 금이나 돈이라면 누군가에게 줘도 되고 받아도 된다. 이것이 보톡스나 성형수술보다 더 확실한 노화 방지법이 아닐까?

하지만 시간을 주고받는 것은 불가능하다. 시간은 생명이기 때문이다. 생명을 얻어 세상에 태어나면 각 유기체들은 저마다의 시간을 갖게 된다. 그것은 온전히 자신의 것이다. 그러니 바쁘게 보내지 않아도 된다.

생텍쥐페리Saint Exupéry의 《어린왕자》에는 상인이 시간을 절약할 수 있는 약을 파는 장면이 나온다. 상인은 자신의 약을 먹으면 일주일에 53분을 절약할 수 있고 그 시간에는 무엇이든지 할 수 있다고 어린왕자를 꾀었다. 상인은 어린왕자가 53분이 생긴다면 일을 더 많이 해서 돈을 벌겠다는 대답을 할 것이라고 생각했을지도 모른다. 하지만 어린왕자는 만약 53분이 생긴다면, 신선한 샘물이 있는 곳으로 쉬엄쉬엄 걸어갈 것이라고 했다. 시간의 주인으로서 참된 시관 관리를 하는 현명한 선택이라고 할 수 있다.

감각기관으로 경험할 수 없는 것에 대해서는 추상적인 논의가 주종을 이루기 마련이다. 아니면 아예 다른 엉뚱한 것을 이야기하거나. 시간은 볼 수도 없고 만질 수도 없고 들을 수도 없다. 그래서 사람들은 시간을 갖고 우주, 인생, 역사 등 추상적인 개념들을 이야기한다. 아니면 아예 시계에 대해서 장황한 설명을 한다.

'시간이 무엇인가요?'라고 물으면 시간이 아닌 것들을 끌어들여

동문서답 식으로 답하는 셈이다. 얼마나 정신없이 대답을 했는지 지금 현대인이 시간을 효율적으로 관리한다며 기준으로 삼고 있는 달력과 시계는 엉망진창이다. 지금 우리가 쓰고 있는 달력은 특별한 계획에 의한 것이 아니다. 이런저런 문화와 셈법이 뒤섞이며 현재의 형태로 굳어졌을 뿐이다.

## 동서양의 시간 개념

동양이나 서양이나, 옛날 사람들은 농경생활을 했다. 자연히 봄에 싹이 나서 가을에 열매를 남기고 겨울에 죽고 다시 봄을 맞는 순환과정을 겪게 되었다. 그래서 만물萬物이 반복한다는 생각이 시간론에 들어오게 되었다. 특히 동북아시아는 그런 개념이 강해서, 중국이나 한국에서는 육십갑자六十甲子, 즉 태어난 후 60년이 되는 해의 생일을 돌아오는 갑자라는 뜻의 환갑還甲이라 부르며 큰 잔치를 벌였다.

| | 1 | 2 | 3 | 4 | 5 | 6 | 7 | 8 | 9 | 10 | 11 | 12 |
|---|---|---|---|---|---|---|---|---|---|---|---|---|
| **천간** 天干 | 갑 甲 | 을 乙 | 병 丙 | 정 丁 | 무 戊 | 기 己 | 경 庚 | 신 辛 | 임 壬 | 계 癸 | | |
| **지지** 地支 | 자 子 | 축 丑 | 인 寅 | 묘 卯 | 진 辰 | 사 巳 | 오 午 | 미 未 | 신 申 | 유 酉 | 술 戌 | 해 亥 |

육십갑자는 연, 월, 일, 시 등 시간을 따질 때 썼던 것이다. 수를 세는 10개의 천간과 동물 이름으로 된 12개의 지지를 하나씩 짝지

어가면서 말이다. 짝지을 때는 천간을 먼저 놓고 지지를 뒤에 붙인다. 그런데 천간은 10개이고 지지는 12개이나 보니 짝이 모자란다. 그래서 제 짝을 다시 만나려면 10과 12의 최소공배수인 60년이 필요하다.

동양에서는 12지지가 상징하는 동물을 '띠'라고 하는데, 이를 이용해 '자'가 들어간 해에 태어난 아이는 쥐띠 '축'이 들어간 해에 태어난 아이는 소띠 하는 식으로 구분하기도 한다. 12지지는 해를 셈할 때뿐 아니라 자월子月, 축월丑月 하는 식으로 달의 이름에도 쓰였다. 하지만 동양에서는 첫 번째 달이 1월이 아니라 11월이다. '시'도 마찬가지다. 현대인들은 서양의 역법을 따라 시간을 1시, 2시 하는 식으로 세지만, 동양에서는 현재의 밤 11시에 해당하는 시간이 첫 번째 시간이라 생각했다. 그래서 지지의 '자'가 들어가는 달은 11월이고 '자'시는 밤 11시부터 새벽 1시까지였다.

동서양이 이렇게 다른 측면도 있지만 대개는 비슷하다. 12지지라고 하는 것은 12진법이고, 그것이 10개의 천간과 결합해서 60개를 셀 수 있게 된다는 것은 결국 60진법이다. 이게 바로 현재 우리가 쓰는 1분은 60초, 1시간은 60분인 것과 연결되고, 12지지는 12시간으로 나눈 현대 시계의 진법과도 비슷하다고 할 수 있다. 평소 일상적으로 쓰는 10진법으로 통일한 것이 아니라, 12

조선시대 해시계 '앙부일구'

174

진법과 60진법이 교묘하게 중첩되어 있는 것이 우리가 쓰는 시간의 단위이다.

역사상 가장 오래된 시계는 해시계이다. 기록에 따르면 기원전 2,000년경에 영국의 '스톤헨지stonehenge'가, 그리고 3,500년 전쯤 이집트에서 '오벨리스크obelisk'와 같은 해시계가 만들어졌다고 한다. 이집트뿐만 아니라 다른 나라들도 태양의 움직임을 보는 게 시간을 가장 쉽게 아는 방법이었기에 해시계부터 만들었다. 해시계는 지역과 제작 시기에 따라 형태가 아주 다양하다. 조선 세종대왕 시대에 장영실과 이천 등이 힘을 합쳐 만든 '앙부일구仰釜日晷'도 겉모습은 좀 복잡하게 생겼지만 해시계이다.

해시계 이후 물시계, 초시계, 향시계, 모래시계가 나왔다. 과학 문명이 발전하면서, 기계식 시계로 추시계, 태엽시계, 수정시계가 뒤를 이었다. 그리고 20세기 들어와서는 세슘cesium원자시계가 만들어졌다.

세슘원자시계에는 다른 시계와 같은 눈금이 없다. 세슘원자시계는 여태까지 지구의 자전과 공전에 바탕을 둔 시간 계산법과 다른 원리로 움직인다. 원자시계는 주변 환경의 영향을 받지 않는 절대적인 시간이라는 개념을 갖고 있다. 즉 지구, 태양, 별 등의 움직임과 상관없는 절대적인 시간 원칙으로 정의된다. 세부적으로 세슘원자시계는 '1초는 바닥상태에 있는 세슘원자의 진동이 91억 9,263만 1,770번 일어나는 시간(세슘원자 중에서 원자번호 55이고 원자량은 133인 원자가 기준점에서 아주 작은 에너지를 91억 9,263만 1,770번 방출하는 시간)이며, 이 1초가 세계 각국의 표준시의 기준이 된다'고 정의한다. 즉 이제는 공식적으로 1년이 365.242199일이 아니라 29경 91조 2,005억 번의 세슘원자의 진동인 시대이다.


## 자전속도에 의한 오차

지구가 자전하면서 아침저녁으로 밀물과 썰물이 생긴다. 그것 때문에 바다에 마찰이 생겨서 지구가 회전하는 에너지가 줄어든다. 이로 인해 지구의 자전속도가 100년에 1,000분의 1초 미만 정도 늦어진다. 아주 사소하기는 하지만 지구의 중심핵이 운동하거나 계절마다 다른 기상현상이 생기는 것으로도 자전속도는 변한다. 이렇게 자전속도가 줄어들면서 시간 차이가 생기기 때문에 그런 것과 상관없는 절대적 시간 개념의 원자시계를 쓰는 것이다.

2008년 우주정거장에 설치될 원자시계가 3,000만 년에 1초도 어긋나지 않을 오차를 가지게 된 것도 원자시계의 발전 덕분이다. 현생 인류의 조상인 오스트랄로피테쿠스도 고작 300만 년 전의 존재임을 생각하면 3,000만 년의 시간이 얼마나 긴 단위인지, 새로운 원자시계가 얼마나 정확한지를 헤아릴 수 있을 것이다.

원자는 에너지가 낮은 다른 상태로 변할 때 특정 진동수의 빛을 내고, 이 빛의 진동수는 초당 진동횟수(Hz, 헤르츠)로 측정되어서 정확한 시계로 쓸 수 있게 된다. 그리고 원자시계를 통해 발견한 오차만큼 계산해서 윤초를 집어넣거나 빼기도 한다. 그렇게 해서 1972년과 2006년은 역사상 가장 긴 해가 되었다. 그 어떤 때보다 1초가 긴 1년이었다.

그러나 이렇게 정확한 원자시계는 좀 이상해 보이는 방식으로 움직인다. 세상의 시간을 정하는 표준은 하나가 아니다. 즉 표준시는 어느 하나의 원자시계를 따르지 않는다. 전 세계 약 200개 정도의 원자시계들의 시간을 평균해서 세계의 표준시간을 만든다. 그러니 원자시계 내에서도 정확한 시간을 알려주는 것이 없다는 의미이다. 모든 사람들이 생활의 기준으로 맞추고 있는 시간이 평균값이라니. 갑자기 어떤 시계도 믿을 수 없다는 생각이 들 수도 있다. 하지만 우리는 여태껏 그 시계가 표시하는 숫자에 따라 약속 시간을 맞췄고, 수업을 들었고, 경제활동을 잘 해오고 있다.

## 우주의 가장 정확한 시계, 별

과학자들은 원자시계에 만족하지 않고 더 정확한 시계를 만들기 위해 노력하고 있다. 우주에서 가장 정확한 시계는 별이다. 별 중에는 에너지를 우주 공간으로 방출하는 별이 있다. 이런 별을 펄서 pulsar라고 하는데, 펄서의 회전속도는 아주 일정해서 10억 년에 겨우 0.273초 정도 늦어질 뿐이다. 그래서 앞으로는 지금 쓰는 원자시계 대신 더 오차가 작은 펄서를 이용해서 시간을 재게 될 가능성이 크다.

이와 전혀 다른 시계를 만드는 괴짜 과학자도 있다. 한때 슈퍼컴퓨터를 만들기도 했던 데니 힐스Denny Hills는 롱나우Long Now라고 하는 만년 시계를 만들고 있다(그의 작업은 웹사이트 www.longnow. org에서 직접 확인할 수 있다).

만년 시계 Long Now
(사진제공: The Long Now Foundation | photograph_Rolfe Horn)

데니 힐스는 특별한 시계를 만들게 된 이유를 이렇게 말한다.

"우리 문명의 기록은 과거로 거의 1만 년을 거슬러 올라갑니다. 그래서 그 시간만큼 앞을 바라보는 것도 좋을 것이라고 생각했습니다."

데니 힐스는 만 년을 움직이는 시계를 다른 동료 과학자가 아니라 작가와 음악가의 도움을 받아 만들고 있다. 그리고 이 시계는 첨단 과학에 맞는 전자장치로 움직이는 것이 아니라, 아주 옛날의 시계처럼 1년에 한 번 태엽을 감아줘야 움직이도록 설계되어 있다. 이 시계는 미국 네바다의 동굴에 넣어질 예정인데, 동굴의 틈을 통해서 정오의 햇살이 시계의 특정 부분에 초점이 맞춰지면 시간이 틀어졌을 경우 시계를 다시 움직이도록 무게가 가해지게 설계가 되어 있다. 그런 식으로 이 시계는 백 년 정도 멈췄더라도 쉽게 다시 움직일 수 있도록 일부러 전자적 장치가 아니라 기계적 장치로 만들었다고 한다.

이렇게 시계를 만든다고 해도 우리 생활의 시간은 별로 달라질 것 같지 않다. 우리는 초 단위가 아니라, 대부분 하루나 한 달 단위로 계획을 세우고 움직인다. 즉 달력을 보고 생활의 리듬을 찾는다. 하지만 이때 기준이 되는 달력도 뒤죽박죽이다.


## 윤년과 윤달의 탄생

우리는 편리하게 1년을 365일로 나누고 있지만 사실 1년은 365일이 아니다. '태양력'으로는 365.242199일이지만 말이다. 개략적으로 365.25일이라고 치면 4년이 지난 시점에 하루가 남게 된다. 하루쯤 문제가 없다고 생각하고 놔둔다면 천 년 정도가 지나 결국 12월이 여름이 될 수도 있다.

그래서 태양의 움직임에 따른 1년과 365일 기준의 달력상의 1년을 맞추기 위해 4로 나누어떨어지는 해마다 2월에 하루를 더하게 되었다. 태양력법에서는 4년마다 2월을 29일로 둔 해를 윤년(1년이 366일)이라고 한다. 그런데 윤년 중에서도 100으로 나누어떨어지는 해는 윤년이 아닌 평년으로 친다. 하지만 100으로 나누어떨어져도 400으로 나누어떨어지면 윤년으로 정한다. 복잡해 보이지만 이게

다 지구의 공전 주기에 1년의 일수를 맞추려고 생긴 것이다.

'태음력'은 달을 기준으로 만든 달력이다. 한 달은 평균 29.53일을 주기週期로 차고 기우는데 이것을 한 달로 정한다. 한 달이 29.53일이니 일 년 열두 달의 날짜를 다 합치면 354일 정도가 된다. 그런데 태양력에서는 1년이 365일이므로 두 달력 사이에 11일 정도나 차이가 나는데, 3년이 지나면 태양력과 태음력 사이에 30일이 넘는 날짜 차이가 나게 된다.

그러다 보니 계절의 변화와 상관이 있는 태양을 기준으로 한 태양력과 달리, 태음력은 이제 겨우 8월인데 겨울이 되기도 했다. 이 문제를 해결하기 위해, 우리나라나 중국에서도 쓰는 '태음태양력'이라는 것이 생겼다. 태음태양력은 달의 변화를 기준으로 삼으면서 윤달(1년이 13개월)을 두어 계절의 변화에 맞게 날짜를 조정하였다.

중국에서는 기원전 600년경인 춘추전국시대에 윤달 넣는 법을 발견했고, 서양에서는 기원전 433년에 메톤Meton이라는 사람이 생각해내서 메톤주기Metonic cycle라고도 한다. 보통 '19년 7윤법'이라고 하는데, 19년에 7번 윤달을 두어서 태양력과 태음력의 날짜 차이를 해결하는 것을 뜻한다.

그레고리력은 대표적인 태양력이다. 다른 태양력으로는 로마의 율리우스 카이사르G. Julius Caesar가 만든 율리우스력도 있다. 로마의 영웅인 카이사르는 이집트 원정을 갔을 때, 그곳의 역법이 편리하다는 것을 알게 되었다. 당시 로마에서 쓰는 달력은 무척 불편했기 때문에 카이사르는 그것을 규범으로 삼아서 기원전 45년에 역법을 수정했고, 카이사르의 이름을 따서 율리우스력이라고 불렀다.

이 역법에 따라 1년을 365.25일로 정하고 4년의 배수가 되는 해에 윤년을 두는 달력을 만든 것이다. 율리우스 카이사르는 1, 3, 5, 7, 9, 11월의 홀수 달은 31일로, 나머지 짝수 달은 30일로 하되, 2월만 29일로 하고 4년에 한 번씩 돌아오는 윤년에는 30일로 하도록 했다.

그런데 4년마다 윤년을 두는 게 문제였다. 지구의 공전주기, 즉 1년은 365.25일이 아니라 실제 365.2422일이라서 매년 0.0078일의 오차가 생기게 되었다. 매년 소수점을 계산하는 것이 불편했기 때문에 1년을 365.25일로 인위적으로 정한 것이니 오류가 생길 수밖에 없었다.

(여기에서 복잡한 이야기가 멈추는 것은 아니다. 카이사르에 이어 로마의 지배자가 된 아우구스투스는 황제가 된 기념으로 여덟 번째 달에 자기 이름을 넣어버렸다. 또한 카이사르에게 질 수 없다며 날짜도 하루를 더 늘려놓아 혼란을 더 가중시켰다. 이때 아우구스투스는 2월에서 하루를 빼다가 8월에 집어넣었는데, 그러고 보니 7월, 8월, 9월 세 달이 연속적으로 31일이 되었다. 그것을 피하기 위해 9월과 11월은 30일로 줄었다. 그 대신 10월과 12월은 31일로 늘렸다. 그리고 애초 고대 로마의 달력에선 지금의 3월 1일이 새해 첫날이었지만, 1월과 2월이 추가되면서 새해 첫날도 바뀌었다. 이렇게 달력은 특별한 원리에 의한 것이 아니라 집권자에 의해 되는 대로 바뀌는 대상이 되었다.)

그렇게 세월이 지나다 보니 차이가 쌓이고 쌓여 종교적으로 중요한 부활절의 날짜가 달력에 제대로 표시되지 않았다. 원래 부활절을 정할 때 기준이 되는 것이 춘분날이었다. 그런데 낮과 밤의 길이가 같은 춘분이 실제보다 10일 정도 늦게 되었다. 그래서 교황 그레고리우스 13세Gregorius XIII는 날짜를 변경하기로 했다. 그리고 그간 연구한 결과를 토대로 달력에서 1582년 10월 5일부터 10월 14일까지의 열흘을 없애기로 했다. 즉 10월 4일 나음날을 10월 15일로 한다는 새 역법을 공포한 것이다. 이것이 현재까지 사용하는 그레고리력이다.


## 세상의 기원

정말 뒤죽박죽이다. 하지만 그레고리력이 자리 잡기까지의 복잡한 달력의 역사에도 대부분의 지역에서 문제가 없었다는 것은, 거꾸로 보면 달력은 애초에 시간과는 별 상관없는 것이었다고 생각할 수도 있다.

이슬람 사람들은 태음력을 그대로 쓴다. 시간은 신의 것이기에 함부로 할 수 없다고 생각하기 때문이다. 이슬람에서는 은행에 넣어놔도 이자가 붙지 않는다. 신의 영역인 시간을 가지고 인간이 돈을 버는 것은 죄악이라고 생각하기 때문이다. 그래서 수쿠크Sukuk라는 일종의 지불보증 채권을 발행해서 이자를 대신한다.

아프리카 사람들의 말에는 미래 시제가 없다. 현재가 지나서 과거가 되고, 미래의 것은 현재에서 앞으로 가면 결국 현재가 될 것이기 때문이다.

세상의 여러 국가와 민족들은 자신들의 역사를 일정한 시간적 틀에 맞춰 생각하기 위해 과거의 특정 시점을 기원으로 삼아 시간을 계산한다. 이런 해를 기원원년紀元元年이라고 한다. 단군을 시조로 하는 우리나라에는 단기檀紀가 있고, 부처님을 기원으로 하는 불기佛紀도 있다. 서기西紀는 예수님의 탄생을 기점으로 하는 것이고, 그 외에도 이슬람력, 유대력, 힌두력, 마야력, 아스텍력 등 각각 기원원년을 갖고 있다. 그렇지만 지금 우리나라를 비롯한 많은 나라들이 사용하고 있는 것은 바로 서기다. 그러나 서기 계산 자체가 잘못되었다는 것을 알고 있는 사람은 많지 않다.

서력기원西曆紀元(서기)은 6세기의 신학자인 디오니시우스 엑시구스Dionysius Exiguus가 만들었다. 그는 여러 자료를 검토한 후, 로마가 처음 만들어진 때를 1년으로 해서 따지면 754년째 되는 해에 예수가 태어났다는 결론을 내렸다. 그리고 바로 그 해를 지금 우리가 쓰는 기원 1년으로 정했다.

그런데 예수는 실제로는 그 전에 태어났다. 현재 학자들이 연구한 바에 따르면 예수는 서기 1년이 아니라 기원전 4년 혹은 기원전 7년에 태어났다고 한다. 교회나 성당에서 앞장서서 2000년 밀레니엄을 떠들썩하게 기념했는데 사실과 다르다니 좀 우습다. 2000년 1월 1일은 다른 기원을 쓰더라도 전 세계가 다 똑같이 축하해야 한다는 듯 떠들썩했다.

하지만 그해 1월 1일은 율리우스력으로는 1999년 12월 19일이었고, 유대력으로는 안노 문디 5760년 4월 23일, 이슬람력으로는 헤지라 1420년 9월 24일, 중국력으로는 육십갑자의 16번째 해인 기묘년 11월 25일이었으며, 힌두력에 따르면 사카 기원 1921년 마르가시라 25일이었다. 그런 상황에서 온 매스컴에서 그레고리력의 2000년 1월 1일을 축하해야 한다고 떠든 것은 세계의 다양성을 무시한 폭력이었다.

## 알고 있지만 알지 못하는 시간

중세의 신학자 성 아우구스티누스St. Augustine가 시간을 놓고 이렇게 말했다.

"시간이란 과연 무엇인가? 누군가 내게 묻지 않는다면 나는 알고 있다. 그러나 누군가에게 설명해야 한다면 나는 알지 못한다."

근대 과학자였던 뉴턴Isaac Newton은 "시간은 절대적인 것이며 우주의 존재 여부와 상관없이 존재한다"라고 말했다. 시간이란 절대적이고 변하지 않는 것이라고 믿고 자연현상을 측정하는 도구로만 생각한 것이다. 정작 시간의 본질에 대해서는 그 밑바닥부터 끊임없이 탐구하지 못했다.

그에 비해 아인슈타인Albert Einstein은 시간의 본질에 대해서 탐구했다. 그 결과 시간이 역전될 수도 있는 상대성 이론을 내놓고, 시간의 절대성을 부정하는 다음과 같은 말을 남겼다.

"시간은 사건들의 순서일 뿐, 독립적인 존재가 아니다. 우리는 사건의 순서를 통해서 시간을 측정한다."

물리학자와 철학자는 시간에 대해서 다른 접근을 시도했지만, 일반인의 시간 관념은 변한 것이 별로 없다. '시간이란 과거로부터 현재를 거쳐 미래로 이어지며 일어나는 사건들의 연속체' 정도의 생각에 머물러 있다. 1,000분의 1초는 밀리 초. 100만 분의 1초는 마이크로 초, 10억 분의 1초는 나노 초라는 것과 나노 초를 다시 10억 분의 1초로 나눈 초가 아토 초이며, 이것이 현재 21세기 과학자들이 젤 수 있는 가장 짧은 순간임을 알고 있다고 해도, 정작 시간이 무엇인가에 대해서는 근대 이전의 사람과 별 차이가 없다.

과학자나 철학자들은 시간 자체에 대해서는 자신들이 아는 것이 없다고 고백하고 있는데, 사람들은 왜 아직 결론도 나지 않은 시간에 대해 자기식대로 생각해보는 것을 주저하고 있는지 모를 일이다. 지식을 뒤집어 풍자하기를 좋아하는 루이스 캐럴이 지금까지 살아 있다면 시간을 주제로 앨리스가 모험을 떠나는 멋진 동화를 썼을 수도 있다. 아니 어쩌면 이미 써놓았을 수도 있다. 그 원고는 시간여행을 하고 미래에서 우리를 기다리고 있을 수도 있다. 뒤죽박죽 엉켜 있을 뿐만 아니라, 엄청난 주석이 있어야 읽을 수 있게.

( 토끼굴 추천 정보 )

1   **시간에 대한 거의 모든 것들 :**
   **3천 년 동안 철학자들을 난감하게 만든 시간에 대한 수수께끼들**
   The Discovery of Time
   스튜어트 매크리디 편 | 남경태 역 | 휴머니스트

현대인들은 시간 관리를 하면서 시간에 대해서 아주 잘 알고 있는 듯하지만, 정작 시간의 본질에 대해서 잘 모르고 있다. 그래서 '시간이란 무엇인가'라고 진지하게 물어보면 시계의 발달 과정을 이야기하거나, 단편적인 비유를 인용하기에 바쁘다. 철학자와 과학자도 시간에 대해서 잘 모르기는 마찬가지이다. 아직도 시간의 본질에 대해서는 여전히 논의가 진행중이다.

이 책은 8명의 전문가가 시간을 역사적, 과학적, 심리적, 철학적 관점 등 열 가지 관점으로 고찰한 결과를 정리한 책이다. 일상 사례부터 역사적 사건, 철학적 지평 등을 통해 이 책은 '우리의 삶에 시간이 어떤 역할을 하고 있으며 시간이란 과연 무엇인가'라는 질문에 대해 마치 수수께끼를 해결하는 것처럼 이야기하고 있다. 다양한 관점을 비교하면서 읽기 바란다. 개인적으로는 지식 소설《타임머신 없는 시간여행》을 집필하면서 보았던 여러 학자들의 글을 볼 수 있어 좋았던 책이었다.

## 2  우주의 구조 : 시간과 공간, 그 근원을 찾아서

The Fabric of the Cosmos : Space, Time, and the Texture of Reality

브라이언 그린 저 | 박병철 역 | 승산

시간은 어떻게 만들어지게 되었을까? 이 질문은 우주의 구조에 대한 질문이기도 하다. 그래서 선뜻 답하기가 쉽지 않다. 저자는 이 질문에 대해서 뉴턴의 절대적인 시공간 이론, 아인슈타인의 상대성 이론, 최근의 빅뱅이론과 초끈이론 등을 통해 답을 하고 있다. 자연과학의 이론을 통해 다소 철학적인 논제인 듯한 '시간이란 무엇인가?'와 '시간은 어떻게 흐르는가?', '인간에게 시간은 어떤 역할을 할 수 있는가' 등에 대한 답을 찾는 재미가 사뭇 쏠쏠하다. 이론과 분야를 넘나들며 생각을 하다보면 마치 타임머신을 타고 우주 전체를 오가는 기분이 든다.

## 3  시계 밖의 시간 A Sideways Look at Time

제이 그리피스 저 | 박은주 역 | 당대

시간에 대한 개념이 왜 현재의 것이 되었는지, 그리고 앞으로는 어떻게 전개될 것인지를 살펴볼 수 있는 책이다. 왜 나이가 들면 시간이 빨리 가는 것처럼 느껴지는지, 왜 시골에서는 시간이 느리게 흐르는 것 같고 도시에서는 빨리 가는 것 같은지, 여성의 시간은 남성의 시간과 어떻게 다르고, 어린이의 시간은 어른들의 시간과 어떻게 다른지 등 시간과 관련된 여러 주제들을 세밀하게 고찰한다. 굳이 이 책을 분류하자면, 앞에 소개한 두 책들보다 훨씬 문화적인 측면에서의 고찰이 강하다는 강점이 있다. 시간에 대한 논의가 그저 학문적인 수준이나 지적인 허영에 머물지 않고, 구체적인 일상에 대한 생각으로 발전하기를 바라며 이 책을 추천해본다.

# 8

## 여왕의 크로케 경기

정원 입구에는 하얀 장미꽃들이 만발한 커다란 장미나무가 서 있었다. 그런데 세 명의 정원사들이 바쁜 손놀림으로 꽃들을 붉게 칠하고 있었다. 기이한 모습이라 여긴 앨리스는 가까이 가보기로 했다. 앨리스는 정원사 한 명이 투덜대는 소리를 들었다.

"조심해, 5번! 페인트가 튀잖아!"

"내 탓이 아니야. 7번이 내 팔꿈치를 쳤어."

5번 정원사가 퉁명스럽게 대꾸했다. 7번 정원사가 고개를 들고 빈정거렸다.

"잘한다, 5번! 언제나 남 닷이지!"

"너는 입 닥치는 게 좋을걸! 여왕님께서 어제 네 목을 치겠다고 말씀하셨다고."

5번이 말했다.

"아니, 무엇 때문에?"

처음에 입을 열었던 정원사가 물었다.

"네 일이나 해, 2번!"

7번이 소리쳤다. 5번이 말했다.

"그래, 네 일이나 해. 아니지 내가 말해주지. 7번이 요리사에게 양파 대신에 튤립 뿌리를 가져갔기 때문이야."

7번은 들고 있던 솔을 내동댕이쳤다.

"그건, 정말 부당한……."

바로 그때 7번은 자신들을 지켜보는 앨리스를 발견했다. 갑자기 그는 입을 닫았다. 다른 두 사람도 앨리스를 돌아보았고, 세 정원사는 깊이 허리를 숙여 인사를 했다. 앨리스는 물었다.

"설명 좀 해주세요. 왜 장미꽃들을 칠하고 있죠?"

5번과 7번은 아무 말 없이 2번을 쳐다보았다. 2번이 낮은 목소리로 대답했다.

"그게, 사실은 아가씨, 이 자리에 빨간 장미를 심었어야 했는데 실수로 하얀 장미를 심어버렸거든요. 이걸 여왕님이 아시면 우리 목을 자를 게 뻔해서 이렇게 여왕님이 납시기 전에 꽃들을 모두 칠하고 있지요."

그때 불안한 표정으로 정원 건너편을 보고 있던 5번이 비명을 질렀다.

"여왕님이다! 여왕님이 납신다!"

동시에 세 정원사는 땅바닥에 얼굴이 닿을 정도로 엎드렸다. 수많은 발소리들이 울렸다. 앨리스는 여왕을 보려고 두리번거렸다.

클로버를 든 열 명의 병사들이 행렬의 맨 앞에 서 있었다. 그들은 정원사와 똑같이 몸이 네모나고 납작했으며, 두 손과 두 발은 네모 귀퉁이에 각각 달려 있었다. 그 뒤에는 온몸을 다이아몬드로 치장한 신하들이 병사들처럼 두 줄로 걸어왔다. 바로 그 뒤에는 열 명의 왕자와 공주 들이 두 명씩 손을 잡고 깡총거리며 즐겁게 따라왔다. 그 아이들은 모두 하트 장식품을 달고 있었다. 그 뒤에는 손님들이 따랐다. 대부분 왕과 왕비 들이었는데, 앨리스는 하얀 토끼가 그 속에 끼어 있는 것을 보았다. 토끼는 주변 사람들과 이야기하는 데 바빠서 미처 앨리스를 보지 못하고 지나쳤다. 손님들 뒤로 왕관을 얹은 빨간 비단 방석을 든 하트 잭이 걸어왔다. 그리고 마침내 이 화려한 행렬의 맨 마지막으로 하트 왕과 여왕이 모습을 나타냈다.

앨리스는 정원사들처럼 자신도 땅에 엎드려야 되는지 조금 고민했다. 하지만 행렬을 만나면 그렇게 해야 된다는 규칙을 들은 기억이 없었다.

'게다가, 저렇게 납작하게 엎드리면 행렬을 볼 수 없을 거야.'

그렇게 생각한 앨리스는 그냥 가만히 서서 행렬을 기다렸다. 행렬이 앨리스 앞까지 왔을 때, 모두 행진을 멈추고 앨리스를 쳐다보았다. 여왕이 사나운 목소리로 물었다.

"이 아인 누구지?"

여왕은 하트 잭에게 물었지만, 하트 잭은 더욱더 허리를 깊이 숙이며 대답 대신 미소를 지을 수밖에 없었다.

"멍청이!"

여왕은 머리를 마구 흔들었다. 그리고 앨리스를 쳐다보며 물었다.

"이름이 뭐냐, 얘야?"

"제 이름은 앨리스입니다, 여왕 폐하."

앨리스는 공손하게 대답했다. 하지만 속으로는 이렇게 속삭였다.

'기껏해야 트럼프에 불과해. 무서워할 필요 없어.'

"이 자들은 또 누구지?"

이번에 여왕은 손가락으로 장미나무 옆에 납작 엎드려 있는 정

원사들을 가리켰다. 정원사들의 등 모양이 행렬과 똑같아서 여왕은
그들이 정원사인지, 병사인지, 신하인지, 자신의 아이인지 도무지
알 수 없었다.

"왜 저한테 물으세요? 제 일도 아닌데요."

앨리스는 대답을 하고, 자신의 대담성에 깜짝 놀랐다. 여왕의 얼
굴이 분노로 상기되었다. 여왕은 사나운 짐승처럼 앨리스를 노려보
다가 소리쳤다.

"이 아이의 목을 쳐라! 목을 쳐라!"

"말도 안 돼요!"

앨리스는 큰 소리로 항의했고, 여왕은 입을 다물었다. 왕이 여왕
의 팔에 손을 얹으며 나지막이 말했다.

"진정해요. 아직 어린아이잖소!"

여왕은 잭을 돌아보았다.

"저것들을 뒤집어라!"

잭은 아주 조심스럽게 한쪽 발로 여왕이 시키는 대로 했다.

"일어서라!"

여왕의 명령이 떨어지자마자 정원사들은 벌떡 일어났다. 그 후
그들은 왕과 여왕, 왕자, 신하 등 눈에 보이는 모든 사람에게 절을
하기 시작했다. 여왕이 소리쳤다.

"그만두지 못할까! 눈이 빙빙 돌지 않느냐."

그런 다음 여왕은 장미나무를 쳐다보고 정원사에게 물었다.

"도대체 여기에서 뭘 하고 있었던 거지?"

"여왕 폐하, 소인들은……."

2번 정원사가 한쪽 무릎을 꿇고 떨리는 목소리로 말했다. 그사이 여왕은 장미꽃들을 살펴보다가 소리쳤다.

"알았다! 저놈들의 목을 베라!"

행렬은 다시 움직이기 시작했고 정원사들을 처형하기 위해 세 명의 병사가 뒤에 남았다. 불쌍한 정원사들은 앨리스에게 달려왔다.

"목을 베다니, 있을 수 없는 일이에요!"

앨리스는 옆에 서 있는 커다란 화분 안에 정원사들을 집어 넣었다. 남아있던 세 명의 병사들은 1, 2분쯤 두리번거리다가 행렬의 뒤를 따라갔다.

"목은 베었겠지?"

여왕이 큰 소리로 물었다.

"분부하신 대로 목을 베었습니다!"

병사들도 큰 소리로 답했다.

"잘했다! 크로케 경기는 할 줄 아느냐?"

병사들은 잠자코 앨리스를 쳐다보았다. 여왕이 앨리스에게 묻고 있기 때문이었다.

"네, 할 줄 알아요."

앨리스도 큰 소리로 대답했다.

"그럼 이리 오너라!"

여왕이 고함을 쳤다. 앨리스는 다음엔 무슨 일이 일어날지 무척 궁금해하며 행렬 속으로 끼어들었다.

"날씨 참 좋지!"

옆에서 낮은 목소리가 들렸다. 바로 옆에서 하얀 토끼가 걱정스러운 얼굴로 앨리스를 빤히 쳐다보고 있었다.

"그렇네요. 그런데 공작부인은 어디 있어요?"

앨리스가 물었다.

"쉿! 쉿!"

토끼는 당황해하며 목소리를 낮췄다. 토끼는 불안한 얼굴로 뒤를 힐끔거린 다음, 까치발로 서서 앨리스 귓가에 입술을 바싹 대고 속삭였다.

"공작부인은 사형선고를 받았어."

"어쩌다가요?"

"공작부인이 불쌍하다는 거니?"

토끼가 물었다.

"아니요. 불쌍하다는 생각은 들지 않아요. 그냥 궁금해서요."

"공작부인이 여왕님의 따귀를 때렸단다."

앨리스는 조그맣게 웃음을 터뜨렸다.

"쉿, 조용히 해!"

토끼가 깜짝 놀라며 속삭였다.

"여왕님이 듣겠어! 공작부인이 많이 늦었거든. 그랬더니 여왕님이⋯⋯."

"자리들 잡도록!"

여왕이 천둥같이 소리쳤다. 사람들이 서로 뒤엉켜서 우왕좌왕 뛰기 시작했다. 하지만 곧 사람들은 자리를 잡았고 게임이 시작되었다.

앨리스는 이렇게 이상한 크로케 경기장은 본 적이 없었다. 바닥은 마치 고랑과 밭이랑처럼 울퉁불퉁했다. 크로케 공은 살아있는 고슴도치였으며, 공을 치는 망치는 살아있는 홍학이었다. 공이 통과하는 골대는 병사들이 두 손과 두 발로 엎드려서 만들었다.

당장 앨리스는 홍학을 어떻게 다루어야 할지 고민되었다. 앨리스는 되도록 부드럽게 홍학을 옆구리에 끼고 홍학의 머리로 공을 치려고 했다. 하지만 그 순간 홍학이 몸을 틀어서 어리둥절한 표정

으로 앨리스의 얼굴을 쳐다보자 앨리스는 웃지 않을 수 없었다. 다시 홍학의 머리를 아래로 해서 공을 치려 하자, 이번에는 고슴도치가 몸을 펴고 스르르 기어가 버렸다. 거기에 경기장까지 울퉁불퉁하고 병사들까지 제멋대로 경기장을 누볐다.

'이건 너무 어려운 경기인걸.'

앨리스는 한숨을 쉬었다.

선수들은 차례를 기다리지 않고 동시에 움직였고 서로 고슴도치를 차지하려고 싸웠다. 그 사이 잔뜩 화가 난 여왕은 발을 구르며 계속 소리를 질렀다.

"저놈의 목을 베어랏!"

"저 여자의 목을 쳐랏!"

앨리스는 불안해지기 시작했다. 아직까지는 별일 없었지만, 언제 여왕과 충돌하게 될지 모를 일이었다.

"어떡하지? 여기 사람들은 목을 베는 걸 너무 좋아해. 살아있는

사람이 있다는 게 신기할 정도야."

앨리스는 탈출하려고 주위를 살폈다. 그때 공중에 이상한 것이 눈에 띄었다. 처음엔 뭔지 알 수 없었지만, 잠시 후 앨리스는 그것이 능청스러운 미소라는 것을 알았다. 앨리스는 남몰래 중얼거렸다.

"체셔 고양이야. 이제 말할 상대가 생겼어."

"안녕?"

미소 주위에 입 모양이 나타나자, 고양이가 바로 인사를 했다. 앨리스는 고양이의 두 눈까지 나타나기를 기다리며 대답 대신 고개를 끄덕였다.

'말해봐야 소용없지. 두 귀가 생겨야, 아니 한쪽 귀라도 생겨야 들을 테니까.'

앨리스는 생각했다. 고양이 머리가 완전히 나타날 때까지 기다린 후에 앨리스는 홍학을 내려놓고 경기에 대해서 이야기하기 시작했다. 말을 들어주는 상대가 있다는 것이 무척 기뻤다. 이 정도 모습을 드러내면 충분하다고 생각하는지 고양이는 더 모습을 드러내지 않았다.

"이건 완전히 말도 안 되는 경기야."

앨리스는 불만스러운 목소리로 계속 말했다.

"모두들 다른 사람들 말은 듣지 않은 채 싸우기만 해. 규칙은 없는 것이나 마찬가지야."

"여왕은 마음에 들어?"

고양이가 나지막이 물었다.

"전혀, 여왕은 너무나……."

　바로 그때, 여왕이 앨리스 뒤로 다가와서 귀를 기울였다. 앨리스
는 급히 말을 바꿨다.

　"여왕님이 이길 게 아주 확실해. 게임을 끝까지 하고 자시고 할
것도 없을 정도야."

　여왕은 미소를 지으며 다른 곳으로 걸어갔다.

　"너는 누구와 이야기하고 있었니?"

　왕이 다가와서 물었다. 그리고 아주 놀란 표정으로 고양이의 머
리를 쳐다보았다.

　"제 친구 체셔 고양이에요."

　"나는 저런 모습은 질색이다. 그렇지만 원한다면 내 손에 키스를
하게 허락하지."

왕이 말했다.

"괜찮은데요."

고양이가 대답했다.

"무례한 녀석, 감히 왕인 나를 빤히 쳐다보다니. 그렇게 보지 마라!"

그렇게 말하며 왕은 앨리스 뒤에 몸을 숨겼다.

"고양이도 임금님을 볼 수가 있는 걸요. 어떤 책에서 읽은 적이 있어요. 어느 부분이었는지 기억은 나지 않지만요."

앨리스가 말했다.

"아무튼 저 고양이는 없애야겠다."

왕은 아주 단호하게 말했다. 그리고 마침 옆을 지나가는 왕비를 불렀다.

"여보! 저 고양이를 좀 없애주구려!"

어떤 문제든지 여왕의 해결 방법은 딱 하나였다.

"저놈의 목을 베어버려라!"

여왕은 쳐다보지도 않고 말했다.

"내가 가서 사형 집행인을 데려와야지."

왕은 이렇게 말하며 급히 떠났다. 앨리스는 돌아가서 경기 진행 상황을 봐야겠다고 생각했다. 멀리서 여왕의 고함 소리가 들려왔다. 여왕은 차례를 놓친 죄를 물어 그동안 벌써 세 명에게 사형선고를 내렸다. 앨리스는 자기 차례가 언제인지도 모르는 혼란스럽기 짝이 없는 경기에 나가기 싫어졌다. 그래서 도망친 고슴도치나 찾아야겠다고 생각했다.

앨리스의 고슴도치는 다른 고슴도치와 싸우고 있었다. 앨리스에겐 지금이 공을 칠 수 있는 절호의 기회로 보였다. 문제는 앨리스의 홍학이 경기장 반대쪽에서 경중경중 뛰어다닌다는 것이었다. 앨리스가 홍학을 붙잡아서 돌아왔을 땐 이미 싸움이 끝나 고슴도치들이 어디론가 사라져버린 후였다. 앨리스는 도망치지 못하게 홍학을 옆구리에 끼고 고양이와 좀 더 이야기를 나누기 위해 돌아갔다.

체셔 고양이가 있는 곳에 도착한 앨리스는 사람들이 모여 있는 것을 보고 깜짝 놀랐다. 그 사람들 중에는 사형 집행인과 왕과 왕비가 있었다. 그들을 제외한 다른 사람들은 입을 꾹 다문 채 아주 불안한 기색이 역력했다. 앨리스가 나타나자 그들은 문제를 해결해달라고 요청했다. 그러나 한꺼번에 떠드는 통에 앨리스는 간신히 그들의 말을 알아들을 수 있었다.

사형 집행인은 몸뚱이가 있어야 목을 잘라낼 것이 아니냐고 따졌다. 전에는 이런 경우를 본 적도 없고 이런 식으로는 도저히 일을 할 수가 없다고 말했다.

왕은 머리가 있는데 벨 목이 왜 없겠느냐며 사형 집행인을 몰아세웠다. 여왕은 당장 무슨 일이든 하지 않으면 모두 목을 베어버리겠다는 표정으로 사방을 노려보았다. 앨리스는 어쩔 줄 몰랐지만 이렇게 말했다.

"저 고양이는 공작부인의 고양이예요. 공작부인에게 물어보시는 게 좋겠어요."

"공작부인은 감옥에 있어. 당장 가서 공작부인을 이리 데려오너라."

여왕은 사형 집행인에게 명령했다. 사형 집행인은 쏜살같이 달려
갔다. 고양이의 머리가 서서히 사라지기 시작했다. 사형 집행인이
공작부인을 데리고 왔을 때는 고양이가 이미 사라진 다음이었다.
왕과 사형 집행인은 펄쩍펄쩍 뛰며 고양이를 찾았다. 그사이 다른
사람들은 다시 크로케 경기를 시작했다.

# 진화론의 여왕

《이상한 나라의 앨리스》에 등장하는 하트 여왕은 그때그때 상황에 따라 모든 걸 제멋대로 결정하고 배려의 모습은 찾아보기 힘들다. 자신의 이익을 위해서는 뭐든지 할 정도로 성격이 못되었다. 윤리적으로 올바른 행동을 찾기 어렵기 때문에 진심 어린 존경을 받기 힘들다. 그렇지만 세상을 통치한다. 이런 모습은 어찌 보면 진화론과도 비슷하다. 적자생존의 원칙은 냉정하다. 여왕이 수시로 "목을 베라"고 말하는 것처럼 자연은 계속 유기체를 위협한다. 그에 대해 적절하게 대응하지 못한 유기체는 도태되어 멸종한다. 이런 상황을 놓고 윤리적으로 좋으냐 나쁘냐를 논하기 어렵다. 진화론은 윤리학도 종교학도 아니다. 생명의 탄생 및 전개 과정에 대한 학설일 뿐이다.

창조론자는 진화론자가 신의 존재를 부정한다며 악마라고 부른다. 리처드 도킨스Richard Dawkins는 자신의 책 제목을 아예 《악마의 사도A Devil's Chaplain》라고 붙여 내놓았다. 이 책의 제목은 다윈 Charles R. Darwin이 친구에게 보낸 편지글에서 따온 것이다.

> "자연의 굼뜨고 헤프고 서툴고 미개하고 무시무시하게 잔혹한 활동들을 책으로 쓴다면 '악마의 사도'라는 제목이 딱 맞지 않을까?"

## 리처드 도킨스의 눈먼 시계공

그렇다. 진화론은 윤리학이 아니라 과학적 이론이기 때문에 어떤 행동이 올바르다고 선언을 하는 것이 아니라, 현상을 있는 그대로 기술하고자 노력한다. 그 과정에서 종교와 윤리학 등의 기본 가정과는 다른 주장을 하게 된다. 진화론은 생명이 처음부터 아주 계획적인 체계로 설계되었다는 생각에 반대한다.

1965년 노벨 의학상을 수상한 분자생물학자 프랑수아 자코브 Francois Jacob는 그의 명저 《가능과 실제The Possible and the Actual》에서 진화론에 대해 이런 말을 했다.

> "진화는 서툰 땜장이가 수백만 년 동안 자신의 작품을 기회가 있을 때마다 다시 만지고, 자르고, 길이를 늘이면서 서서히 변화시키는 것처럼 일어난다."

자코브는 진화론의 핵심인 자연선택을 '진화적 땜질evolutionary tinkering'이라고 표현했다. 그때그때 상황에 따라 결정된 것의 총합

이 우리가 보는 유기체라는 사실이 당혹스러울 수 있다. 왜냐하면 모든 것들이 마치 시계의 톱니바퀴처럼 딱 들어맞는 것처럼 보이기 때문이다. 암컷과 수컷, 포식자와 피식자, 공생과 기생의 관계 등을 보면 아주 놀라운 기술을 갖고 있는 시계공이 공력을 다해 만든 시계를 보는 느낌이 든다. 하지만 도킨스의 책 《눈먼 시계공Blind Watchmaker》을 보면 이러한 느낌이 착각이었음을 알게 된다.

신학자인 윌리엄 페일리William Paley가 1802년에 출판한 논문 '자연신학Natural Theology'에는 다음과 같은 내용이 있다.

> "사람이 길을 가다가 시계를 발견하면 사람들은 시계를 만든 시계공이 있을 것이라고 생각하는 것과 마찬가지로 생물들은 시계보다 훨씬 더 복잡하기 때문에, 생물을 만든 창조자가 있을 것이라고 생각할 수밖에 없다."

도킨스는 페일리의 논문에 나온 시계공이란 말에서 이 책의 제목을 따왔다. 시계공은 이 세계를 만든 지적 설계자를 의미한다. 페일리는 창조론을 믿는 신학자였으니 신을 지적 설계자로 생각했을 것이다. 언뜻 인간의 눈같이 고도로 복잡한 기관을 예로 들어 생각해보면, 반드시 설계자가 있어야 한다고 믿기 쉽다.

그러나 도킨스는 실제로는 앞을 보지 못하는 시계공이 나름대로 고쳐보려 애쓰는 과정에서 번번이 실패를 거듭하다 정말 가끔 요행히 재깍거리며 작동하는 것처럼 생태계가 운영된다고 주장한다. 그리고 정교함의 극치라고 할 수 있는 인간의 눈조차도 오랜 시간 진화를 거쳐서 현재의 모습을 갖출 수 있었음을 보여준다. 즉 시초의 설계도에 따라 갑자기 생성된 것이 아니라 돌연변이의 발생에 의해 점진적으로 변화가 누적되어 현재의 상태에 이르게 되었음을 여러 사례를 통해 보여주고 있다.

도킨스는 점진적 변화가 어떤 절차를 계획하지도 않고 목적을 드러내지도 않기 때문에 만약 설계한 시계공이 있다면 그는 눈이 먼 시계공이라고 주장한다.

진화가 무작위적으로 이루어진다는 주장은 많은 사람들을 당황 시켰다. 우선 생명은 창조된 것이 아니라 진화된 것이라는 그의 주장은 종교적인 사람들의 반감을 샀다. 창조론자의 반론은 격했다. 하지만 다음과 같이 냉소적인 유머를 담고 있는 것도 있다.

"쓰레기통을 마구 흔든다고 747 비행기가 만들어지지는 않을 것이다."

창조론자들은 단세포 동물에서 인간으로 진화하기 위해서는 허리케인이 쓸고 지나간 후에 고물상에 있는 물건으로 비행기가 조립될 정도의 확률과 원숭이가 타자기로 셰익스피어의 햄릿을 칠 수 있을 정도의 확률이 필요하다는 식으로 진화론을 공격한다.

하지만 도킨스는 더 냉소적인 유머 감각을 발휘하여 똑같이 원숭이가 타자 치는 것을 예로 들어 반론을 제기했다. 도킨스는 시뮬레이션을 통해 43세대 만에 원하는 문장을 얻을 수 있음을 보여주었다. 도킨스는 적당한 시간만 주어진다면 모든 변화가 가능하다고 주장한다.

도킨스는 그의 저서 《조상 이야기The Ancestor's Tale》를 통해 지구에 생명이 탄생한 이래로 인간까지 이어지는 진화의 계보를 보여주었다. 그 책에는 엄청나게 많은 동물과 인간이 진화의 나무로 연결되어 있음이 나온다. 각각 독립적인 개체가 각각의 목적으로 생성된 것이 아니라, 마치 길을 가다가 우연히 어떤 사람을 만나 친구가 되듯이 진화가 이루어진다. 오묘해하며 경탄을 해야 한다면 최초의 설계가 아닌 바로 그런 우연한 만남이 아닐까 싶다.

## 조지 윌리엄스의 유전자 진화

도킨스와 같은 진화론자는 신이 만들었다는 자연의 오묘함에 반대되는 듯한 빈틈을 공격하고 싶은 것이 아니다. 신이 설계했다면 왜 일부러 불완전하게 유기체를 만들었는가를 보여주면서, 애초에 자연과 생명의 기본 가정부터 새롭게 쓸 것을 제안하는 것이다.

다윈의학의 창시자인 조지 윌리엄스George Williams는 1957년 국제학술지 〈에볼루션Evolution〉에 발표한 논문에서 칼슘의 대사를 조절하는 유전자의 예로 진화를 이야기한다. 칼슘 유전자는 부러진 뼈에 부지런히 칼슘을 공급하여 빠른 시일 내로 뼈가 다시 붙을 수 있도록 돕는다.

하지만 이 유전자는 이런 역할만 하는 것이 아니다. 유기체가 젊었을 때는 확실히 이러한 긍정적인 역할을 활발하게 수행하지만 나이가 들면 동맥 구석구석마다 칼슘을 쑤셔 넣는 짓을 열심히 해서 결국 심각한 심혈관 질환을 유발한다. 젊었을 때 긍정적인 역할을 했던 바로 그 유전자가 나이가 들어서는 생명을 노리는 자객과 같은 극악한 역할을 하는 것이다.

완벽한 신이 유기체를 설계했다면 왜 자신의 형상을 본떠서 만든 인간에게 이런 유전자를 일부러 선사했을까? 종교적으로 명확하게 설명하기가 쉽지 않다. 그러나 진화론의 논리에 따르면 '땜장이'와 같은 우연성에 의해 진화가 점진적으로 일어났기 때문에 뒤죽박죽된 결과도 설명이 된다.

생태계의 얽히고설킨 관계망 속에서 무수히 많은 다른 생물들과 공진화하며 어느 한 방향으로 일관성 있는 적응 체계를 만들어낸다는 것은 확률적으로 불가능하다. 오히려 설계가 위험하다. 19세기 영국의 작가 래섬Peter Mere Latham은 다음과 같은 말을 남겼다.

"완전한 계획을 세우려는 것은 쇠퇴의 징조이다. 흥미로운 발견이나 발전이 이루어지는 동안에는 완벽한 연구실을 설계할 시간이 없다."

신의 도움이 필요하다면 진화에는 지적인 설계가 아닌 차라리 우연의 기적이 더 필요하다. 도킨스는 《눈먼 시계공》에서 다음과 같이 주장한다.

"진화론의 핵심이란 천문학적인 불가능성을 해소하고 믿을 수 없고 기적처럼 보이는 사실을 설명할 수 있는 힘이다."

## 미토콘드리아 이브와 붉은 여왕

신화론에는 유명한 여성의 이름이 두 개 나온다. 첫째 성경에 나오는 인류 최초의 여성인 '이브Eve'이다. 생물학에서는 성경에서 그 이름을 빌려와 '미토콘드리아 이브Mitochondria Eve'라고 부른다.

미토콘드리아 DNA는 모계로만 전달된다. 미토콘드리아는 세포의 에너지를 생산하는 세포 내 한 기관으로 세포의 핵에 존재하는 염색체 DNA와는 별도로 미토콘드리아 DNA를 지니고 있다. 이것은 난자에만 있는데 세포의 핵 밖에 위치하여 아버지의 유전자와 섞이지 않은 채 원형대로 유지된다. 그 덕분에 모계 추적으로 현존하는 인류의 가계도를 확인할 수 있다.

실제로 5대륙을 대표하는 200여 명 여성의 태반에서 얻은 미토콘드리아 DNA를 분석한 결과, 이들 모두가 약 20만 년 전 아프리카에 살고 있었던 것으로 추정되는 한 여성으로부터 유래되었음을 확인할 수 있었다. 결국 인류의 공통조상은 아프리카에 있었다는 '아프리카 기원론'은 지지되었다.

'미토콘드리아 이브'만큼 진화론에서 유명한 여성을 뽑으라면 그 것은 앨리스의 이야기에 나오는 '붉은 여왕'이다. '붉은 여왕 가설 Red Queen's Hypothesis'이라는 용어는 《거울 나라의 앨리스》의 한 장면에서 유래했다. 앨리스는 붉은 여왕에게 손목을 잡힌 채 큰 나무 주위를 돈다. 그런데 한참을 뛰어도 항상 제자리였다. 이것을 이상하게 여기는 앨리스에게 붉은 여왕은 다음과 같이 말한다.

"제자리에 있고 싶으면 죽어라 뛰어야 한다."

앞으로 나가기 위해서가 아니라 제자리에 있고 싶으면 죽어라 뛰어야 한다는 말이 이상하게 들릴 수 있다. 붉은 여왕이 이렇게 말한 이유는 붉은 여왕의 나라에서는 어떤 물체가 움직일 때 주변 세계도 그에 따라 함께 움직이기 때문이다. 즉 주인공이 죽을힘을 다해 끊임없이 달려야 겨우 현상 유지를 할까 말까 한 상황이다. 이 상황을 시카고 대학의 진화학자 리 밴 베일른Leigh Van Valen이 생태계의 쫓고 쫓기는 피식자와 포식자 간의 평형 관계를 묘사하는 데 활용했다.

붉은 여왕 가설은 두 종이 서로 우위를 차지하려고 경쟁하며 진화하지만, 경쟁의 결과로 인해 두 종 사이의 상황이 변하지 않게 되는 현상을 지칭한다. 그리고 베일른이 이러한 현상의 배경에 있는 진화론적 원리를 '붉은 여왕의 효과Red Queen Effect'라고 불렀다.

붉은 여왕 가설의 예로는 토끼와 여우의 진화를 들 수 있다. 피식자인 토끼는 잡아먹히지 않기 위해 빨리 달리는 쪽으로 진화한다. 하지만 포식자인 여우는 그에 대한 대응으로 계속 토끼보다 빨리 달리는 쪽으로 진화한다. 그렇기 때문에 토끼와 여우의 관계는 어느 한쪽으로 기울지 않고 평형을 유지한다.

## 매트 리들리의 우성 유전자

《붉은 여왕The Red Queen》을 쓴 매트 리들리Matt Ridley는 치타가 처음부터 그렇게 달리기를 잘한 것은 아니라고 주장한다. 초식동물을 공격해서 잡아먹는 치타는 먹잇감보다 빨라야 생존을 할 수 있었다. 그래서 빠르게 달릴 수 있는 유전자가 우성이 되었다. 그리고 피식자인 영양이나 얼룩말에게 있어서도 천적에게 잡아먹히지 않을 정도의 빠르게 달릴 수 있는 능력이 핵심이다. 결국 치타가 빨라지면, 영양이나 얼룩말도 빨라지고, 초식동물이 빨라지면 이를 잡아먹는 육식동물도 더욱 빠른 것을 선호하게 된다.

이렇게 서로 상호관계를 맺으면서 경쟁적으로 진화하지만 기본적인 관계의 구조가 바뀌지는 않는다. 영양이 치타를 잡아먹지는 않아도, 그 앞에서 수시로 여유 있게 장난을 치는 장면을 상상하기란 힘들다. 끊임없이 치타가 영양을 쫓고, 영양은 치타를 따돌리려 온 힘을 다하는 장면이 더 익숙하다.

그리고 기생생물과 숙주와의 관계에서도 붉은 여왕 효과를 확인할 수 있다. 기생생물은 숙주에게 달라붙어 영양분을 가로챈다. 그런데 영양분을 모조리 가로채인다면 숙주는 결국 죽을 수밖에 없다. 그래서 숙주는 기생생물을 물리치기 위한 나름대로의 유전적 전략을 짜게 된다. 기생생물 역시 생존을 해야 하니까 숙주의 변화에 맞서 새로운 기생 방법을 찾아낸다. 늘 새로운 무기를 개발하여 공격하는 기생생물에 대항하여 숙주도 새로운 유전자 조합으로 면역력을 키우는 것이다.

이 관계는 마치 냉전시대의 군비경쟁과도 같다. 소련이 새롭고 더 강력한 미사일을 개발하면 미국은 그걸 공중에서 격침시킬 수 있는 요격미사일을 개발했다. 진화생물학자들은 이와 흡사하게 자연계에서 벌어지는 군비경쟁을 '진화적 군비경쟁evolutionary arms race'이라고 부른다.

붉은 여왕 가설은 진화의 특성을 잘 나타내주는 원리이다. 진화는 진공상태에서 일어나는 것이 아니다. 자연환경 속에서 다른 유기체와의 상호작용 속에서 일어난다. 그리고 특정 유기체만 진화를 하는 것이 아니다. 주변 자연환경이나 경쟁대상이 매우 빠른 속도로 변화한다. 그래서 어떤 생물이 진화를 하게 되더라도 상대적으로 적자생존에 뒤처지게 될 위험이 있다. 끊임없이 달려도 제자리인 붉은 여왕의 나라 속 앨리스처럼 말이다. 자연계의 진화경쟁에선 '붉은 여왕의 효과' 때문에 어느 한쪽이 일순간에 일방적인 승리를 거두지 못한다.


## 하드웨어와 소프트웨어 사이의 붉은 여왕 효과

붉은 여왕 가설은 생물학뿐만 아니라 다른 학문 분야에서도 많이 활용되고 있다. 예를 들어 경제학이나 경영학에서 산업계의 지배구조를 설명할 때도 사용된다. 회사는 이윤을 얻기 위해 끊임없이 혁신을 시도한다. 새로운 상품을 시장에 내놓아 구매자의 선택을 받기 위해 무한경쟁을 한다. 그러나 어느 회사가 뼈를 깎는 노력을 해서 혁신적인 상품을 내놓아도 좀처럼 성공하기 힘들다. 왜냐하면 다른 회사들도 똑같이 노력을 하기 때문이다. 그것도 애초에 우월한 입장에서 말이다.

우리는 더 이상 좋은 사양이 필요하지 않을 것이라는 생각에 최신형 컴퓨터를 구입한다. 몇 달은 그럭저럭 잘 쓴다. 하지만 마음을 빼앗는 최신 게임이나 소프트웨어는 더 좋은 사양을 요구한다. 그 사이에 최신의 하드웨어를 완벽하게 활용하는 최적의 프로그램이 나온 것이다. 그냥저냥 땜질하듯 업그레이드하며 쓰다가 어느 순간이 되면 자신의 컴퓨터가 완전히 고물처럼 느껴진다. 그래서 최신형 컴퓨터를 또 산다. 같은 과정이 반복된다. 하드웨어와 소프트웨어 사이에는 붉은 여왕 효과가 계속 작용하고 있기 때문이다.

10년 전에는 취업 시에 경쟁력을 갖기 위해 외국대학의 언어연수과정을 이수하면 큰 도움이 되었다. 하지만 곧 많은 사람들이 언어연수를 갔다 오면서 현재는 더 이상 단순 언어연수로는 경쟁력을 갖출 수 없다. 단지 필수품을 갖추는 정도가 되었다.

청년들은 이른바 '스펙 갖추기'를 위해 학점 관리, 봉사활동, 공모전 응모, 새로운 소프트웨어 활용능력 인증시험 합격 등 만능의 천재처럼 죽을힘을 다해 달리지만, 다른 경쟁자의 노력 덕분에 빛을 잃는다. 그렇다고 포기할 수는 없다. 조금 속도를 늦추면 완전히 나락에 떨어질 수 있다. 붉은 여왕의 마력이 작용하기 때문이다.


## '1등만 기억하는 더러운 세상'의 진화

'1등만 기억하는 더러운 세상'은 붉은 여왕이 접수한 21세기의 세상을 잘 드러내주는 농담이기도 하다. 윤리적으로는 찝찝하기 짝이 없지만, 현실적으로는 딱 떨어지는 말이다. 하얀 여왕의 세상을 꿈꿔도 우리가 살아가는 이상한 나라는 진화론의 여왕이기도 한 붉은 여왕의 목소리가 더 쩌렁쩌렁 울린다. 이런 상황이 마음에 들지 않는가? 그 답도 붉은 여왕이 갖고 있다. 붉은 여왕은 얄밉게도 탈출의 방법도 알려준다.

"이 정도 속도로 달리면 같은 장소에서 벗어날 수 없어. 어딘가 다른 곳으로 가려면 적어도 지금 속도의 두 배로 달려야 한단다."

다른 방법도 있다. 오히려 느리게 가는 것이다. 미국 워싱턴 대학의 칼 버그스트롬Carl Bergstrom 박사와 독일 막스플랑크 연구소의 미카엘 라흐만Michael Lachmann 박사팀은 '붉은 왕 이론'이라고 명명한 연구결과를 최근에 발표했다. 붉은 왕 이론은 붉은 여왕 이론과 달리, '공생관계에 있어서만은 느리게 진화하는 종이 유리하다'고 주장한다. 연구팀은 말미잘과 집게, 악어와 악어새, 개미와 진딧물 같은 공생관계에서 각각 진화가 일어날 때 이익을 더 많이 누리는 쪽은 오히려 느리게 진화하는 종이라는 사례를 들어 자신들의 이론을 펼치고 있다. 그러나 연구팀 스스로 인정했듯이 붉은 왕 이론은 진화론의 한 부분일 뿐이다. 진정 남편인 왕이 여왕을 이기기 위해서는 갈 길이 멀다. 붉은 여왕이 진화론의 여왕으로서 집권을 계속할 확률이 아주 높다.

( 토끼굴 추천 정보 )

## 1    눈먼 시계공 The Blind Watchmaker

리처드 도킨스 지음 | 이용철 역 | 사이언스북스

진화론이 인간과 자연에 대한 통찰을 어떻게 바꿔놓을 수 있는지를 알려주는 책이다. 이 책의 제목으로 사용된 '시계공watchmaker'이라는 말은 19세기 신학자인 페일리의 논문에서 따온 것이다. 이 논문에 따르면 시계공의 의도대로 시계가 만들어지듯이 이 세계 또한 신의 의지대로 창조되었다. 하지만 다윈이 발견한 '자연선택'에 따르면 모든 생명체의 형태와 그들의 존재에는 어떠한 계획이나 의도 따위는 들어 있지 않다. 저자는 풍부한 예와 비유를 통해 진화론을 옹호하면서, 만약 어느 누군가가 자연의 시계공 노릇을 한다면 그는 '눈먼 시계공'일 것이라고 주장한다. 리처드 도킨스의 주장은 신의 오묘한 자연 설계를 강조한 기독교 신자들의 반대에 부딪혔다. 상식적인 관념에도 반대되는 내용이 많다. 그래서 더욱 흥미롭다. 《에덴의 강》, 《이기적 유전자》, 《확장된 표현형》, 《악마의 사도》 등 리처드 도킨스의 저작을 통해 진화론의 지평을 재미있게 즐길 수 있다.

## 2 　진화론의 유혹 : 가장 과학적으로 세상을 해석하려는 욕망
Evolution for Everyone
데이비드 슬론 윌슨 저 │ 김영희, 이미정, 정지영 공역 │ 북스토리

이 책은 원제목처럼 '모든 사람을 위한 진화론 책'이다. 가장 큰 장점은 아주 쉽게 진화론을 설명하고 있고, 진화론을 통해서 설명할 수 있는 철학, 경제, 역사, 정치, 법학, 공학 등 다양한 분야를 소개하고 있다는 점이다. 이 책의 저자인 윌슨 교수는 그동안의 많은 연구자들이 진화론을 명확히 이해하는 순간, 가장 명료한 과학적 논리체계라는 진화론의 강한 매력 때문에 진화론 또는 다윈에 쉽게 빠져들어왔다고 말한다. 나아가 현대의 진화론자들은 다윈의 강력한 이론 덕택에 그들만의 광활한 사고의 제국을 구축하고 있을 뿐만 아니라, 고차원적인 지적 논문에서 다뤄지는 인문학적 주제들을 거침없이 넘나들고 있다고 주장한다. 이런 주장에 동의하지 않게 되더라도 진화론의 핵심과 가능성에 대한 통찰을 얻기 위해서는 일독을 권하고 싶다.

## 3 　다윈 이후 : 다윈주의에 대한 오해와 이해를 말하다
Ever Since Darwin
스티븐 제이 굴드 지음 │ 홍욱희, 홍동선 공역 │ 사이언스북스

'다윈의 해'인 2009년을 맞아 도처에서 다윈 이야기가 봇물 터지듯 나왔다. 이는 우리나라뿐 아니라 전 세계적 현상이지만, 그 결과물은 만족스럽지 않았다. 이 책은 '다윈 붐' 속에서 다윈 사상의 핵심을 정확하게 집어내는 데 도움을 주는 과학 교양서의 고전이다. 그는 '단속 평형설'을 제시해 다윈 이후 100여 년 간 진화생물학자들을 곤혹스럽게 한 진화 과정상의 단절을 설명했으며, 다윈의 사상이 과학사적으로 어떻게 발전했는지를 해명하고, 에드워드 윌슨의 사회 생물학, 분자 생물학자들의 유전자 결정론 등이 범할 수 있는 과학주의적 오류를 과학자의 입장에서 비판해 진화생물학의 논의를 심화시켰다. 이 책은 과학 대중서 작가와 학자로서의 저자의 능력을 맘껏 보여주는 역작이다.

# 9

## 가짜 거북의 이야기

"너를 다시 만나서 얼마나 기쁜지 모르겠어. 귀여운 것!"

공작부인이 다정하게 말을 건네며 앨리스의 팔짱을 꼈고, 두 사람은 함께 걸었다. 공작부인의 기분이 아주 좋아 보여 앨리스도 기분이 좋았다. 그래서 어쩌면 처음 부엌에서 만났을 때 공작부인이 그렇게 심술맞게 군 것이 단지 재채기를 일으킨 후추 때문일 것이라고 생각했다.

'내가 공작부인이라면, 부엌에 후추 같은 건 절대로 두지 않을 거

야. 후추를 치지 않아도 수프는 맛이 좋잖아. 아마 후추가 사람들을 화나게 하나 봐.'

앨리스는 새로운 법칙을 발견한 듯해서 아주 기뻤다.

'그리고 식초는 사람들을 까다롭게 하고, 카밀러 차는 사람들을 비판적으로 만들어. 그리고 보리엿 같은 것은 아이들을 유순하게 만들지. 그런데 사람들이 그런 것을 안다면 아이들에게 사탕을 주는 데 인색하지는 않을 텐데 말이야…….'

앨리스는 골똘히 생각에 잠겨서 그만 공작부인의 존재를 까맣게 잊었다. 그래서 공작부인이 자기 바로 옆에서 속삭이자 약간 놀랐다.

"대화하는 것도 잊을 정도로 딴 생각을 하고 있군. 지금 당장 뭐라고 할 수는 없지만 언젠가는 그것에 대한 교훈이 생각날 게다."

"어쩌면 그것에 대한 교훈은 없을 수도 있죠."

앨리스가 용감하게 말했다. 공작부인은 고개를 흔들었다.

"쯧쯧, 애야! 모든 것에는 교훈이 있단다. 네가 찾아낼 수만 있다면 알 수가 있어."

그렇게 말하면서 공작부인은 앨리스 옆으로 바짝 다가왔다. 앨리스는 그런 행동이 마음에 들지 않았다. 공작부인이 무척 못생겼기 때문이었다. 그리고 공작부인은 키도 작았고, 턱이 무척 뾰족했다. 그래도 참을 수 있는 데까지 참아보자고 마음먹었다.

"이제 경기가 좀 제대로 진행되는 것 같네요."

대화를 계속 하기 위해 앨리스가 말했다.

"그렇군. 이것의 교훈은 이렇게 말할 수 있겠어. '아, 사랑, 사랑이여. 세상을 돌아가게 만드는 것이여!'"

앨리스는 조그맣게 속삭였다.

"어떤 사람이 그러는데요. 세상을 돌아가게 하는 것은 사람들이 각자 자신의 일에 신경 쓰기 때문이래요."

"오, 물론이지! 그건 둘 다 같은 뜻이란다."

공작부인은 날카로운 턱으로 앨리스의 어깨를 찍어 누르며 말했다.

"그리고 그 교훈은 '의미에 신경 써라. 그러면 소리는 저절로 따라온다'는 거야."

'정말 어떤 것에서든 교훈을 찾는 걸 좋아하나 봐!'

앨리스는 속으로 생각했다.

"너는 내가 왜 네 허리를 손으로 감싸지 않는지 궁금하지? 그건 홍학이 얌전한지 어떤지 몰라서 그런 거야. 어디 한번 시험해볼까?"

"물지도 몰라요."

그런 시험은 전혀 반갑지 않아 앨리스는 조심스럽게 말했다. 공작부인은 고개를 끄덕였다.

"아마 그럴 거야. 홍학이랑 겨자는 둘 다 톡 쏘지. 그리고 그것의 교훈은 '유유상종'이라고 할 수 있어."

"하지만 겨자는 새가 아니잖아요?"

앨리스가 말했다.

"그래, 평소에는 그래. 너는 사물을 정확하게 분별하는구나."

"제 생각에 그건 광물 같아요."

앨리스가 다시 자기주장을 펼쳤다.

"물론 네 말이 맞고말고."

앨리스의 말이라면 다 맞장구쳐줄 것처럼 공작부인은 재빨리 말했다.

"이 근처에 커다란 겨자 광산이 있어. 그것의 교훈은 '내 것 mine('광산'이라는 뜻도 있다_옮긴이 주)이 많아질수록 다른 사람의 것은 점점 적어진다'이지."

앨리스가 갑자기 소리쳤다. 앨리스는 공작부인의 말은 거의 귀담아듣지 않았다.

"아, 알았어요! 겨자는 채소예요. 그렇게 보이진 않지만 채소예요."

"그럼 당연하지. 그리고 그것의 교훈은 '다른 사람이 보기를 바라는 대로 행동하라'야. 좀 더 단순하게 말해 '네 자신이 다른 사람들의 눈에 보이는 것 이상의 다른 무엇인 존재라고 결코 상상하지 마라. 네가 다른 존재였거나, 혹은 다른 존재일 수도 있었다면 다른 사람들의 눈에도 다른 존재로 보였을 테니까'야."

"지금 하신 말씀이 글로 써져 있었다면 좀 더 잘 알아들을 수 있었을 거예요. 하지만 말로만 들으니까 무슨 말씀인지 잘 모르겠어요."

앨리스는 아주 공손하게 말했다.

"마음만 먹으면 내가 말할 수 없는 것은 아무것도 없어."

공작부인은 기쁜 목소리로 대답했다.

"제발 지금보다 더 길게 말하려 고생하지는 마세요."

앨리스가 부탁했다.

"오, 고생이라니! 그럼 말이다, 지금까지 내가 한 모든 말들을 너에게 선물로 주마."

공작부인이 말했다. 앨리스는 생각했다.

'정말 돈 안 드는 선물이야! 사람들이 그런 걸 생일선물로 주지 않아서 다행이지 뭐야!'

그러나 앨리스는 그 생각을 감히 말하지 못했다.

"또 무슨 생각을 하니?"

또다시 뾰족한 턱으로 앨리스의 어깨를 찍어 누르며 공작부인이 물었다.

"저는 생각할 권리가 있어요."

앨리스는 공작부인이 조금 귀찮아지기 시작했다. 그래서 퉁명스럽게 대답했다. 공작부인이 말했다.

"돼지가 날아다닐 수 있는 만큼의 권리가 있겠지. 그리고 그것의 교……."

갑자기 공작부인은 말을 잇지 못했다. 그렇게 좋아하는 교훈이라는 말조차 마무리하지 못하고 팔을 부들부들 떨었다. 깜짝 놀란 앨리스는 고개를 들었다. 바로 두 사람의 눈앞에 팔짱을 낀 여왕이 먹구름 낀 하늘처럼 잔뜩 찌푸린 얼굴로 서 있었다.

"화창한 날입니다, 여왕 폐하!"

공작부인은 연약한 목소리로 인사를 했다.

"경고하는데, 너나 네 머리 중 뭐든 하나는 없어져야 한다. 지금 당장 말야. 자, 선택해!"

공작부인은 선택했다. 순식간에 공작부인은 모습을 감췄다.

"경기를 계속하자."

여왕이 앨리스에게 말했다. 앨리스는 겁에 질려 아무 말도 할 수 없었다. 하지만 천천히 여왕을 따라서 크로케 경기장으로 갔다. 다른 손님들은 여왕이 없는 틈을 타서 나무 그늘에서 쉬고 있었다. 그렇지만 여왕이 눈에 띄자마자 황급히 다시 경기장으로 돌아왔다. 여왕은 경기를 지연시키는 사람은 목을 베겠다고 경고했다. 경기를 하는 내내 여왕은 다른 선수들과 말싸움을 벌이고 계속 소리쳤다.

"저 놈의 목을 베어라!"

"저 여자의 목을 베어라!"

사형선고를 받은 사람들은 병사들의 감시를 받았다. 그래서 공이 통과하는 문 역할을 해야 하는 병사들은 감시를 하기 위해 하나둘 자기 자리를 떠야 했다. 결국 30분쯤 지나자 병사는 경기장에 한 명도 남지 않았고, 다른 경기자들은 모두 사형선고를 받았다. 남은 사람은 왕과 왕비, 앨리스뿐이었다. 여왕은 숨을 헐떡이며 앨리스에게 물었다.

"가짜 거북을 본 적이 있느냐?"

"아니요. 가짜 거북이 뭔지도 모르는걸요."

앨리스가 대답했다.

"가짜 거북 수프를 만드는 것 말이야."

여왕이 다시 말했다.

"전 그런 건 본 적도 들은 적도 없어요."

앨리스가 말했다.

"그럼 따라와! 가짜 거북이 너에게 자기 이야기를 해줄 테니."

그들은 함께 출발했다. 앨리스는 왕이 사람들에게 조그맣게 하는 말을 들었다.

"너희들을 모두 사면한다."

'어머, 잘 되었네!'

사형선고를 받은 사람들 때문에 우울했던 앨리스는 속으로 기뻐했다. 그들은 곧 햇볕을 쬐며 잠들어 있는 전설 속 괴물 그리폰 앞에 도착했다.

"일어나, 게으름뱅이야!"

여왕이 말했다.

"여기 작은 아가씨를 데리고 가서 가짜 거북을 보여줘. 그리고 가짜 거북에게 이야기를 하라고 해. 나는 돌아가서 명령대로 사형 집행이 되는지를 지켜봐야겠어."

그리고 여왕은 그리폰 옆에 앨리스를 두고 떠났다. 앨리스는 그리폰의 모습이 전혀 마음에 들지 않았지만, 무시무시한 여왕을 쫓아가는 것이나 이 괴물과 함께 있는 것이나 별로 다를 게 없다고 생각했다. 그리폰은 일어나 앉아서 두 눈을 비볐다. 그런 다음 여왕이 완전히 보이지 않게 될 때까지 지켜보다가 킥킥 웃었다.

"아이고, 우스워라!"

그리폰은 혼잣말인지 앨리스에게 하는 말인지 모르게 중얼거렸다.

"뭐가 우스워?"

앨리스가 물었다.

"여왕 말이야, 모두 혼자 상상하는 거야. 그게 다야. 사람들은 아무도 처형되지 않았어. 자, 따라와!"

'여기에선 모두들 "따라와!"라고 말하는군!'

이런 생각을 하며 앨리스는 천천히 그리폰의 뒤를 따라갔다.

"정말이지 내 평생 동안 이렇게 많은 명령을 받은 적은 한 번도 없어, 한 번도!"

일행은 곧 바위 가장자리에 울적한 듯 홀로 앉아 있는 가짜 거북을 발견했다. 거북은 깊은 한숨을 지었다. 앨리스는 가짜 거북이 아주 가엾게 느껴졌다.

"왜 저렇게 슬퍼하는 걸까?"

앨리스는 그리폰에게 물었다. 그리폰은 아까와 같은 식으로 답했다.

"모두 혼자 상상하는 거야. 그게 다야. 슬픈 일 같은 것은 없어. 자, 따라와!"

일행은 가짜 거북에게 다가갔다. 가짜 거북은 아무 말 없이 눈물이 가득한 큰 눈으로 일행을 쳐다보았다.

"이 작은 아가씨가 네 과거를 듣고 싶어 해."

그리폰이 말했다.

"그럼 말해주지."

힘없이 나지막한 목소리로 가짜 거북이 말했다.

"예전에 나는 진짜 거북이었어."

이 말 뒤에 길고 긴 침묵이 흘렀다. 간간이 그리폰의 헛기침과 가짜 거북의 울음소리만이 침묵을 깨뜨렸다. 앨리스는 작별 인사를 하고 가고 싶었다. 하지만 이야기가 분명 더 있을 것 같아 말없이 기다릴 수밖에 없었다.

"우리가 어렸을 때."

드디어 가짜 거북은 조금 진정된 목소리로, 그러나 여전히 홀쩍

거리며 이야기를 다시 시작했다.

"우리는 바다 학교에 다녔어. 선생님은 늙은 거북이었는데, 우린 그분을 육지 거북이라고 불렀어."

"땅에 살지 않는데 왜 육지 거북이라고 불렀어?"

앨리스가 물었다.

"우리를 가르쳤으니까 그렇게 불렀지(바다에 사는 거북을 'turtle', 육지에 사는 거북을 'tortoise'라 부른다. 'tortoise'의 발음은 우리를 가르쳤다는 뜻의 'taught us'와 비슷하다_옮긴이 주). 너 정말 멍청하구나!"

가짜 거북이 화난 목소리로 말했다.

"그런 바보 같은 질문을 하다니 부끄러운 줄 알아!"

그리폰도 한마디 했다. 그들은 입을 다물고 앉아 앨리스를 노려보았다. 앨리스는 쥐구멍에라도 숨고 싶었다. 마침내 그리폰이 가짜 거북에게 말했다.

　　"계속해, 친구! 이러다간 시간이 모자라겠어."

　　가짜 거북은 이야기를 계속했다.

　　"우리는 최고의 교육을 받았어. 사실 날마다 학교에 다녔지."

　　"나도 학교에 다녀. 그러니까 그건 그다지 자랑할 게 못 돼."

　　"과외 활동도 있었어?"

　　"물론이지. 프랑스어와 음악."

　　"세탁도?"

　　가짜 거북이 물었다.

　　"천만에!"

　　앨리스는 화를 내며 고개를 흔들었다.

　　"그래! 그럼 네가 다닌 학교는 그다지 좋은 학교는 아니군."

　　가짜 거북은 안도의 목소리로 이야기를 이어나갔다.

　　"우리 학교 수업료 청구서의 마지막 줄에는 항상 이렇게 적혀 있었지. '프랑스어, 음악, 세탁-별도.'"

　　앨리스가 물었다.

　　"바다 밑에서 사는데 그렇게 많은 것들을 배울 필요는 없잖아?"

　　"난 그것들을 배울 여유가 없었어. 겨우 정규과정만 밟았지."

　　"하루에 몇 시간이나 수업을 받았니?"

　　이야기 주제를 바꾸려고 앨리스는 급히 물었다.

　　"첫날은 열 시간, 다음 날은 아홉 시간, 대충 그랬지."

"참 이상한 시간표네!"

앨리스가 말했다.

"그렇게 하루하루 줄어드니까, 수업이지('줄어들다'의 lessen과 '수업'의 lesson의 발음이 같은 것을 이용한 말장난이다_옮긴이 주)."

그리폰이 단호하게 말했다. 그런 게 수업이라는 생각을 여태 해본 적이 없는 앨리스는 곰곰이 생각한 후 이렇게 말했다.

"그럼 열한 번째 날은 휴일이겠네?"

"그야 당연하지."

가짜 거북이 말했다.

"그럼 열두 번째 날은 어떻게 지내지?"

앨리스는 너무나 궁금했다. 하지만 그리폰이 단호하게 답했다.

"수업 이야기는 충분히 했어. 이제 다른 이야기로 넘어가도록 해."

# 진짜 지식을 주는 교육학

《이》 상한 나라의 앨리스》의 제9장은 유독 교육과 관련된 단어가 눈에 많이 띈다. 학교, 과외 활동, 교훈, 수업료, 정규과정 등등. 특히 '모든 것에 교훈이 있다'는 공작부인의 말은 심오한 교육철학자의 명제와도 같다. 비록 공작부인은 참다운 교훈을 전해주는 교사라기보다는 반면교사反面教師로서 더 많은 역할을 하고 있지만 말이다.

현실 속 교육자들의 경우에도 성실히 모범을 보이며 가르침을 주는 사람이 있고, 그렇지 못한 사람이 있다. 현실 속의 교육기관에서도 실제 교육목적에 맞는 방법을 실현하는 곳이 있고, 돈벌이 수단으로서의 교육사업만 하는 곳도 있다. 하지만 모든 교육자와 교육기관이 이야기하는 바는 같다.

"미래지향적으로 현실의 문제를 해결할 수 있는 실질적인 지식을 배양하며, 지식사회에 맞는 창의성을 갖춘 인재를 양성한다."

특히 대량생산 대량소비가 주요 특징인 산업사회 단계를 거쳐, 개성을 중시하는 사회적 풍조가 생기고 소품종 소량생산과 맞춤 서비스 실현을 위한 창의성이 부각되면서 새로운 교육법에 대한 관심이 날로 증가하고 있다. 일찍이 미래학자 피터 드러커Peter Drucker는 수십 년 전부터 지식사회에 진입하면서 육체적 노동보다는 정신적인 지식노동이 중요해질 것이며 그에 대한 대비가 있어야 함을 강조하기도 했다.

## 지식노동자와 골든칼라

피터 드러커의 '지식노동자Knowledge worker'는 골든칼라Golden collar와 비슷한 개념이다. 골든칼라는 산업사회 시대의 사무노동자인 화이트칼라white collar와 확실히 구별되는 개념이다. 지식노동자는 단순히 사무실에서 업무를 보는 사람이 아니다. 전문적인 지식과 기술을 바탕으로 노동을 하는 계급이다. 블루칼라blue collar처럼 실물도구를 가지고 일하는 생산노동자도 아니다. 눈에 보이지 않는 것을 가지고 일하는 노동자가 바로 골든칼라이며 이들에게는 눈에 보이지 않는 소프트웨어를 생산할 수 있는 능력이 중요하다.

새로운 시대의 골든칼라를 키워내려면 그에 맞는 새로운 교육이 필요하다. 그러나 교육은 새로운 지식노동자를 위한 시스템 개혁에 더디게 대처했다. 기존의 산업사회 시대의 지식 전달 방식에 더 몰두해왔다. 현재는 인터넷에 공짜로 떠돌아다니는 단편적인 지식을 머릿속에 가급적 많이 남아두게 했으며, 창의적 생각을 하기보다는 규범을 따르도록 훈련시켰다. 그 결과 지식사회에 맞는 지식노동자를 배출하는 데 성공하지 못했다.

## 서술적 지식과 절차적 지식

지식은 크게 '서술적 지식'과 '절차적 지식'으로 나뉜다. 서술적 지식descriptive knowledge은 '무엇은 무엇이다'와 같이 책이나 학교에서 배운 지식을 그 내용으로 한다. 서술적 지식의 대상은 흔히 'know-what'에 해당하는 지식으로, '자동차는 운송수단 중 하나이다'와 같은 일반적 지식이다. 이에 비해 절차적 지식procedural knowledge은 'know-how'에 해당하는 지식을 대상으로 한다. 예를 들어 자동차의 운전 기술과 관련된 지식이다.

세상의 문제를 잘 해결하기 위해서는 서술적 지식과 절차적 지식이 모두 필요하다. 운전면허 합격 여부도 필기시험에서 자동차의 내부구조에 대한 문제를 맞추도록 해서 서술적 지식을 평가하고, 실기시험에서 주행으로 절차적 지식을 평가하는 것을 병행한다. 그러나 학교 교육에서는 평가의 용이성 때문에 서술적 지식을 더 많이 강조하는 경향이 많다. 음악이나 미술의 경우 실기보다는 지식을 묻는 전형적인 시험 비중을 더 크게 잡은 것이 대표적인 예이다.

서술적 지식은 주관적인 해석이 개입할 여지가 없다. 특정 사실을 그대로 암기해서 다시 적용하는 것이 중요한 지식이다. 예를 들어 한국전쟁이 몇 년도에 일어났는가 하는 문제에 대해서 1950년이 아닌 다른 답을 내놓으면 안 된다. 그래서 서술적 지식을 강조하는 교육 시스템에서 교육자는 지식을 있는 그대로 전달하는 역할이, 피교육자는 암기해야 하는 역할이 강조된다. 이것은 주입식 교육의 전형적인 모습이다.

그러나 사회 변화의 속도가 산업시대에 비해 급속도로 높아지면서 예기치 못한 문제들이 발생한다. 기존의 지식을 그대로 적용하기보다는 해당 상황에 맞게 변형시켜 창의적으로 적용할 줄 아는 능력이 중요해졌다. 즉 절차적 지식을 얼마나 갖고 있느냐에 따라 개인의 경쟁력, 나아가 조직과 사회의 경쟁력이 달라진 것이다. 단지 학교 성적이 좋은 것만으로는 개인의 능력을 평가할 수 없다는 생각에 회사들이 신입사원 선발에서 갖가지 증명서와 면접을 활용하기 시작한 것도 기존의 서술적 지식에 대한 고려만으로는 미래지향적인 인재를 선발할 수 없다는 생각 때문이었다.

현실 속에서 일어나는 문제들은 학교에서 풀었던 문제와는 그 성격이 다르다. 인지심리학 연구에 따르면 세상의 문제들은 '잘 정의된 문제well-defined problem'와 '잘 정의되지 않은 문제ill-defined problem'로 나누어진다.

잘 정의된 문제는 기존 지식을 단순히 적용하는 과정을 거쳐 해결할 수 있는 문제다. 마치 시험지에 있는 수학 방정식 문제처럼 어떤 수학적 지식을 활용해야 하는 문제인지 알고, 어떤 공식을 어떤 절차로 써서 해결해야 하는지의 과정을 명확히 지적할 수 있는 문제이다. 이런 문제는 이미 알고 있는 지식을 이용해 어떻게 하면 해

답을 얻을 것인가를 찾으면 된다. 주로 학교에서 배우고 시험 보는 내용이 잘 정의된 문제이다. 즉 잘 정의된 문제는 일반적 지식이나 기억하고 있는 것을 단순히 적용하면 되는 문제라고 할 수 있다.

그러나 세상에는 사실을 단순히 적용하면 되는 문제보다는 아이디어가 필요한 문제가 더 많다. 즉 잘 정의된 문제 해결 방식으로 해결되지 않는 문제가 더 많다. 그런 문제가 잘 정의되지 않은 문제이다.

어떤 여행을 어떻게 언제 할지, 어떤 친구를 만나 사귀거나 헤어질지, 집은 어디에서 어떻게 사서 꾸밀지, 몸이 아플 때 어떤 약을 먹을지나 어떤 병원에 갈지, 입사 면접에서 어떤 답을 할지, 어떤 사업전략을 짤지, 사랑한다고 고백할 때는 어떤 말을 할지 등 정답이 하나가 될 수 없는 문제가 바로 그 예다. 우리가 일상생활에서 만나는 대부분의 문제가 바로 잘 정의되지 않은 문제이다.

## 생각을 키우는 교육

이런 문제는 학교에서 배운 지식을 단순히 적용하는 수준을 넘어 우선 '생각'할 것을 요구한다. 생각을 키우기 위한 교육은 서술적 지식을 중심으로 한 주입식 교육과는 달라야 한다. 능동적으로 지식을 형성해서 각자의 창의성을 발휘할 수 있도록 격려해야 한다. 이게 바로 자기주도적 교육이 새롭게 각광을 받고 있는 기본적 이유이다.

자기주도적 학습SRL: self-regulated learning은 학습자가 목표를 세우는 일에서부터 시작하여 평가에 이르기까지 자신의 학습과정에 있어서 주도권을 갖는 활동이라고 정의한다. 그런데 이 자기주도적 학습을 홀로 자신의 마음대로 공부하는 것이라고 오해해서는 안 된다(흔히 자기주도적 학습의 본 용어로 지목하는 Self-directed learning에는 이런 오해의 소지가 있기에 SDL 대신 SRL을 쓰기로 한다).

자기주도적 학습은 혼자 하느냐 마느냐가 중요한 것이 아니다. 타인이나 사교육의 도움을 받더라도 학습자 자신이 능동적으로 지식을 형성하고 있느냐가 중요하다. 즉 형식이 아니라 학습이 이뤄지는 내용이 더 중요하다.

자기주도적 학습에서는 교육자가 지식을 단순히 전달하는 사람이 아니다. 교육자는 학습자가 능동적으로 지식을 형성할 수 있도록 돕는 '촉진자facilitator'이다. 마치 화학에서 촉매가 하는 역할처럼 학습자의 인상적인 변화를 유도한다. 그 유도 방법은 주로 학습자의 내면적인 동기 유발에 대한 것이다. 칭찬으로 격려를 하거나, 때로는 엄한 처벌로 긴장을 하도록 해서 학습목표를 잊지 않도록 한다. 결정에 대한 책임은 어디까지나 학습자 자신에게 있으며, 교육자는 학습자의 내적인 동기가 높아지도록 주변 환경을 조성해주는 조력자이며 안내자이다.

자기주도적 학습능력은 초인지meta-cognition능력과 밀접한 연관이 있다. 초인지는 자신의 생각이나 느낌 그 자체에 대한 생각이다. 어린아이는 즉흥적으로 자신의 감정과 생각을 표현하는 데 급급하다. 하지만 신중한 어른의 경우 자신의 감정과 생각에 대한 내성이 강하다. 그리고 종합적인 관점에서 자신의 감정과 생각을 가다듬을 줄 알게 된다.

이러한 초인지능력은 목표를 스스로 확인하고 분석하며 학습전략을 세우고 수행 후 모니터링을 해서 전략을 수정하는 자기주도적 학습과정에 고루 영향을 미친다. 초인지능력은 교육철학자인 존 듀이John Dewey가 창의적 문제해결의 방법으로 제안한 '반성적 사고 reflective thinking' 개념과도 관련이 된다.

더러 자기주도적 학습이 개념은 좋지만 실행이 힘들다며 주저하는 경향이 있다. 그러나 그것은 직접 실행을 해보지 않고 막연히 불안감을 갖다 보니 생기는 기우奇遇이다.

EBS의 2007년 '교육실험 프로젝트-스스로 공부하는 아이 만들기' 편에 방송된 연구 프로젝트의 예만 봐도 그렇다. 호서대학교 대학원 교육공학과 김판수 교수 등의 연구팀은 서울 덕수중학교 2학년 학생을 대상으로 6주간 학습능력향상 프로그램을 실시했다.

연구팀은 학생들을 자기주도학습의 요소인 동기 · 인지 · 행동의 조절 능력에 따라 세 집단으로 분류하였다. 그리고 전체 201명 중 자기주도 학습능력을 진단하여 자기조절 점수가 3, 4퍼센트에 불과하고 성적이 중하위권인 A, 중위권인 B, 자기조절 점수가 75퍼센트 이상이면서 성적은 중하위권인 C, 최상위권인 D, E, F 등 6명의 실험참가자를 선발하였다.

이어 학생들에게 스스로의 학습실태를 점검하고 학습계획을 세워 자신에게 맞는 공부방법을 찾도록 도와주었다. 자기통제능력을 높이기 위해 자기주도학습 계획표를 쓰게 하면서 스스로 시간을 어떻게 쓰고 있는지 돌아보고, 6주간 시간관리법 익히기와 자신감 찾기, 개별학습과 학습과정의 문제점 파악과 개선책 처방 등의 과정을 거쳤다.

6주 후 재검사를 실시한 결과 참가자들의 자기조절 학습능력 점수와 교과 성적은 크게 상승하였다. 교육실험 프로젝트에 참가한 학생 전원이 불과 6주 만에 자기조절 학습능력 점수가 평균 13~15점 상승하는 높은 성취도를 가져온 것이다. 자기주도적 학습의 효과를 미심쩍어하던 이들에게는 놀라운 결과가 아닐 수 없다.

## 통찰력을 키워주는 자기주도적 학습 교육

아일랜드는 한국과 같은 극심한 입시 경쟁으로 유명하다. 그러나 한국과는 다르게 15세 때는 1년을 쉬며 자신의 적성을 찾고, 스스로 학습을 선택하도록 하는 특별반을 운영한다. 그 결과 아이들은 자신의 목표의식을 가다듬게 된다. 내적인 동기가 확실히 생기는 것이다. 그래서 그 이후 자신이 원하는 것을 얻기 위해 열심히 입시 경쟁에 뛰어든다.

핀란드의 교육 시스템을 통해서도 자기주도적 학습의 효과는 이미 많이 확인되고 있다. 그러나 대한민국의 양육자에게 자기주도적 학습은 뜨거운 감자이다. 사교육에 길들어 있다 보니 그것을 포기하는 것에 대한 불안감이 생기는 것이고, 이것이 결단을 미루게 한다. 그 사이 정작 갖춰야 하는 자기주도적 학습능력은 낮아지고, 구시대적인 암기력에만 주력하여 억지로 공부하니 집중력과 성격만 나빠지게 된다. 사교육이 흥한 지역에 스트레스 클리닉을 위시한 신경정신과 관련 기관이 흥한 것은 결코 우연이 아니다.

지식사회에서는 휴대폰으로 무선인터넷 검색을 하면 쏟아져 나오는 서술적 지식이 필요한 것이 아니다. 정보를 조합해서 가치 있는 지식으로 내놓는 능력, 즉 절차적 지식이 필요하다. 이러한 통찰이 들어간 고급능력은 전문가들이 갖고 있다. 전문가로 성장하려면 끊임없는 학습과 자기계발을 해야 한다. 평생직장은 없어도 평생 공부를 해야 생존을 할 수 있는 시대이다. 그리고 성공적인 생존을 하기 위해서는 다른 사람과 똑같은 방식이 아니라 나에게 맞는 길을 찾는 자기주도적 학습방법을 통해 이룰 수밖에 없음을 명심해야 한다.


## 미국의 대안 교육, 상황학습

지식사회에 맞는 공부방법으로는 '상황학습situational learning'도 있다. 상황학습은 최근 미국의 교육에서 대안적 교육방법으로 강조되고 있지만, 애초에 러시아 철학자인 레프 세마노비치 비고츠키Lev Semanovich Vygotsky의 구성주의 학습이론에 바탕을 두고 있다.

1957년 소비에트 연방에서 세계 최초의 인공위성인 스푸트니크 1호의 발사에 성공하면서 이른바 스푸트니크 충격Sputnik crisis을 입기 전까지 미국과 서방 국가들은 자신들의 개인 중심의 교육에 대해서 막연한 자부심을 갖고 있었다. 하지만 미국 교육학자와 심리학자 등이 구소련 교육에 대해 집중적으로 분석한 결과 구소련으로부터 배울 것이 많다는 것을 알게 되었다.

특히 교육심리학자인 제롬 브루너Jerome Bruner는 비고츠키의 이론을 현실적으로 적용해서 '나선형 학습' 패러다임을 만들기도 했다. 나선형 학습은 모든 내용을 처음부터 자세히 배우는 것이 아니라, 쉬운 것에서부터 점차 어렵고 자세한 내용으로 단계별로 진행되도록 교과과정을 설계하는 것이다. 현재 초등학교에서부터 대학교로 이어지는 교과과정은 나선형 학습을 따르고 있다.

상황학습은 학습자의 능동성을 강조한다. 그리고 지식이 개인적 구성물이 아니라, 사회적인 구성물이라는 기본 가정에서 출발한다. 즉 그 지식이 나온 배경과 참여자, 형성과정 등을 고려해야 올바르게 지식을 형성할 수 있다고 주장한다. 이것은 기존에 현실 맥락을 고려하지 않고 서술적 지식을 전달하려고 했던 교육방법과는 확실히 차별되는 내용이다.

## 경험과 지식의 융화 및 적용 노하우 전달이 핵심

상황학습은 실제 그 지식이 쓰일 실생활 맥락에서 공부할 것을 강조한다. 그렇기 때문에 상황학습에서는 계획적이라기보다는 학습자의 참여를 통해 역동적인 변화를 거치며 지식이 형성된다. 각자의 수준과 필요에 따라 각기 다른 체험을 하는 열린 교육이 이뤄지는 것이다.

상황학습의 가장 대표적인 예는 프로젝트 학습이다. 예를 들어 경영학 수업의 경우 경영학사에 대한 이론을 탐구하기보다는 구체적인 실무사례에 대한 분석이나 실제 프로젝트 수행을 통해서 적정한 해당 교과목의 지식을 전달하는 것이다. 예로부터 의학이나 법학 등 고급 전문지식의 전수가 필요한 경우에는 교과서를 달달 외우는 것이 아니라, 실습의 이름으로 실제적인 절차적 지식을 전달해왔다. 상황학습에서는 단순히 기능을 전달받는 도제가 아니라, 경험과 지식의 융화 및 실제적 적용 노하우를 종합적으로 전달받는 '인지적 도제cognitive apprenticeship'로서의 학습자의 역할이 강조된다.

지식사회는 지식이 생산의 기본단위가 되는 사회이다. 지식을 매개로 경제활동이 이뤄지게 되는 사회로서, 다른 사람들과 차별화된 지식을 갖출수록 경쟁력을 가질 수밖에 없다. 그렇기 때문에 단순한 지식보다는 고급지식이 더 가치를 가지게 될 것이다. 고급지식은 다른 사람들이 쉽게 접근할 수 없는 지식으로 해당 문제를 유용하게 해결할 수 있는 지식을 뜻한다. 이러한 지식은 상황학습을 통해서 쌓을 수밖에 없다.

최근 제13차 개정 교육과정에서 수학 과목의 경우 단순 셈법이나 공식 적용에서 벗어나 소위 언어화된 응용문제라고 여겨졌던 추리력 문제의 비중을 늘린 것도 실제 현실 맥락에서의 수학적 지식 형성을 유도하기 위한 노력이다. 이외에 체험학습의 비중을 늘리려는 노력이 더욱 가속화되고 있는 것도 단순히 서술적 지식을 전달하는 기존의 교과서로서는 21세기에 맞는 창의적 인재를 양성할 수 없기 때문이다.

2010학년도 이후 고입과 대입에서 모두 입학사정관제를 실시하게 된 것도 기존의 교육 시스템에 대한 한계 인식의 맥락에서 해석할 수 있다. 기존의 수능이나 내신을 통한 평가방법으로는 지식사회에 맞는 창의적 인재를 선발하는 데 한계가 있다는 자성이 높았다. 입학사정관제는 대한민국의 새로운 입시전형이기 이전에 이미 수많은 교육 선진국에서의 인재선발법이었다.

## 자기주도적이고 현실 맥락을 고려한 교육 실행해야

현재 미국에서도 입학사정관제 같은 면접이나 학업계획서 등의 서류 제출 없이 수학능력시험SAT 성적만으로 들어갈 수 있는 학교가 있다. 그러나 명문대의 경우에는 어김없이 현재 대학에서 요구하는 입학사정관제와 같은 전형을 거치게 한다. 이유는 단순하다. 자기주도적 학습을 못한다면 지식을 능동적으로 형성하지 못하기 때문에 결국에는 대학의 경쟁력을 높일 인재가 되지 못할 것이고 대학 역시 경쟁력이 떨어져 도태될 것이기 때문이다.

그래서 계속 국제적인 경쟁력을 갖춘 창의적 인재를 뽑으려 입학사정관제를 실시하는 것이다. 그럼에도 본 의도와 상관없이 자기주도적이 아닌 사교육이나 막연히 운을 바라는 마음만으로 입학사정관제를 대비하려는 사람이 있다는 것은 안타까운 일이다. 이제 세상은 막연히 스펙 쌓기에 몰두한 '똑똑한 열등생'이 아니라 '창의적 인재'를 요구하고 있다. 멍한 눈으로 암기를 하는 아이보다는 앨리스와 같이 호기심에 넘치고 능동적으로 움직일 줄 아는 아이를 선호한다.

기존의 공부법으로는 기존의 틀에 맞는 인재를 만들게 되어 있다. 그런데 기존의 인재의 대부분은 점점 더 심각해질 글로벌 경쟁은 고사하고 현재의 누적된 청년실업 경쟁도 뚫지 못한다. 반대로 능동적인 지식 형성을 촉진하는 교육은 글로벌 기준으로 아이를 키우게 한다. 어른의 경우 본인의 경쟁력 제고에도 도움이 된다.

시대는 많이 변하고 있으며, 앞으로도 사회가 원하는 인재형은 달라질 것이다. 하지만 그것이 적어도 과거 산업시대의 인재형은 아닐 것이라는 사실은 확실하다. 전통적인 모범생이나 모범 직장인, 모범 사회인은 더 이상 유효하지 않다. 지금 이 시대를 보고 예전의 혹은 바로 눈앞에 필요한 인재로 우리 아이들을 기른다면 지식사회나 그 이후의 감성사회에 대비할 수 없다.

아이들과 어른들은 유사 이래로 최고의 정규과정을 거친 인재들이다. 불과 백 년 전만 해도 학교라는 일정한 틀에서 교과서를 통해 표준화된 교육을 받는 경우는 제한된 소수만 할 수 있던 특권이었다. 이미 지식사회의 일원으로서의 잠재성은 훌륭하다. 적정한 방법과 시간이 주어지면 그 잠재성을 능력으로 발전시킬 수 있다. 개인과 사회를 망치고 있는 교육에 대한 생각을 바꿔야 한다.

공작부인이 설파하는 반면교사로서의 교훈은 이제 그만 듣자. 즐거운 앨리스가 되어 살아가도록 하자. 자기주도적으로 현실 맥락을 고려한 학습법을 실행한다면 진정 모든 것에 있는 교훈을 다 발견하는 진짜 지식을 갖출 수 있을 것이다.

## 1    마인드 인 소사이어티 : 비고츠키의 인간 고등심리 과정의 형성과 교육
Mind in Society

L. S. 비고츠키 저 | M. 콜 등 편 | 정회욱 역 | 학이시습

최근에 학습 관련서에 빠지지 않고 등장하는 비고츠키이지만, 정작 그에 대한 번역서는 거의 없다. 그의 철학은 학습이론 이상의 것으로 인간의 인지와 사회의 구성원리에 대한 내용으로 되어 있기에 번역자의 역량이 탁월해야 하기 때문일 것이다. 미국에서도 비고츠키 이론에 대해서 잘못된 번역의 문제가 제기되어 한동안 소동이 일었을 정도로 용어에 대해서 세심한 이해가 필요하다. 이 책에 번역된 것처럼 'higher-cognition'을 '고등인지' 혹은 '상위인지'라고 하면 마치 절대적으로 높은 수준의 인지인 것처럼 오해하기 쉽다. 실상은 서로 상호작용을 주고받는 입장에서 당사자가 좀 더 높은 수준의 인지에 도달하는 상대적인 개념에 더 가깝다. 이러한 번역상의 문제점을 제외하면 비고츠키에 대한 여러 정보를 구할 수 있어 좋은 책이다. 혹시 비고츠키에 대한 좀 더 심도 있는 고찰을 원한다면 해리 다니엘스Harry Daniels 박사 등이 캠브리지 대학 출판사에서 2007년에 출간한《비고츠키Vygotsky》를 권한다. 생애와 주요 개념에 대한 전문가들의 논평과 다양한 견해들을 종합 정리식으로 볼 수 있다.

## 2    Apprenticeship in Thinking:
Cognitive Development in Social Context

Barbara Rogoff | Oxford University Press

바버라 로고프는 인지인류학적 측면에서 비고츠키를 해석한다. 그녀가 정립한 인지적 도제 모델은 교육현장에 많은 시사점을 제공하기도 했다. 사회적 맥락을 강조한 비고츠키의 철학에 따라 실제 인간의 발달이 어떻게 이뤄질 수 있으며, 교육은 어떤 역할을 할 수 있는지에 대한 답을 확인할 수 있는 책이다. 새로운 교육학을 생각하기 위한 일종의 입문서라고 생각하면 좋을 것이다.

# 3    The Development of the Mediated Mind:

Sociocultural Context and Cognitive Development

Joan M. Lucariello, Judith A. Hudson, Robyn Fivush, Patricia J. Bauer ｜ Psychology Press

뉴욕대 교수인 캐서린 넬슨Katherine Nelson 박사 연구팀은 비고츠키의 언어와
사고의 관계에 대한 철학에 바탕을 두고 '중개된 마음mediated mind'이라는 개
념을 만들었다. 이 개념에 따르면 인지발달은 사회문화적 맥락에 의해 일어난다.
그리고 교육은 이 사회문화적 맥락을 어떻게 구성하느냐의 문제로 정리할 수 있
다. 이 책은 이러한 생각을 문학작품, 담화 분석, 아동 심리, 아동 교육학 등 다양
한 관점으로 검토하고 있다. 인간은 진공상태에서 발달하는 것이 아니다. 사회문
화적 창조물인 언어로 사고하고, 사회적 맥락에서 활동을 하며 자신의 삶을 조
정한다. 교육은 이러한 인간의 삶을 좀 더 풍성하게 가져가게 하며, 좀 더 효율적
으로 기능하도록 하는 데 도움이 되어야 할 것이다. 대한민국의 현재 교육 패러
다임에서는 좀 먼 이야기처럼 들리겠지만 다른 나라에서는 이미 이런 방향으로
움직이고 있다. 인터넷에서 '사회문화적 맥락sociocultural context'과 '사회 인지
social cognition'를 키워드로 검색을 하면 비고츠키와 연관된 다양한 교육 패러
다임 정보를 확인할 수 있다.

# 10

## 바닷가재의 카드리유

가짜 거북은 한숨을 깊이 쉬고 한쪽 지느러미 발등으로 두 눈을 가렸다. 그는 1, 2분쯤 목이 메어 아무 말도 할 수 없었다.

"목구멍에 뼈라도 걸린 것 같네."

그리폰이 거북의 등을 두들겼다. 드디어 말을 할 수 있게 되자, 거북은 눈물을 줄줄 흘리며 다시 이야기를 이었다.

"너는 바닷속에서 살아보지 못했을 거야."

"맞아, 없어." 앨리스가 대꾸했다.

"그리고 바닷가재와 인사를 나눈 적도 한 번도 없겠지."

"먹어본 적은 있어"라고 말할 뻔 했지만 앨리스는 허둥지둥 대답했다. "없어, 한 번도."

"그러면 바닷가재 카드리유(quadrille, 4쌍 이상의 사람들이 네모꼴로 마주보며 추는 춤을 말한다_옮긴이 주)가 얼마나 재미있는지 알 턱이 없겠구나!"

"맞아, 그런데 그게 어떤 춤인데?"

앨리스가 물었다. 그리폰이 대답했다.

"에, 먼저 바닷가에 한 줄로 서서……."

"두 줄이야!"

가짜 거북이 소리쳤다. 가짜 거북은 그리폰과 아웅다웅 하면서 춤에 대해 설명했다. 그리고 앨리스와 춤을 직접 췄다. 가짜 거북은 춤을 추며 노래를 부르기도 했다. 한바탕 소동과 같은 춤이 끝나자 앨리스가 말했다.

"고마워, 참 재미있는 춤이었어. 대구에 관한 그 별난 노래가 특히 마음에 들어."

사실 춤이 끝나서 앨리스는 속으로 아주 기뻤다.

"아, 그래. 대구 말이지. 대구들은 말이야, 참, 그런데 물론 대구는 본 적이 있겠지?"

가짜 거북이 물었다.

"그럼, 종종 식사에."

앨리스는 황급히 입을 닫았다.

"나는 식사가 어딘지 몰라. 어쨌든 종종 보았다면, 대구가 어떻게 생겼는지도 잘 알겠구나?"

가짜 거북이 물었다. 앨리
스는 신중하게 대답했다.

"그런 것 같아. 꼬리를 입
속에 집어넣고…… 온몸에는
빵가루를 뒤집어썼어."

"빵가루는 잘못 알고 있는
거야. 바닷속에서는 빵가루가
모조리 씻겨나가 버려. 하지
만 꼬리를 입 속에 물고 있기
는 하지. 왜냐하면……."

이 대목에서 가짜 거북은 하품을 하고 두 눈을 감았다. 그리고 그
리폰에게 말했다.

"이 아이에게 그 이유랑 모든 것을 말해줘."

"왜냐하면 대구들은 바닷가재들이랑 함께 춤을 추기 때문이야.
그러다가 바다로 멀리 던져지거든. 멀리 떨어져야만 하지. 그러니
까 꼬리를 입 속에 단단히 물고 있는 거야. 그래서 다시 꼬리를 꺼
낼 수가 없어. 그게 다야."

그리폰이 설명을 했다.

"고마워. 정말 흥미로운 이야기야. 전에는 대구에 대해서 그렇게
많이 알지 못했어."

앨리스가 말했다.

"네가 원하면 대구에 대해서 더 많이 말해줄 수 있어. 넌 왜 그들

을 대구라고 부르는지 아니?"

그리폰이 물었다.

"그건 한 번도 생각해본 적이 없어. 왜 그런 건데?"

"장화랑 구두를 그렇게 만들잖아."

그리폰이 엄숙하게 말했다. 앨리스는 어리둥절해서 되물었다.

"장화랑 구두를 그렇게 한다고?"

"그럼 넌 네 구두들을 무엇으로 그렇게 반짝거리게 닦니?"

그리폰이 물었다. 앨리스는 자신의 구두들을 내려다보고, 잠시 생각한 후에 대답했다.

"까맣게blacking 구두약을 칠해서 윤을 내는 거 같아."

"바닷속에서는 장화랑 구두를 하얗게whiting 해서 윤을 내거든. 이제 알겠지!"

그리폰이 사뭇 진지하게 말했다.

"그럼 그것들은 뭘로 만들어?"

앨리스는 정말 너무 궁금했다.

"당연히 혀가자미와 장어지."

그리폰은 답답한 듯 덧붙였다.

"그건 작은 새우들도 다 알아."

앨리스가 어리둥절해하자 가짜 거북은 다른 이야기로 잠시 티격태격했다. 그리고 나서 그리폰이 끼어들어 앨리스에게 물었다.

"자, 이제 너의 모험담을 들어보자."

앨리스는 조심스럽게 대답했다.

"내 모험은 오늘 아침부터 시작됐다고 할 수 있어. 어제 이야기는 아무 소용없어. 어제 난 완전히 다른 사람이었거든."

"이유를 모두 설명해봐."

가짜 거북이 말했다. 그리폰은 설명에는 시간이 너무 많이 든다며 모험 이야기를 해달라고 졸랐다. 그래서 앨리스는 처음 하얀 토끼를 보았을 때부터 이야기를 하기 시작했다. 처음에는 두 동물들이 눈과 입을 크게 벌린 채 양쪽에 너무 바짝 붙어 있어서 약간 불안했다. 하지만 이야기를 하면 할수록 점점 용기가 생겼다. 그들은 앨리스가 쐐기벌레 앞에서 '늙은 아버지 윌리엄'을 완전히 다르게 암송한 부분이 나올 때까지 숨소리마저 죽인 채 귀를 기울였다. 그러다가 가짜 거북이 길게 숨을 내쉬며 말했다.

"그건 정말 이상한데!"

"말할 수 없을 정도로 이상해."

그리폰이 맞장구를 쳤다. 가짜 거북이 생각에 잠긴 얼굴로 다시 말했다.

"완전히 달랐단 말이지! 지금 이 아이가 무언가 외우는 걸 들어보고 싶군. 네가 시작하라고 해봐."

가짜 거북은 마치 그리폰이 앨리스에게 명령할 권한이라도 있는 것처럼 그리폰에게 말했다.

"일어서서 '이건 게으름뱅이의 목소리라네'를 외워봐."

그리폰이 말했다. 앨리스는 속으로 생각했다.

'어떻게 동물들이 사람에게 명령을 하고 배운 것을 외워보라고 할 수 있담! 꼭 학교에 있는 것 같잖아.'

하지만 앨리스는 일어나서 시를 암송하기 시작했다. 머릿속으로는 바닷가재의 카드리유에 대한 상상을 하고 있었으므로, 자신이 무슨 말을 하고 있는지 의식하지 못했다. 그래서 아주 이상한 난어들이 튀어나왔다. 그 시를 들은 그리폰과 가짜 거북은 말도 안 되게 외웠다며 앨리스를 타박했다. 앨리스에게 다시 암송하라고 했지만 역시 엉망진창이었다. 그러자 가짜 거북이 시 암송을 중단시켰다. 앨리스는 기뻐했다. 그리고 가짜 거북에게 노래를 불러달라고 졸랐다. 앨리스가 너무 간절한 어조로 부탁하자, 옆에 있던 그리폰은 조금 기분이 나빠진 듯했다.

"흥! 취향도 별나군! 이봐, 친구. 이 애한테 '거북이 수프'를 불러주겠어?"

가짜 거북은 깊은 한숨을 쉰 후 흐느껴서 잠긴 목소리로 노래를 불렀다. 그러자 그리폰이 한 번 더 해달라고 소리쳤다. 가짜 거북은 다시 노래 부를 준비를 했다. 그때 멀리에서 큰 소리가 들렸다.

"재판 시작!"

이 소리를 듣고 그리폰은 일행에게 함께 가자고 소리쳤다. 그리폰은 앨리스의 손을 잡아끌었다.

"무슨 재판을 하는 거야?"

달리면서 앨리스가 물었지만, 그리폰은 더욱 빨리 달리면서 앨리스를 재촉할 뿐이었다.

"자, 서둘러!"

# 번역과 반역의 언어학

제 10장의 내용은 다른 장에 비해서 한국 사람에게 재미가 떨어지는 느낌을 줄 수 있다. 왜냐하면 루이스 캐럴이 영어 문화권에 맞는 농담을 중심으로 이야기를 만들었기 때문이다. 예를 들어 가짜 거북이 대구를 보았느냐는 질문에 앨리스는 식사 시간에 보았다고 말한다. 그러자 가짜 거북은 "나는 식사가 어딘지 몰라"라고 말한다. 한국어의 문법으로 살펴보면 잘 이해가 되지 않는 상황이다. 그러나 영어 원문을 보면 루이스 캐럴이 왜 이런 이야기를 했는지 알 수 있다.

앨리스는 다음과 같이 말했다.

"나는 종종 식사에I've often seen them at dinn."

dinner라고 확실히 말하지 않는 것은 예전에 쥐와 새 앞에서 고양이 다이나 이야기를 해서 곤란한 상황에 빠졌던 것을 기억했기 때문이다. 그런데 이런 사정을 알지 못하는 가짜 거북은 "나는 식사가 어딘지 몰라I don't know where Dinn may be"라고 응수한다. 영어 문법에서는 'at'이 시간 명사 앞에 쓰이는 전치사이기도 하지만, 장소를 뜻하는 말에도 쓰는 전치사이기 때문이다. 그래서 가짜 거북은 dinn이 dinner라는 단어의 일부분이 아니라 어떤 장소를 말하는 것이라고 생각하고 말한 것이다. 결국, 루이스 캐럴이 영어로 쓸 때는 이것이 농담이 될 수 있었지만 한국어로 번역할 때는 철저하게 단어의 뜻을 모두 살린다고 해도 그 맛이 다 살지 않고 구구절절 주석을 달아야 이해를 할 수 있다.

## 이중 해석의 가능성

대구와 장화에 대한 농담도 마찬가지이다. 대구에 대해서 이야기를 하는데 가짜 거북이 한 말인 "장화랑 구두를 그렇게 만들잖아"를 듣고 무릎을 바로 치며 웃을 한국 독자는 많지 않다. 하지만 영어권 독자는 다르다. 대구는 영어로 whiting인데, 루이스 캐럴은 이 단어를 마치 white+~ing의 합성어로 보고, 구두에 윤을 낸다는 뜻의 blacking과 대비시켜 썼다. 실제로 white의 동사형은 whiten이기에 whitening이 맞지만, 말장난을 한 것이다.

"당연히 혀가자미와 장어지"라는 말도 비슷한 말장난이다. sole은 '혀가자미'를 가리키는 외에, 구두 밑창이라는 뜻도 갖고 있다. 동일한 철자를 가진 다른 단어를 가지고 말장난을 한 것이다.

또한 장어에 해당하는 영어 eel은 신발 뒤축을 뜻하는 heel과 발음이 비슷하다. 그러므로 구두를 무엇으로 만드느냐는 앨리스의 질

246

문에 그리폰은 엉뚱하게 물고기 이름들을 댄 것이지만, 앨리스와 독자 입장에서는 구두 밑창과 뒤축으로 만든다는 지극히 상식적인 대답을 한 것으로도 해석할 수 있다. 그 이중 해석의 가능성을 가지고 루이스 캐럴은 언어유희를 펼친 것이다. 그러나 이것을 번역할 때는 참 난감하다. 루이스 캐럴의 재치를 살리자면 아예 한국어에 맞는 새로운 이야기를 써야 할 것 같다. 왜냐하면 루이스 캐럴이 노린 것은 재미이기 때문이다.

저자의 의도를 밝힌다며 일일이 주석을 달 수도 있다. 그러나 그렇게 설명을 하면 독자가 정서적 재미보다는 지적인 이해의 측면을 더 많이 얻게 된다. 이런 점을 아는 어떤 번역가의 입장에서는 원문의 뜻을 해치지 않는 한에서 가급적 한국어에 맞게 이야기를 바꾸거나 과감하게 편집을 하기도 한다. 그래서 번역은 아예 원저자에 대한 반역이라는 말이 있는 것이다.

한 나라의 언어로 쓰인 작품이 다른 나라의 언어로 번역되면서 생기는 어쩔 수 없는 일이지만, 독자의 입장에서는 가급적 원저자의 의도 그대로 읽고 싶은 욕심이 있는 것이 사실이다. 번역자보다는 원저자에 대한 신뢰도로 작품을 선택하는 경우가 더 많기도 하다. 이런 데도 어떤 번역자는 많은 비판을 받고 있음에도 편역을 고집하기도 한다. 대표적인 인물이 번역가 이윤기이다.

이윤기는 다른 나라의 문학작품을 우리말로 옮기는 번역가이자, 우리말로 직접 작품을 쓰는 작가이기도 하다. 그가 번역한 작품은 대부분 베스트셀러가 되었다. 움베르토 에코의 《장미의 이름》, 니코스 카잔차키스의 《그리스인 조르바》가 대표적 예이다.

한편 그 책들은 원저자의 의도를 훼손한 오역으로 극렬한 논란에 휩싸였던 책이기도 하다. 예를 들어 원래 기호학적 지식 소설인 《장미의 이름》을 중세의 비밀집단에 대한 탐정 추리극처럼 잘못 번역했다는 지적이 많았다. 영문학자인 성균관대 이재호 교수는 이윤기의 《그리스로마 신화》 중 '길 잃은 태양마차'의 번역이 "번역이 아니라 황당무계한 억측을 가미한 패러프레이즈paraphrase(의역)이다"라며, 내용 첨가와 삭제, 표기 오기 등이 많다는 것을 조목조목 비판했다.

그러나 번역가 이윤기는 물론 인명, 지명에 대한 오기는 고쳐야 하지만, 그 밖의 내용 첨삭에 대해서는 자신은 본 저자의 의도를 살리기 위해 편역을 한 것이기에 억울하다는 입장을 밝혔다. 그리고 구체적으로는 파에톤의 태양마차를 끌던 말을 그냥 '말'이라고 하지 않고 '천마'라고 한 것이나, '강의 신'인 '아케아노스'를 '바다의 신'이라고 한 것은 바다를 뜻하는 영어 Ocean이 아케아노스의 이름에서 유래했음을 강조하기 위해 일부러 그런 것이라고 해명했다. 그 밖에도 번역가로서 더 친절하게, 혹은 행간의 의미를 살리기 위해서 편역을 하다 보니 그리 되었다는 주장을 펼쳤다.

그리고 이윤기는 "작가의 글쓰기가 날조라면 날조된 것도 수두룩하다"는 논조로 반론을 제기하기도 했다. 즉 번역가가 원저자에 종속된 존재가 아니라 동등한 작가적 입장임을 강조한 것이다. 한국 독자를 위해 한국 작가로서 번역을 한 것이라는 말은 장인정신이 느껴지는 대목이기는 하다. 하지만 편역의 자유로움이 있다고는 하나 그 한계가 분명히 있어야 함을 생각하면 좀 무책임하다는 느낌도 든다. 거기에 정통 학자들의 입장에서 보면 올바른 해석을 망치고 작품의 가치를 훼손시키는 그릇된 시도일 뿐이다.

그러나 번역가의 첨삭을 통한 편역 덕분에 일반 대중 독자 중 많은 사람은 원문을 읽을 때보다 오히려 더 생생한 느낌이 든다고 생각하는 경우가 있어 쉽게 포기하기 힘들다. 서양사 교수이자 인문학술 분야 번역가인 박상익은 그의 저서《번역은 반역인가》에서 이런 딜레마를 자신의 체험에 기반을 두어 소개하고 있다.

그는 학문적 엄정성을 이야기하며 번역서를 비판하는 학계가 정작 자신들은 번역에 대해서 경시하는 풍조를 비판한다. 또한 출판업계와 독자층에서도 번역자를 홀대하는 문화에서는 좋은 번역이 나오기 힘든 이유를 조목조목 소개하고 있다.

## 번역은 왜 반역이 될 수밖에 없는가?

박상익 교수의 논리를 살펴보면 번역이 언어를 바꾸면서 반역이 될 수밖에 없는 점이 있기는 하지만, 정말 심각한 반역이 되게 만드는 것은 번역자를 둘러싼 주변 문제인 듯하다. 그러나 이 책에서는 지식 코드에 충실하고자, 번역의 주변환경보다는 왜 번역 자체가 반역이 될 수밖에 없는지를 더 살펴보기로 하겠다.

번역서이든 원문이든 모두 언어로 되어 있다. 세상의 물질이 물리학 법칙의 지배를 받듯이, 세상의 언어는 언어학 법칙의 지배를 받는다. 언어학linguistic은 크게 음운론phonology, 형태론 morphology, 구문론syntax, 화용론pragmatics, 의미론semantics으로 이뤄져 있다.

음운론은 의미가 다른 두 소리를 구별해주는 음성적 요소를 연구하는 분야이다. 예를 들어 한국어에서 '통'과 '똥', 영어의 'lice'와 'rice'는 발음의 미세한 차이로 전혀 다른 뜻을 갖게 되는데, 이렇게 결정적으로 두 단어를 변별하는 음소를 찾는 것이 바로 음운론적 연구이다.

한국인의 경우 'L'과 'R'이 똑같이 'ㄹ'의 음가를 갖고 있기 때문에 구별하기 힘든 반면, 외국인(특히 스페인어 사용자)은 'ㅌ'과 'ㄸ'을 그 나라 언어의 음운론적 체계 때문에 구별하기 힘들다. 또한 음운론은 사람마다 음색이나 억양 등 미세 발음의 차이가 있음에도 어떻게 동일한 의미를 전달할 수 있는지를 연구하기도 한다. 이런 음운론 연구를 바탕으로 음성인식 관련 기술이 발전해서 현재 사용자들이 말로 기계에 명령을 할 수 있게 된 것이다.

흔히 문법이라고 부르는 것은 형태론과 구문론으로 이뤄져 있다. 형태론은 단어의 어형語形 변화를 다루는 문법의 한 분야이다. 즉 의미를 가지는 최소 단위인 형태소morpheme를 분석하고 그 형태소들 간의 상관관계를 규명하는 데 초점을 맞춘다. 이에 비해 구문론은 흔히 통사론, 문장론이라고 하기도 하는데, 단어들의 결합을 연구대상으로 하고 있다.

그런데 한 문장 안에서 단어들이 서로 결합하기 위해서는 단어의 형태가 시제나 주체 등에 따라 변해야 하므로 형태론과 구문론은 서로 불가분의 관계에 있다. 그래서 모국어와 다른 체계인 언어를 제2의 언어로 새롭게 배우는 것이 그토록 힘든 것이다.

예를 들어 한국어의 경우 일본어와 여러 구문론적인 특성이 비슷한 데 반해, 영어는 형태론과 구문론이 모두 달라 시간을 많이 들여도 효과를 보지 못하는 사람이 많다.

화용론은 말하는 사람과 듣는 사람 사이의 관계에 따라 언어 사용이 어떻게 바뀌는지, 원래 말하려는 의도와 실제 말의 의미는 어떻게 다른지, 맥락에 따라 말이 어떻게 다른 의미로 받아들여지는지 등을 연구한다.

예를 들어 '우물에 가서 숭늉을 찾아라'라는 말을 한 경우, 말하는 이는 서두르지 말라는 의도로 말했지만 듣는 사람은 겉으로 드러난 말 그대로 이해해서 정말 우물에 가서 숭늉을 찾으라는 의미로 알아들을 수 있다.

특히 컴퓨터나 로봇의 경우 인간의 실제 의도가 아닌 겉의 말만 처리해서 엉뚱하게 이해하는 경우가 생기는 것도 바로 화용론적 지식이 부족하기 때문이다. '식사'를 뜻하는 말도 '밥 먹어라'가 아니라 '진지 드세요'라고 바꿔서 말할 수 있는데, 로봇은 "진지가 어디에 있는지 몰라서 팔로 들 수 없다"고 대답할 수도 있다. 마치 가짜 거북이 "식사가 어딘지 몰라"라고 앨리스에게 말한 것처럼 말이다.

의미론은 언어의 이해와 관련된 분야로서 의미를 주된 논제로 다룬다. 어떤 단어의 의미를 안다는 것은 그 내포적 의미를 안다는 것이라고 의미론은 보고 있다. 즉 예를 들어 '토끼'라는 단어를 안다는 것은 'ㅌ', 'ㅗ' 등의 음소가 결합되어 어떻게 발음이 되는가를 아는 것이 아니라, 깡충깡충 뛰는 토끼를 눈앞에서 보거나 그림이나 사진을 통해 보거나 간에 그것이 토끼를 의미하는 것인지 아닌지를 아는 것이다. 즉 만약 같은 '끼'자가 들어간 코끼리를 보여주며 '이것은 토끼이다'라는 명제를 들이밀어도 바로 거짓이라는 것을 판별할 수 있는 상태가 바로 단어의 의미를 알고 있는 것이다.

따라서 의미론은 음운론과 구문론 등과 어느 정도 관련은 맺고 있으나, 상당히 추상적인 수준에서의 언어론이라고 평가할 수 있다. 의미론은 공시적共時的 의미론과 통시적通時的 의미론으로 나눌 수 있다.

공시적 의미론은 의미의 유사성과 다의성, 동음이의성同音異義性 등 주로 단어의 의미소를 분석하고 그 구조와 체계를 연구한다. 특히 동음이의성은 루이스 캐럴이 작품에서 잘 활용한 것이기도 하다. 그러나 해당 언어의 맥락에서 특정 시기에만 한정된 의미 사용이기에 시간이 흘러 의미를 생각하거나, 다른 언어의 맥락으로 바꾸면 저자의 의도대로 파악하기 힘든 것도 사실이다.

이에 비해 통시적 의미론은 시간의 흐름에 따라 의미의 사적 변화를 연구대상으로 한다. 언어기호와 의미와의 관계는 필연적인 경우도 있지만 대부분은 자의적이다. 예를 들어 '밥'이 '법'과 다른 의미를 갖는 것은 원래 필연적인 것이 아니라, 사회적으로 그렇게 구별하자고 약속을 했기 때문이다.

훈민정음에 쓰인 글귀에도 있는 '어린 백성이'에서 '어린'의 의미는 '어리석다'였다. 그러나 현재는 사회적 규약이 바뀌어 '어린'은 '나이가 적다'를 의미하는 말로 바뀌었다. 이런 것을 연구하는 것이 바로 통시적 의미론이다.

한 나라의 언어를 안다는 것은 이러한 여러 언어학적 개념을 안다는 것이다. 그러나 해당 언어의 사용자 대부분은 이런 내용을 잘 알지 못한다. 대부분 언어 자체를 목적으로 공부하지는 않기 때문이다. 본질적으로 언어는 생각을 전달하고 표현하는 수단이지 목적이 아니다.

## 번역도 생각의 전달이 먼저

예를 들어 언어를 활발하게 쓰기 위해서 정치적 토론을 하는 것이 아니라, 정치적 토론을 하기 위해 언어를 활용한다. 학교에서 다양한 교과목을 공부할 때도 언어는 목표가 아니라 수단이다. 심지어 국어 시간조차 적당량의 언어학적 지식에 대한 훈련을 제외하고는 지은이의 의도 파악에 대한 추리 능력 등을 훈련하는 시간으로 채워져 있다.

그러나 영어나 제2 외국어의 경우에는 그 언어에 대한 이해 자체가 목적인 것처럼 공부를 한다. 덕분에 영어를 모국어로 사용하는 사람조차 잘 모르는 문법 용어를 알게 되는 경우도 있다. 반대로 영어를 실생활 맥락에 쓰는 것은 별개의 것이 되기도 한다.

앞서 말했듯이 언어는 생각을 전달하는 하나의 수단이다. 번역으로 언어가 바뀌어 형태와 어조 등이 달라진다 해도 저자의 생각이 정확히 전달되어야 한다. 반대로 이런 목적을 이룰 수 있다면 사소한 수정에 대해서 너무 엄격한 잣대를 들이대는 것은 올바르지 않은 대처가 될 수 있다. 만약 영어를 목적이 아니라 수단으로 본다면, 거의 직역에 가까운 번역을 꼼꼼한 번역이라고 평가하지 않을 수 있다. 오히려 저자의 의도를 확실히 장악하지 못하고 내놓은 성긴 번역으로 볼 수도 있을 일이다. 인간이 언어 행위로서 번역을 한다면 문법 자동 계산 기계와는 다른 결과물을 내놓는 것이 당연한 일이 아닐까.

1956년 9월 11일 MIT에서 개최된 '정보이론 심포지엄Symposium of Information Theory'에서 당시 28세의 젊은 언어학자였던 노엄 촘스키는 행동주의에 반대하여 인지주의 태동에 중대한 영향을 주는 연구를 발표했다. 행동주의는 스위치를 눌러 먹이를 받아먹는 쥐처럼, 인간도 단순히 '자극-반응' 연결에 의한 학습을 한다고 보았다. 언어에 대한 학습도 마찬가지라고 행동주의는 주장하며 무한히 많은 반복을 강조했다. 하지만 촘스키는 이런 생각에 반대하여 세 가지 논지를 펼쳤다.

## 행동주의에 반대한 촘스키의 3가지 논지

첫째, 어린이들이 언어를 배우는 것을 보면 행동주의 이론이 주장하는 것처럼 단순한 모방이나 강화에 의한 학습만으로는 설명할 수 없다. 행동주의에서는 수많은 반복 경험을 통해 자극과 반응의 연합을 익히는 조건형성이 되어 언어를 배운다고 가정하지만, 어린 아이들의 경우에는 다양한 표현을 익히는 속도가 너무 빠르다. 즉 시행착오에 의한 강화로 학습이 일어난다고 보기에는 무리가 있다. 또한 부모들이 아이들의 잘못된 표현에 대해 일일이 처벌을 하는 식으로 강화를 주는 것도 아닌데 상당히 정확한 언어 표현을 익히는 것을 행동주의는 제대로 설명하지 못한다.

둘째, 언어를 배우는 것에는 단순한 단어의 덩어리를 배우는 것 이상이 필요하다. 문법에 대한 규칙, 발음, 의미 변형 등등에 대한 지식이 있어야 한다. 단지 겉으로 드러난 언어 행동만으로는 설명할 수 없다. 하지만 행동주의는 객관적 행동만을 연구대상으로 삼고 있기 때문에 심적인 언어 능력 전체를 온전히 설명할 수 없는 한계가 있다.

셋째는 가장 핵심적인 것으로서 행동주의는 언어의 폭발적인 생산성을 설명하지 못한다. 인간은 이전에 학습하지 않은 새로운 문장을 자유롭게 만들어낸다. 하지만 행동주의는 이전의 학습이 된 자극-반응 연결로 언어를 설명하기 때문에 입력되지 않은 새로운 문장의 생성에 대해서는 설명을 하지 못한다.


## 변형문법 이론

촘스키는 이러한 행동주의의 문제점을 지적하면서 사람은 태어날 때부터 언어능력을 가지고 있는 것으로 보았다. 그리고 '변형문법 이론'을 주장했다.

변형문법 이론에 따른면 유사한 의미를 내포하는 각기 다른 유형의 문장들은 그 저변에 유사한 기저구조를 감추고 있으며, 이러한 기저구조에 변형이 작용하여 통사적으로 정확한 문장의 구조가 만들어진다. 변형이 적용되어 실제로 발화되는 문장의 구조를 표면구조라 하고, 표면구조에 언제나 나타나지 않는 기저구조를 심층구조라 한다. 즉 심층구조에 변형이 적용되어 표면구조가 달리 만들어지는 것이다. 그래서 온갖 언어적 표현이 심층구조로부터 표면구조로 산출되어 언어의 생산성과 다양성이 확보되는 것이다.

요약하자면, 촘스키 이론의 핵심은 인간의 마음이 행동주의의 가정처럼 수동적인 것이 아니라 상당히 능동적이라는 것이다. 인간의 마음이 능동적이기 때문에 그 결과로 나오는 행동 역시 역동적일 수밖에 없다.

똑같은 글이라고 해도 해당 글의 내용에 대한 지식이 많으냐 적으냐, 저자의 의도를 추리하기 쉬우냐 아니냐, 흥미가 있느냐 없느냐 등에 따라 이해의 정도가 달라진다. 그리고 이해의 정도에 따라 글 읽기의 경험이 달라진다.

이것은 번역한 글뿐만 아니라, 한국 작가가 한국어로 쓴 것을 한국어를 모국어로 한 독자가 읽을 때도 마찬가지이다. 왜냐하면 독서는 여러 언어학적 지식을 그대로 적용하며 글의 내용을 내 마음으로 복사하는 것이 아니기 때문이다.

독자 자신의 특성과 경험, 지식, 정서 상태에 따라 같은 책을 읽어도 그 경험이 달라진다. 어릴 적 읽었던 책을 다시 보면 또 다른 경험을 하게 되는 것도 독서의 능동적인 재구성 특성 때문이다. 이렇게 역동적일 수밖에 없는 글읽기 과정인데, 번역가에게 원저자의 의도를 언어학적 지식을 바탕으로 그냥 한국말로만 복사해오라고 주문하는 것은 애초에 불가능한 일일 수밖에 없다.

번역가는 번역을 하기 전에 일단 원저자의 책을 그 나름대로 해석을 하는데, 이때 이미 일상적으로 말하는 사람의 의도와 듣는 사람의 의미 파악이 다른 것처럼 어느 정도 왜곡이 일어나게 되어 있기 때문이다. 그래서 어떤 번역가는 아예 더 능동적으로 독서를 하고, 자신이 파악한 저자의 의도를 더 잘 살리는 입장에서 편역을 하게 된다.

편역이 모든 오역을 감쌀 수 있는 면죄부가 될 수는 없다. 편역이 아무리 자유롭다고 해도 저자의 의도를 해치지 말아야 한다는 한계는 엄연히 존재한다. 밀란 쿤데라Milan Kundera의 경우 번역된 자신의 작품을 보고 깜짝 놀란 뒤, 새로운 작품을 출간할 때면 가급적 직접 자신의 작품을 번역해서 내고 있다.

재미있는 것은 그런 밀란 쿤데라도 번역가로서 다른 사람의 작품을 자신의 능력으로 더 반짝반짝 빛나게 번역한다는 점이다. 밀란 쿤데라는 자신이 작가이자 여러 언어에 능통한 번역가이기에 자신의 의도가 제대로 전달될 수 있도록 직접 번역을 하지만, 대부분의 작가는 오로지 자신의 모국어로만 글을 쓰고 다른 나라의 번역가에게 작품을 맡길 수밖에 없다. 즉 번역자의 독해 능력에 따라 작품은 변할 수밖에 없는 상황이다.

그러나 이것은 자국 내의 독자에게도 마찬가지로 벌어지고 있는 일이다. 독자들은 저마다 다른 독해 능력으로 작품 해석을 하고 있다. 톨스토이의 작품을 통속적인 인생 드라마로, 톨스토이의 종교적 사상을 쉽게 풀어낸 계몽서로 읽는 것처럼 말이다. 그리고 그렇게 저마다 다양하게 읽는 것이 더 많은 논의와 감동을 이끌어내어 예술적 자유를 위해서도 좋다.

## 독서에서 이미 발생한 반역

정리하자면, 번역을 논하기 전에 독서부터가 본질적으로 반역이다. 이것은 동시대 작가의 작품보다 이른바 고전에 대한 독서일 때 더 심해진다. 시대가 바뀌면 독자의 심성 구조가 바뀌어 저자의 의도는 그대로 전해지기 힘들다. 거기에 언어체계까지 바뀌면 농담이라도 단어를 그대로 번역하는 것으로는 전달할 수 없다.

저자가 당시에 많이 암송하던 시를 비틀어서 비판한 것을 아예 그 원래 시를 모르는 사람이 내용을 떠올리며 웃음을 지을 수는 없다. 그렇다고 영국의 전통시를 한국 맥락에 맞게 시경詩經의 한 구절로 바꿔서 편역한다고 해도 어색한 것은 마찬가지이다. 앨리스가 시경을 암송하다니. 참신하기는 하지만 적정하지는 않다. 정확한 이해를 돕는다며 본문의 모든 내용을 다 번역하고 주석을 꼼꼼히 다는 것도 독서의 흐름을 막아 재미를 반감시키기에 문제가 있다.

이때 판단기준이 될 만한 질문이 있다. 루이스 캐럴의 작품의 핵심이 무엇인가? 바로 재미이다. 《이상한 나라의 앨리스》는 루이스 캐럴이 학자의 정체성으로 쓴 논문이 아니다. 친하게 지내는 아이들을 위해서 이야기를 들려주는 마음으로 글을 쓴 것이다. 물론 루이스 캐럴의 지적 능력과 당시 사회상에 대한 풍자가 들어가 있지만, 이것이 원래의 주된 목적은 아니었다.

그런데 만약 번역을 할 때 주변적인 의도에 치중하느라, 재미를 잃어버린다면 그것이야말로 친절하고 책임감 있는 번역이 아니라 무책임한 번역이 될 수 있다.

번역은 책의 성질에 따라 달라져야 한다. 편역의 정도가 커야 하는 대중서가 있고, 그렇지 않은 학술서가 있다. 그런데 문학작품이나 대중서까지도 학술서와 같은 잣대를 들이대는 것은 너무 과한 처사이다. 한국어로 된 학술서에도 좀 더 쉬운 접근을 요구하는 독자가 외국의 저자가 쓴 글을 번역가가 쉽게 풀어 쓰는 것을 용인하지 않는다는 것은 참 모순되는 행동이 아닐 수 없다. 글을 창작하는 과정만큼이나 글을 읽는 과정이 역동적일 수밖에 없음을 인정한다면 번역의 반역성에 대해서도 좀 더 관대한 태도를 가질 수 있지 않을까 싶다.

다시 《이상한 나라의 앨리스》에 대한 이야기로 돌아가 보자. 작가의 주된 의도대로 다채로운 재미를 주기 위해서는 순전히 영어 사용자를 위해서 작성한 부분이 오히려 읽기에 방해가 될 수 있다. 즉 한국어를 모국어로 한 독자를 위해서 삭제를 할 부분이 있다.

번역을 해도 운율이 살지 않는 가짜 거북의 노래와 같은 시나, 이야기의 진행과 별 상관없이 긴장감을 떨어뜨리는 대화나 묘사 등이 그것이다. 다행인지 불행인지 한국 독자를 위한 것이 아니라 영어 문화권의 독자를 위해 각 구절마다 주석을 단 앨리스 책은 많이 있다. 사소한 묘사를 다른 방식으로 고쳐서 내놓기보다는 과감하게 새로운 버전의 앨리스 책을 내놓는 것이 지적 재치를 맘껏 펼친 루이스 캐럴의 맥락에 더 맞는 것일 수 있다.

이 책의 편역은 바로 이런 맥락에서 나온 것이다. 그렇다고 해서 이 책에서 많은 부분을 삭제하지는 않았으니 원문이 올라와 있는 사이트(http://www.sabian.org/alice.htm)와 비교해 봐도 좋을 것이다. 해당 부분을 번역할 영어 지식이 없어서라기보다는 한국의 루

이스 캐럴의 열독자로서, 그리고 작가로서, 번역가로서 루이스 캐
럴에게 감정이입을 해서 최적의 조합을 선택한 것이다. 그렇다. 이
책의 저자도 반역으로서의 번역을 했다. 죄는 달게 받을 준비가 되
어 있다. 그러나 부디 일단은 한국어로 신나게 읽는 재미를 누린 다
음에 죄를 물어주시기 바란다.


( 토끼굴 추천 정보 )

1    **마음은 어떻게 작동하는가 :**
     **과학이 발견한 인간 마음의 작동 원리와 진화심리학의 관점**
     How the Mind works
     스티븐 핑커 저 | 김현명 역 | 소소

이 책은 현재 세계적인 인지과학자인 스티븐 핑커의 대중 교양서이다. 언어학자
촘스키의 제자인 스티븐 핑커는 인간이 백지 상태에서 태어나는 것은 아니라는
'빈서판 이론'으로 인간의 본질에 대한 기본 가정을 뒤흔들었다. 그는 이 책에서
마음이란 무엇이고, 어떻게 진화했으며, 마음을 통해 우리가 어떻게 보고, 생각
하고, 느끼고, 웃고, 교류하고, 예술을 즐기고, 인생의 신비를 음미하는지를 설명
한다. 이 책은 진화심리학을 바탕으로 신경과학에서부터 경제학과 사회심리학에
이르는 다양한 분야들을 깊이 있게 통찰하고 있어, 종합적 지식이 무엇인지 확인
할 수 있다. 그리고 인간의 인식 활동이 얼마나 능동적인지를 확인할 수 있는 계
기가 될 것이다.

## 2 인문학의 수사학적 탐구 : 언어학 · 번역학 · 수사학

전성기 저 | 고려대학교출판부

저자에 따르면 수사학rhetoric은 말을 화려하게 하는 기술이 아니다. 언어의 구사나 말의 비유, 혹은 표현원리를 넘어 인간 경험과 담론의 일반적인 조건을 수사학이라고 정의한다. 그래서 심층적인 차원에서 인문학과 언어학 연구를 살펴보고, 전체 8장으로 이뤄진 책 중 제3장에서 제5장까지 적지 않은 분량을 수사학의 맥락에서 번역의 문제까지 살펴보고 있다. 전체 언어학의 맥락, 나아가 인문학과 과학의 맥락에서 번역의 문제를 고민하고 싶은 독자는 일독을 권한다.

## 3 인지언어학 Cognitive Linguistics

알란 크뤼즈, 윌리엄 크로프트 공저 | 김두식, 나익주 공역 | 박이정출판사

앞에서 정치에 대한 지식 부분에서 살펴보았던 조지 레이코프가 대가의 위치를 점하고 있는 분야가 바로 '인지언어학'이다. 이 책은 유용한 인지언어학의 기본 원리를 체계적으로 소개하고 있다. 또한 인 언어학의 연구 사례가 수록되어 있어 언어를 통한 개인의 사고 분석 및 사회적 담론 분석의 실제를 확인할 수 있다. 구문론과 의미론 등 다양한 언어학적 개념을 접할 수 있으며 더 심화된 정보를 추천하고 있어 지속적인 공부를 하는 데 도움이 될 수 있다.

# 11

## 누가 파이를 훔쳤나?

일행이 도착했을 때 하트 왕과 여왕은 옥좌에 앉아 있었다. 그리고 온갖 종류의 새와 짐승과 카드들이 주위에 모여 있었다. 잭은 사슬에 묶인 채 병사들의 감시를 받고 있었다. 그리고 왕 옆에는 하얀 토끼가 트럼펫과 양피지 두루마리를 양손에 각각 들고 있었다. 법정의 한가운데에는 파이가 수북이 담긴 접시가 놓인 탁자가 있었다. 아주 맛있어 보이는 파이를 보자 앨리스는 배가 고팠다. 앨리스는 생각했다.

'재판 후에 간식으로 나눠주면 얼마나 좋을까.'

그러나 절대로 그럴 것 같지 않았다. 그래서 앨리스는 시간을 때울 만한 다른 것을 찾기 시작했다.

법정을 잘 살펴보니 판사가 바로 왕이었다. 배심원은 열두 마리의 동물과 새로 이뤄져 있었다. 배심원들은 석판에 뭔가를 바쁘게 쓰고 있었다.

"뭘 쓰고 있지? 재판이 시작되기 전에는 쓸 것도 없을 텐데."

앨리스는 그리폰에게 속삭였다.

"자기 이름을 쓰는 거야. 재판이 끝나기 전에 이름을 잊어버릴까 봐."

그리폰이 작게 대답했다.

"바보들!"

앨리스는 큰 소리로 말했다가 재빨리 입을 다물었다. 하얀 토끼가 "법정에서 정숙하시오!"라고 소리친데다가 왕이 누가 떠드는지 살펴보고 있었기 때문이다.

앨리스는 모든 배심원들이 각자 석판에 '바보들!'이라고 적고 있음을 알 수 있었다. 심지어 한 배심원은 '바보'를 어떻게 쓰는지 몰라서 옆자리의 배심원에게 묻고 있었다. 앨리스는 한심하게 생각했다.

"해럴드, 고소장을 읽어라."

왕이 명하자, 하얀 토끼가 트럼펫을 세 번 불고 두루마리를 펴서 읽기 시작했다.

"하트 여왕님이 파이를 만드셨네,
어느 여름날에.
하트 잭이 그 파이를 훔쳐서
멀리 달아나버렸네!"

"평결을 내리시오."

왕이 배심원들에게 말했다.

"아직, 아직 아닙니다."

하얀 토끼가 깜짝 놀라 왕을 말렸다.

"평결을 내리기 전에 해야 할 과정이 많습니다."

"첫 번째 목격자를 불러라."

왕이 말했다. 하얀 토끼는 트럼펫을 세 번 불고 큰 소리로 첫 번째 목격자에게 입장하라고 외쳤다. 첫 번째 목격자는 모자 장수였다. 그는 한 손에는 찻잔을 다른 손에는 버터 바른 빵 조각을 들고 입장했다.

"이런 모습으로 나타나서 죄송합니다, 폐하. 하지만 차를 마시던 중이어서요."

모자 장수가 말했다.

"다 마시고 왔어야지. 도대체 차를 언제 마시기 시작했나?"

왕이 물었다. 모자 장수는 산쥐와 3월의 토끼를 쳐다보며 말했다.

"아마 3월 14일이었던 것 같습니다."

"15일이었어."

3월의 토끼가 말했다.

"16일이었잖아?"

산쥐가 말했다.

"기록하시오."

왕이 배심원단에게 말했다. 배심원들은 세 날짜를 모두 적었다. 그런 다음 그 날짜들을 모두 더한 후, 그것을 다시 돈으로 환산했다.

"모자를 벗어라."

왕이 모자 장수에게 명령했다.

"이 모자는 제 것이 아닙니다."

모자 장수가 말했다.

"훔쳤구나!"

왕은 큰 소리로 이렇게 말하며 배심원단을 돌아보았고, 배심원들은 즉시 그 사실을 기록했다.

"저는 장사꾼입니다. 그러니 제 것은 하나도 없지요. 저는 모자 장수입니다."

모자 장수가 설명했다. 그러자 여왕이 모자 장수를 노려보았다. 모자 장수는 허옇게 질려 안절부절못했다.

"증언하라. 그리고 겁내지 말거라. 안 그러면 당장 처형하겠다."

왕이 말했다. 그러나 그 말은 모자 장수에게 아무 도움도 안 되었다. 모자 장수는 계속 다리를 떨면서 초조하게 여왕을 쳐다봤고 너무 당황해서 찻잔을 빵인 줄 알고 깨물었다. 바로 그 순간 앨리스는 아주 이상한 기분을 느꼈다. 몸이 다시 커지고 있었다. 앨리스는 처음엔 법정을 빠져나가려고 했다. 하지만 다시 고민 끝에 가능한 한 법정에 머물러 있자고 결심했다.

"그렇게 밀지 마, 숨 쉬기 힘들어."

앨리스 옆에 있던 산쥐가 불평했다.

"나도 어쩔 수 없어. 내 몸이 자라고 있거든."

앨리스는 나지막이 속삭였다.

"넌 여기에서 자랄 권리가 없어."

산쥐가 말했다.

"엉터리. 너도 꾸준히 자라고 있잖아."

"그래, 하지만 나는 너처럼 우스꽝스럽게 자라지는 않아. 나는 상식적인 빠르기로 자란다고."

그렇게 말한 후 산쥐는 뾰로통해져서 맞은편으로 자리를 옮겼다. 바로 그때 여왕이 경비 중 한 명에게 명령했다.

"지난번 음악회 때 참석했던 가수들의 명단을 가져오너라."

그 말을 듣자 불쌍한 모자 장수는 몸을 더 심하게 떨었고, 그 때문에 신발 두 짝이 다 벗겨져버렸다.

"증언을 하라."

왕이 화가 나서 다시 명령했다.

"그렇지 않으면 네가 무서워하든 말든 간에 너를 처형하겠다."

"저는 보잘것없는 사람입니다. 폐하."

모자 장수는 떨리는 목소리로 말을 이었다.

"그리고 차를 마시기 시작한 건…… 일주일이 넘지 않았습니다……. 그리고 왜 이렇게 빵이 얄팍해졌는지……, 그리고 반짝이는 차……."

"뭐가 반짝거린다고?"

왕이 물었다.

"그게 그러니까 차tea에서 시작했거든요."

모자 장수가 대답했다.

"'반짝거린다twinkling'는 단어가 'T'자로 시작한다는 것은 당연하잖은가! 너는 나를 바보로 아느냐? 계속해라!"

왕이 엄하게 말했다. 모자 장수는 계속해서 말했다.

"저는 보잘것없는 사람입니다. 폐하, 그때 이후로 거의 모든 것들이 반짝거렸지요. 3월의 토끼 말에 따르면……."

"나는 아무 말도 안 했어."

3월의 토끼가 급하게 모자 장수의 말에 끼어들었다.

"했잖아."

토끼는 모자 장수의 주장을 부인했고, 왕은 그것을 받아들여 그 부분은 넘어가기로 했다.

"어쨌든 산쥐의 말에 따르면……."

이렇게 말하며 모자 장수는 산쥐도 부인을 할까 봐 눈치를 살폈다. 그러나 산쥐는 깊이 잠들어 있어 아무것도 부인하지 않았다. 모자 장수는 말을 이었다.

"그 이후 버터 바른 빵을 조금 더 잘라서……."

"하지만 산쥐가 무슨 말을 했다는 것입니까?"

배심원 중 한 명이 물었다.

"그건 기억이 나지 않습니다."

모자 장수가 대답했다.

"반드시 기억해내라. 그렇지 않으면 처형하겠다."

"저는 보잘것없는 사람입니다. 폐하."

"너는 정말 보잘것없는 증인이로구나."

왕이 말했다. 이때 기니피그 한 마리가 박수를 쳤다가 즉시 법정 경비들에게 제지받았다.

"네가 아는 게 그것뿐이라면 이제 그만 증인석에서 내려와도 좋다."

왕이 말했다.

"저는 더 내려갈 데가 없습니다. 바닥에 서 있사옵니다."

"그렇다면 앉아도 좋다."

또 다른 기니피그가 박수를 쳤고, 또 즉시 제지를 받았다.

'좋아, 기니피그들은 더 없어! 이제 진행이 좀 더 순조로울 거야!'

앨리스는 생각했다.

"저는 차를 마저 마시고 싶은데요."

모자 장수가 가수들의 명단을 보고 있는 여왕을 불안하게 쳐다보며 말했다.

"가도 좋다."

왕이 허락하자 모자 장수는 신발을 신을 새도 없이 서둘러 법정을 나갔다.

"밖에서 저놈의 목을 베어라."

여왕이 법정 경비들 중 한 명에게 말했다. 그러나 경비가 문에 도착하기도 전에 모자 장수는 사라졌다.

"다음 증인을 불러라!"

왕이 말했다. 두 번째 증인은 공작부인의 요리사였다.

"증언하라."

왕이 말했다.

"싫어요."

요리사가 대꾸했다. 왕이 걱정스럽게 하얀 토끼를 쳐다보자, 토끼는 나지막이 속삭였다.

"반드시 심문을 해야 할 증인입니다."

"글쎄, 반드시 해야 한다면 해야겠지."

왕은 슬픈 목소리로 답하고, 팔짱을 낀 후 오만상을 지으며 요리사에게 물었다.

"파이는 무엇으로 만드느냐?"

"후추죠, 주로."

요리사가 말했다.

"당밀이야."

요리사의 뒤쪽에서 누군가 졸린 목소리로 대꾸했다.

"그 산쥐를 체포해라!"

여왕이 꿱꿱 소리를 쳤다.

"그 산쥐의 목을 베어라! 법정 밖으로 끌고 나가라! 눌러라! 꼬집어라! 수염을 뽑아버려라!"

얼마 동안 법정은 술렁거렸고, 산쥐가 끌려나간 후에 법정은 진정되었지만 요리사는 사라지고 없었다. 왕은 안도의 목소리로 선언했다.

"신경 쓸 것 없다! 다음 증인을 불러라."

그리고 왕은 목소리를 낮춰서 여왕에게 말했다.

"그런데 여보, 다음 증인은 당신이 심문해야겠소. 나는 머리가 너무 아프다오."

앨리스는 하얀 토끼가 두루마리를 만지작거리는 것을 지켜보면서 다음 증인은 어떨지 매우 궁금해했다.

'아직 증언이라고 할 만한 것을 별로 듣지 못했으니 말이야.'

앨리스는 속으로 생각했다. 그런데 놀랍게도, 하얀 토끼가 한껏 큰 소리로 부른 이름은 '앨리스'였다.

지식탐험 11

# 가깝고도 먼 법학

제 11장에는 목격자들이 증언을 하고 있다. 그리고 그것이 중요한 법적인 증거로 채택이 된다. 그러나 정말 목격자 증언은 얼마나 믿을 수 있는 것일까? 증언을 바탕으로 판결을 내리는 것이 법의 목적인 정의를 진정으로 실현하는 것일까?

증언의 참과 거짓을 확실히 가리면 정의를 실현할 수 있을 것 같다. 흔히 참과 거짓의 판독이라고 하면 거짓말탐지기polygraph를 떠올린다. 하지만 거짓말탐지기는 세상에 없다. 거짓말탐지기라는 말부터가 거짓말이다. 흔히 말하는 거짓말탐지기는 심장박동수, 호흡, 피부습도 등 생리적 흥분의 정도를 측정하는 기계일 뿐이다.

이 기계가 거짓말탐지기로 널리 알려진 것은 거짓말할 때에 생기는 심리적 긴장을 완벽하게 통제할 수 없기 때문에 정상적인 경우와 생리적 반응도를 비교하면 거짓말을 하는지 안 하는지 알아볼 수 있다고 사람들이 생각했기 때문이었다. 그러나 거짓말탐지기의 전문가이자 미국 브랜다이스 대학의 심리학과 레너드 색스Leonard Saxe 교수에 따르면 '거짓말은 원래 그 나름대로의 생리적인 반응 같은 것이 없다'고 한다.


## 리플리 증후군

흔히 거짓말하는 사람은 거짓말할 때에 상대방의 눈길을 피하거나 눈을 깜빡거리거나, 코를 만지거나 할 것이라고 생각하기 쉽다. 그러나 미국 텍사스 오스틴 대학의 심리학과 제임스 펜베이커James pennebaker 교수의 실험에 의하면 참말을 하는 사람이나 거짓말을 하는 사람들이 그런 행동을 보이는 횟수에서 차이가 없었다. 오히려 어떤 사람은 상대방의 눈을 정면으로 응시하면서 거짓말을 하는 등 개인차가 더 컸다. 결론적으로 말해 거짓말탐지기는 거짓말을 하다가 점점 더 큰 거짓말을 한 끝에 자기 자신도 그 거짓이 진실인양 믿게 되는 '리플리 증후군Ripley Syndrome' 환자를 걸러내지 못한다.

리플리 증후군이란 명칭은 알랭 들롱Alain delon이 주연한 프랑스 영화 *태양은 가득히*의 주인공 이름에서 따왔다. 영화에서 리플리는 자기의 거짓말을 숨기기 위해 점점 더 큰 거짓말을 하고 필립의 친구인 프레디까지 살해하게 된다. 이렇게 자신이 바라는 일을 진짜라고 믿고 자신이 속한 현실을 허구라고 생각하며, 영화 *태양은 가득히*의 주인공 리플리와 유사한 행동을 하는 경우를 가리켜 리플리 증후군이라고 한다.

리플리 증후군 환자는 자기가 만들어낸 허구의 세계에 더 애착을 갖고 그것이 진짜라고 믿는 사람이다. 그래서 자기의 거짓을 지적하는 사람을 오히려 음모론으로 몰아 부친다. 황우석 박사나 신정아 씨, 비리 정치인 등이 보였던 모습을 기억해보면 쉽게 이해가 될 것이다. 이런 리플리 증후군 환자는 거짓말을 진짜로 믿고 있기 때문에 거짓말탐지기도 무용지물이다.

애초에 거짓말탐지기의 정확성이 떨어져서 거짓말쟁이를 제대로 가려내지 못하기도 한다. 레오나르도 색스 교수의 연구에 따르면 거짓말 탐지기가 75퍼센트의 거짓말을 하는 사람들을 구별해냈지만, 실제로 거짓말을 하지 않는 사람을 거짓말한다고 판별한 경우도 37퍼센트에 이르는 등 일반 예상과 다르게 거짓말탐지기의 정확도는 크게 떨어진다. 그렇기 때문에 많은 국가에서는 거짓말탐지기 조사 결과를 직접적인 법적 증거로 사용하지 않고 다만 참고 자료로만 활용하고 있다.


## 뇌 지문인식

최근에는 어떤 사람이 범죄를 저질렀는지, 거짓말을 하고 있는지 알아보기 위한 대안으로 뇌 지문인식Brain fingerprinting과 같이 직접 뇌의 움직임을 재는 방법이 제안되고 있다. 뇌 지문인식은 피검사자의 머리 위에 10여 개의 미세 전극이 내장된 장치를 씌우고 범죄 장면 사진이나 단어 등을 컴퓨터 화면으로 보여주면서 뇌에 저장된 특정 뇌파의 반응을 검사하는 방법이다.

인간의 뇌는 익숙한 그림이나 문자를 지각하면 300밀리초

msec(0.3초) 이후에 P300으로 명명된 특정한 뇌파를 발생시키는데, 이 뇌파의 존재 여부에 따라 거짓말 여부를 판별한다. 이 기법을 만든 미국 하버드 대학의 로렌스 파웰 박사는 1999년 연쇄 살인범 제임스 그린더의 유죄를 확증하고, 종신형에 처해진 채 22년간 복역 중이던 테리 해링턴이 무죄임을 증명한 것으로 유명하다.

하지만 이 기법은 특정 사실이 기억에 남아 있지 않다는 이유만으로 무죄가 될 수 있는 소지가 있어 그대로 적용하기에는 한계가 있다. 명백히 범죄를 저질렀지만 사고나 의도적 망각으로 그 사실이 기억에 남아 있지 않은 경우에 어이없게도 무죄를 증명하는 거짓말 도구로 악용될 수 있기 때문이다. 속담처럼 백 명의 범인을 놓쳐도, 한 명의 억울한 죄인을 만들어서는 안 되는 법이다.

거짓말탐지기가 문제가 있다면, 앨리스 이야기에 등장하는 것처럼 목격자 증언을 활용하되 앞뒤 정황을 확실하게 기억할 수 있도록 세부적인 질문을 하면 되지 않을까?

목격자 증언은 기본적으로 목격자의 기억에 의존한다. 그런데 문제는 악의가 있거나 없거나, 그 사람이 자신의 기억을 확신하거나 말거나 간에 기억은 본래 왜곡의 가능성이 크다는 것이다.

심리학자인 엘리자베스 로프터스Elizabeth F. Loftus는 이 점에 대해서 오랜 기간 연구를 했다. 로프터스는 1979년에 실시한 실험에서 참가자들에게 자동차 사고에 관한 영상을 보여주었다. 그러고 나서 마치 법정에서 증언을 하는 것처럼 질문을 했다.

예를 들어 어떤 집단에게는 '자동차 충돌 시 어느 정도의 속도로 달리고 있었는가?'라고 묻고, 또 다른 집단에는 '자동차가 부딪혔을 때 어느 정도의 속도로 달리고 있었는가?'라고 물었다. 두 조건의 차이는 아주 미세했다. 상황은 비슷했지만 '충돌'이라는 말이 더 격한 느낌이 드는 차이가 있을 뿐이었다. 그러나 충돌이라는 단어가 쓰인 질문을 받은 집단은 자동차의 속도가 더 빨랐다고 대답했다.

그리고 일주일 후에 추가 질문에서는 사고현장에서 유리 파편 등을 보았다고 말했다. 그들은 목격자로서 충실하게 생생한 정보를 전했다. 그러나 그들이 본 영상에는 유리 파편이 없었다. 상대방의 질문을 듣고 목격자들은 그러려니 추측을 하고서 기억을 왜곡시켜 대답한 것이다.

## 기억의 왜곡

이 심리학 연구는 법정에 큰 영향을 주었다. 기존에 유도 심문을 문제 삼던 법정에서는 목격자의 기억 왜곡이라는 좀 더 본질적인 문제를 해결해야만 했다. 흔히 기억은 사진을 찍는 것과 같이 있는 그대로를 저장하는 것이라고 생각한다.

그러나 어느 누구도 완벽하게 모든 것을 있는 그대로 기억할 수는 없다. 우리는 전체를 고루 보는 것이 아니라, 자신이 관심을 가지는 대상을 중심으로 사물을 본다. 같은 식당 안의 모습을 봐도 배고픈 사람은 음식을 중심으로 기억을 한다. 애인이 필요한 사람은 매력적인 사람을 중심으로 기억을 한다. 돈을 중시하는 사람은 그날 주문한 메뉴의 종류나 가격을 기억한다.

이렇듯 처음에 외부의 사건을 저장하는 과정에서 이미 왜곡은 일어나기 시작한다. 이런 사실을 간파한 농담도 있다. 길을 가는 방법을 물어보면 먹보는 "왼쪽으로 돌면 커다란 한식당이 있는데 거기에서 200미터쯤 가다보면 냉면집이 나오는데" 식으로 식당을 중심으로 설명하고, 왕성한 애정 행각을 벌이는 사람은 모텔 위치를 중심으로 설명을 한다는 농담 말이다.

애초에 인간의 뇌는 있는 그대로를 저장하는 사진기가 아니다. 진화의 결과물인 뇌는 그런 사진기와 같은 기억력을 가질 필요도 없었다. 맹점에 대한 뇌의 마술과도 같이 기억에 대해서 뇌는 커다란 마술을 벌인다. 직접 실험을 해보자. 눈을 감고 여러분의 어린 시절 중 아주 생생한 기억을 떠올려보라.

정말 생생해서 바로 어제 있었던 일과 같은 기억이면 더 좋다. 예를 들어 운동회를 떠올렸다고 해보자. 친구들이 내지르는 격려의 함성, 그날의 날씨, 자신이 뛰는 모습뿐만 아니라 자신의 땀 냄새까지 생생하게 기억날 수도 있다. 이제 그때의 기억을 다시 찬찬히 살펴보자.

기억을 할 때 특정 영상과 같은 것이 떠올랐을 것이다. 마치 자신이 주인공이 된 영화를 보는 것처럼 말이다. 그런데 이상하지 않은가? 기억이 정말 외부의 사건을 그대로 복사하는 것이라면 카메라에 해당하는 눈이 딱 하나로 고정되어 있어야 하지 않을까? 그런데 기억 속의 장면을 보면 참으로 역동적이다. 아예 완성된 영화처럼 편집까지 근사하게 되어 있다. 하늘에서 내려본 것 같은 장면이나 심지어 자기 자신을 밖에서 본 장면까지도 들어가 있다. 적어도 그 당시의 눈높이가 아닌 좀 더 키가 큰 어른의 눈높이에 맞는 시선으로 기억을 하고 있다.

이것은 우리가 기억을 할 때 있는 그대로 과거의 일을 머릿속에서 꺼내는 것이 아니라 자신의 의도에 맞게 변형해서 기억을 하고 있음을 나타내주는 예이다. 기억은 사진을 찍어 앨범에 끼워놓기가 아니라 마치 바람 위에 글을 쓰는 것에 더 가깝다.

기억의 왜곡이 자연스럽게 일어날 수 있다는 사실이 인정되자 법정에서는 순전히 목격자의 진술만을 가지고 판단을 내릴 수가 없게 되었다. 목격자의 증언은 사건 정황을 객관적으로 살피는 여러 참고자료 중의 하나일 뿐이다.


## 존 롤스의 정의론

법정은 기억의 왜곡 등 공정한 재판에 영향을 줄 수 있는 오류를 막는 노력을 계속해야만 한다. 왜냐하면 법을 통해서 개인의 권익이 보호받으며 사회 질서가 유지될 수 있기 때문이다. 앨리스가 토끼굴에 빠져 들어간 이상한 나라에도 법정이 있는 것처럼, 어느 사회에나 갈등이 있으며 갈등 조정을 위해 법을 두고 있다.

그런데 법이 특정 집단이나 개인의 이해관계만을 대변한다면 그 법은 오히려 갈등을 조장한다. 그래서 법이 '사회를 지키는 아름다운 약속'이기 위해서는 중립성과 정의가 꼭 보장되어야 한다. 이에 대해서는 미국의 철학자 존 롤스John Rawls가 그의 저서 《정의론A Theory of Justice》을 통해 세부사항을 강조하고 있다.

정의는 일상생활의 문제 해결을 위해 필요한 가치이다. 왜냐하면 자원이 한정된 상황에서 저마다 자신이 원하는 대로 살고자 하면 다른 사람의 기회를 뺏을 수 있어 길등이 일어닐 수밖에 없기 때문이다. 혹은 자원과 상관없이 자신과 다른 가치를 추구한다는 이유로 차별해서 갈등이 있을 수 있기 때문에 이를 조정하기 위해 공명정대한 정의가 필요하다. 법원의 상징이기도 한 정의의 여신이 평형을 맞춘 저울을 들고 있는 것도 불편부당不偏不黨의 갈등이 없는 상태를 이상적인 상황으로 생각하고 있음을 상징하는 것이다.

롤스는 사회를 구성하는 참여자가 일종의 계약 상황에 있으며, 모두에게 동일한 기회를 부여하는 정의를 실현하기 위해서는 계약당사자(사회 구성원)들 사이에 '무지의 베일veil of ignorance'이 필요함을 주장했다. 여기에서 무지는 말 그대로 '자신의 이해관계를 알 수 없음'을 뜻한다. 롤스는 왜 무지의 베일과 같은 형식적 장치를 고안해낸 것일까? 그 이유를 알기 위해서는 '사회계약설'과 관련된 철학자들의 이론을 자세히 살펴봐야 한다.

토머스 홉스는 《리바이어던Leviathan》을 쓴 인물로 유명하다. 그는 국가 또는 통치자를 상징적으로 나타내기 위해서 성서에 나오는 무적의 바다 괴물인 '리바이어던'이라는 용어를 사용했다. 그런데 성서에서는 하느님의 적대적 존재이면서 혼돈과 무질서를 상징하는 것으로 쓰인데 반해, 홉스는 오히려 질서를 보장할 수 있는 힘의 소유자(국가나 통치자)를 상징하는 용어로 '리바이어던'을 사용했음에 주의해야 한다.

## 토머스 홉스의 '만인의 만인에 대한 투쟁 상태'

홉스의 주장에 따르면 최고의 힘을 갖고 있는 '리바이어던'은 인간들이 상호 계약에 의해 창조한 것이다. 여기에는 그의 '자연상태'에 대한 가정이 중요한 역할을 한다.

홉스는 자연상태에서의 인간은 자신의 이익을 위해 얼마든지 악을 행할 수 있는 존재로 본다. 그런 인간들이 본성만 가지고 사적인 이익을 추구하다 보면 곧 무법상태에서 서로 해를 끼치게 될 것은 뻔한 일이다. 이른바 '만인의 만인에 대한 투쟁 상태'가 되는 것이다. 그렇기 때문에 홉스는 최강의 힘을 가진 리바이어던이 제제(법, 규약)를 가해 질서를 유지해야 한다고 생각했다. 그런 역할을 하는 리바이어던은 바로 절대군주이거나 국가, 혹은 권력집단이 될 수 있는 것이다.

그런데 여기서 당시 절대왕정이 의지한 '왕권신수설'과는 다른 중요한 포인트가 있다. 즉 왕권신수설은 신이 왕에게 권력을 준 것이기 때문에 함부로 할 수 없다고 했다. 그러나 이와 달리 홉스의 사회계약설은 왕의 권력은 '보호와 복종'이라는 상호 계약에 의해 인간이 준 것이니 만약 그 왕이 책임을 다하지 못한다면 시민들이 힘을 모아 왕을 바꿀 수도 있다는 것이다. 이렇게 혁명을 인정

홉스의 《리바이어던》 속표지 일러스트

했다는 점에서 홉스는 중세의 정치철학보다는 근대의 자유주의 정치철학에 더 가깝다고 평가하기도 한다.

홉스는 인간은 계약을 통해 각자 갖고 있던 자연권을 포기하고 힘을 모아 보다 큰 집단적 힘(주권)을 만들어 그 힘을 한 사람 또는 소수의 집단에게 준 다음 그 힘이 만든 법이나 규약에 복종함으로써 평화롭고 안전하게 살고자 한다고 주장했다. 그러나 이런 생각은 복종을 당연하게 여기고 자신의 권리를 남에게 양도하는 '노예의 도덕'이라는 비난을 받기도 한다.

## 존 로크의 사회계약설

영국의 철학자 존 로크John Locke도 사회계약설을 주장했지만 홉스의 전제주의적 계약설과 자신의 생각의 차이를 강조했다. 로크는 최초의 상태를 홉스처럼 '만인의 만인에 대한 투쟁' 상태로 본 것이 아니라 욕망의 억제를 가르친 자연법이 존재하는 평화상태였다고 가정했다.

즉 인간은 자신과 소유물에 대해서 자유로울 뿐만 아니라 정신적으로나 육체적으로 평등했던 상태였다는 것이다. 그렇지만 경제수단이 발달하고 사유재산을 추구하면서 범죄도 늘어났으며, 그 결과 각자의 재산에 대한 소유권을 지키기 위해 계약을 맺고 정치사회(국가)를 만들었다고 로크는 주장했다(로크는 재산이라는 말을 단지 물질적인 소유물만 아니라, 인간의 생명과 신체를 포함하는 넓은 개념으로 쓴 것임에 주의해야 한다).

280

그런데 로크는 계약에 의해서도 생명·자유·재산 등의 자연권은 통치자에게 양도할 수 없다고 주장했다. 그래서 지배자가 상호 신뢰에 바탕을 둔 동의로 만든 정치사회의 법을 깨뜨리고 임의로 권력을 행사하려고 하면, 국민은 자신의 자연법을 행사할 수 있는 권리를 되찾기 위해서 힘(시민저항권)을 쓸 수 있다고 주장했다. 이런 로크의 주권재민과 국민의 반항권 사상은 이후 서구의 민주주의 발달에 큰 공헌을 했다. 로크의 사상은 곧 영국의 명예혁명을 대변하는 것으로 평가하기도 한다.

프랑스 철학자 루소Jean Jaques Rousseau의 사회계약설의 출발점은 그의 책《인간 불평등 기원론》에 잘 나와 있다. 루소는 성악설에 치우친 홉스의 생각과는 달리 최초의 인간은 선악의 구별을 할 수 없는 백지상태였다고 가정한다. 루소는 평등하게 태어난 인간은 본래 자연상태에서 따로따로 행동하며 살았다고 주장한다.

그러나 루소는 이런 자연상태에서 평등했던 인간들이 함께 모여 집단을 구성하면서 문제가 발생했다고 생각했다. 공동체를 형성해서 공동생산으로 인해 여가가 증대되자 그로 인해 남들보다 뭔가 더 많이 갖거나 더 잘하는 사람이 돋보인다는 것에 신경을 쓰게 되었다. 어느덧 남들보다 더 돋보이고자 하는 욕망이 생겨나게 된 것이다.

남보다 더 나아 보이고자 하는 허영심이 자신을 남보다 우월한 존재로 만들기 위해 그 어떤 경쟁도 마다하지 않게 했다. 특히 물질적으로 남보다 더 많이 가져 남보다 나아 보이기 위해 나쁜 일도 마다하지 않는 사람들이 생겨나기 시작했다. 결국 자연상태에서는 평등했던 사람들이었지만, 공동체에 모여 살게 된 다음에는 그들 간의 계급이 생겨났고 따라서 누구는 핍박받고 누구는 호화로운 생활을 하는 불평등이 생겨났다.

나아가 자연상태에서 평등하고 자유로웠던 인간이 국가와 사유재산제도로 인해 자유와 평등을 잃게 되었다고 주장했다. 특히 루소는 소수가 다수를 모아 물건을 생산하여 사유재산을 추구하는 구조 안에 인간 불평등의 기원이 있다고 지적했다. 이런 루소의 생각은 그의 책《인간 불평등 기원론》의 2부 첫머리인 다음 문단에서도 확인할 수 있다.

"어떤 토지에 울타리를 두르고 '이것은 내 땅이다'라고 선언할 생각을 가졌고 다른 사람들이 그를 믿을 만큼 단순하다는 사실을 발견한 최초의 사람은 시민사회의 진정한 창립자이다. 한편으로 그 울타리를 없애면서 '그런 사기꾼의 말을 믿지 마시오. 이 땅에서 나는 온갖 곡식과 과일들은 모두 만인의 것이며 대지는 어느 누구의 소유물도 아니라는 사실을 잊어버리면 여러분은 신세를 망치게 됩니다' 하고 동포들을 향해 외친 자가 있다면 그 사람은 얼마나 많은 범죄와 전쟁과 살인으로부터 그리고 얼마나 많은 참상과 공포로부터 인류를 구제해주었을 것인가?"

루소는 그의 저서《사회계약론》을 통해 자신의 생각을 본격적으로 전개했다. 루소는 이 책을 통해 '개인의 행복에 대한 열망과 사회생활의 요구 사이에 조화와 균형'을 보여주려고 했다. 그는 이 책의 1부를 통해 인간은 자유롭고 평등한 존재로 태어났다는 생각을 다시 한번 강조했다.

루소는 전제군주는 말할 것도 없고 제도나 법규도 소수가 다수를 억압하기 위한 방법이므로 이런 기존의 구조를 없애지 않고서는 인간이 자유와 평등을 달성할 수 없다고 생각했다. 그래서 이런 불평등을 없애기 위해서는 개인의 자유와 평등을 최대한 보장하면서 공공의 이익을 동시에 생각할 수 있는 시민이 계약을 맺어 '일반의지(공동체의 의지, 즉 공동의 이해를 추구하는 국민의 의지)'를 가지는 정치사회를 확립하고 일반의지가 정한 법률에 의해 정치를 실시할 것을 주장했다.

## 시민적 자유

홉스의 복종 계약과는 달리 주권자인 국민의 능동적 행위로 이뤄졌음을 강조한 루소는 이런 사회계약을 통해 자연적 자유가 아닌 보다 고차원적인 시민적 자유를 얻게 됨을 주장했다. 또한 루소는 개인의 의사는 대표될 수 없으므로 국민이 주권을 직접 행사할 때(직접 민주주의) 비로소 자연상태에서 누리던 행복을 되찾을 수 있다고 주장했다. 이런 루소의 생각은 프랑스혁명의 이론적인 근거가 되었다.

그런데 왜 이런 사회계약설이 중요한 것일까? 그것은 세계사에서 근대국가 형성과 현대의 자유주의 발달에 이 사상이 공헌한 바가 크기 때문이다. 근대에 이르기까지 개인은 주로 전체를 이루는 한 요소 정도로 취급을 받았다. 그에 따라 국가나 사회의 이익을 추구하는 데 필요하다면 개인은 얼마든지 희생되어도 당연하다고 받아들여졌다.

그러나 시민혁명, 산업혁명, 자본주의를 통해 공익보다는 사적 이익 추구를 위한 개인의 자유를 더 중시하는 방향으로 변화되기 시작했다. 그런 시기에 전체인 사회와 대등한 하나의 주체로서 개인의 위치를 조명한 사회계약설의 의의는 크다고 할 수 있다.

개인보다 사회를 우선하는 관점은 사회의 필요에 의해 개인을 언제든지 구속하여 희생시킬 수 있다는 논리로 연결되기 쉽다. 예를 들어 제2차 세계대전의 원인이 된 나치즘이나 파시즘처럼 말이다. 현재 개인의 인권을 짓밟는 세계 여러 나라의 정부에서도 이런 관점을 가지고 있다. 처음에는 이상적인 국가를 위해 고안된 제도가 인간을 억압하는 것이다.

반대로 개인을 우선하는 관점에는 문제가 없을까? 자유주의와 개인주의는 사회 구성원의 개성을 최대한 보장한다. 그래서 그 구성원이 자신의 능력을 최대한 발휘해서 사회도 발전할 수 있도록 하는 장점이 있다.

그러나 개인의 개성과 이익을 자유롭게 추구하다보니 필연적으로 개인 간의 개성과 이익이 충돌할 가능성도 그만큼 많다. 이렇게 개성과 이익이 충돌하다 보면 갈등이 심해져 사회적 혼란을 야기할 수 있고, 기존에 개인을 억제했던 수단이 없는 경우에는 그대로 사회가 붕괴되면서 그 사회의 구성원인 개인 또한 파멸하게 될 위험이 있는 단점이 있다.

이렇게 사회나 개인 중의 하나만을 우선시하는 관점은 저마다 큰 단점을 가지고 있다. 그러니 개인과 사회에 대한 바람직한 관점은 바로 이 둘의 관계를 상호보완적인 관계로 보는 것이다. 즉 '인간은 사회적 존재이다'라는 말 속에 숨어 있는 '공존의 방식公益과 개인의 성장私益이 함께 존재한다'라는 의미도 깨달아야 할 것이다. 앞서 언급한 존 롤스의 정의론도 이런 문제의식에서부터 출발한다.

## 공리주의 비판

롤스는 '최대 다수의 최대 행복'으로 대변되는 공리주의적인 관점을 비판했다. 공리주의를 따르자면, 사회적인 규칙이나 정의라는 것도 언제든지 공리성(효용성)에 의해 뒤집힐 수 있다. 만약 인권을 무시하고 다른 나라와 전쟁하는 것, 심지어 아무렇지도 않게 대규모의 살인을 저지르는 것이 더 큰 '공리'를 얻을 수 있게 한다면 곧 정의는 뒤집어지게 된다.

지금 자유, 평등, 평화를 사랑하는 대다수 사람들에게 고통을 주는 것은 역설적이게도 바로 이런 공익을 추구한다는 공리주의적 사고방식이 실용적인 것인 양 잘못 적용되기 때문이다. 이런 오도된 공리주의적 사고방식이 판치는 사회의 구성원들은 언제나 뒤집어지는 사회적 규칙과 정의에 혼란을 겪을 수밖에 없다.

롤스는 공리주의와는 다른 철학 체계를 생각했다. 롤스의 정의론은 한 사회제도 안에서 모든 개인은 완전하게 평등할 수는 없다는 상황에 주목한다. 평등할 수 없는 상태에서 어떻게 사회적 정의가 나올 수 있느냐 하는 것이 바로 롤스의 주된 관심사였다. 롤스는 사회계약설의 '자연상태'라는 개념과 비슷한 위치를 지니는 것으로 '원초적 입장original position'이라는 개념을 사용한다.

원초적 입장이란 계약 당사자들이 자신들의 사회적 지위나 타인과의 모든 차이에 대해 전혀 모르는 '상호 무지의 베일에 가려 있는 상태'를 말한다. 그런데 합의에 참여하는 개인들은 합리적이면서 동시에 이기적인 존재이다. 이러한 상황에서 합의를 통해 이뤄지는 계약은 계약자 자신들의 이익을 극대화하는 것이 아니라 피해를 최소화하는 원리를 담게 된다고 롤스는 주장했다. 이러한 원초적 입장에서의 계약은 공정성과 중립성을 확보할 수 있기 때문에 여기서의 계약을 공정으로서의 정의라고 말할 수 있게 되는 것이다.


## 자유의 원칙과 차등의 원칙

롤스는 모든 사람은 침해되어서는 안 될 기본권을 지니고 있으므로, 공평한 대우를 받아야 한다는 '자유의 원칙'을 정의로운 사회의 제일 원칙으로 삼았다. 그와 더불어 최소 수혜자에게 최대한의 이익을 보장하고 그렇지 못할 경우에는 평등하게 분배해야 하며, 공정한 기회 균등의 원칙 아래 불평등의 원인이 되는 지위는 모든 사람에게 균등하게 열려 있어야 한다는 '차등의 원칙'을 발전시켰다. 이것이 롤스 정의론의 핵심이 되는 두 가지 원칙이다. 이중 자유의 원칙은 차등의 원칙에 우선하기에 '자유 우선의 원칙'이라고 불린다.

롤스는 기존의 공리주의의 원리는 정의의 문제를 해결할 수 없고 개인의 희생에 대해서도 실질적인 대안을 줄 수 없기 때문에 사회의 안정성을 지키기에 적합하지 않다고 생각했다. 롤스는 공리주의자들과 달리 더 많은 행복이나 이익을 추구하기 위하여 소수의 다른 사람들이 고통받는 것을 인정하지 않았다. 롤스는 공리주의와 같은 목적론적 윤리설에서 벗어나 칸트의 의무론적 윤리설을 받아들였다. 이로써 롤스는 자유주의 안에서 정의의 실현 가능성을 보게 되었다.

　롤스에 따르면 정의의 원칙은 곧 '공정성'이다. 즉 공정한 배경 속에서 합리적 계약자들이 합의를 통해 도출하는 정의의 원칙을 바탕으로 '모든 사람은 평등한 기본적 자유와 권리를 가져야 한다'고 롤스는 주장했다. 그런데 롤스는 이런 평등에 예외가 되는 상황도 생각했다. 그래서 불평등은 오로지 공정한 기회 균등의 조건 아래 최소 수혜자에게 최대 이득이 될 때만 허용할 수 있다고 주장했다.

　최소 수혜자에 대한 배려가 우선되어야 하는 이유는 그들에게 공평한 기회를 주는 것만으로는 그들을 더욱 차별화하는 결과를 가져올 가능성이 있기 때문이다. 그래서 이 경우에는 오히려 차등을 두는 것이 더 공정하다고 롤스는 주장했다. 이런 점에서 롤스의 이론은 자유주의와 사회복지의 개념을 연결시키는 데 공헌한 것으로 평가받는다.

　롤스는 정의는 계산의 결과가 아니라 모든 계산의 출발점으로서 계산 이전에 전제된다고 주장하였다. 롤스에 따르면 정의로운 사회에서는 기본권이 정치적 흥정이나 계산의 차원이 아니다.

롤스가 말하는 정의로운 사회는 모든 사람에게 평등하게 주어진 권리와 자유를 최대한 누릴 수 있는 사회가 정의로운 사회이다. 이런 권리와 자유에는 투표권과 공직에 대한 피선거권과 같은 민주적 권리와 정치적 자유뿐만 아니라, 표현의 자유, 양심의 자유 등의 광범위한 권리와 자유도 포함된다. 그리고 사회적·경제적 불평등은 최소 수혜자에게 최대의 이익을 보장하되, 경제적·사회적으로 특권을 누리는 모든 지위는 모든 사람들에게 평등하게 열려 있는 사회가 정의로운 사회이다.

그러나 정의를 논하는 데 있어 이런 어려운 용어도 필요 없을지 모른다. 다음과 같이 일상적으로도 누구나 고민하고 느낄 수 있는 가치가 바로 정의이다.

> "여기 한 사람이 있는데, 그의 밭은 십 경頃이고 아들도 열 명이다. 그 가운데 한 아들이 삼 경을 얻고, 두 아들은 이 경을 얻었으며, 세 아들은 일 경씩을 얻었다. 그 나머지 네 아들이 밭을 얻지 못하여 울부짖으며 길거리에서 뒹굴다가 굶어 죽게 된다면, 그 사람을 부모 노릇 잘한 사람이라고 할 수 있겠는가?"
>
> – 정약용 지음, 허경진 편역, 《다산 정약용 산문집》

롤스에게 정의는 각자에게 자기의 몫을 주는 것이다. 그렇다고 해서 모두에게 똑같이 분배하는 것은 아니다. 롤스는 모두에게 동등한 기회를 줌으로써 각자의 재능을 마음껏 발휘하게 하려는 것이 정의라고 생각했다.

정의로운 사회에 대한 롤스의 생각을 발전시키면 특권을 누린 사람의 행동양식도 생각하게 된다. 특별한 지위가 모든 사람에게 평등하게 열려 있는 사회라면 특권층은 더욱 겸손하고 사회에 대한 고마움과 자신의 책임에 민감해야 할 것이다. 자신의 특권을 사적인 기득권으로 삼아 남을 억압하거나 세습하는 데 쓸 것이 아니라 사회적 불평등을 줄이기 위해, 부유한 사람들은 자신들의 자원을 사회적 약자들의 처지를 개선하기 위해 쓰는 '노블레스 오블리주Noblesse oblige'의 행동양식을 실천해야 한다.

롤스의 '정의론'을 바탕으로 사회현상을 본다면 더욱 비판적인 생각을 할 수 있다. 예를 들어 대학기부금 입학제도 롤스의 '정의론'에 비춰보면 더욱 더 재미있는 문제이다. 기부금 제도는 안정적인 재정 확보로 장학금을 더 많이 수여할 수 있는 공익적 측면이 있지만, 합법적인 탈을 쓰고 특정 계급의 이익을 대변하며 공정한 기회경쟁을 봉쇄할 수도 있는 위험이 있는 것이다.

정의는 구호로써 지켜지지 않는다. 실질적 정의를 지키려는 법이 올바르게 작동해야 한다. 그렇게 되기 위해서는 사회 구성원의 정의에 대한 자각 및 실행이 있어야 한다.

법이 정의에 가까운가, 먼가는 우리의 의지에 달려 있다. 형식적인 법 집행절차에 반항하며 실질적 정의를 위해 용기를 냈던 앨리스처럼 신념에 대한 순수성을 잊지 말아야 할 것이다.

### 1   법철학 The Philosophy of Right

G.W.F 헤겔 저 | 임석진 역 | 한길사

근대 철학을 집대성한 헤겔은 법의 본질에 대해서도 고찰을 했다. 헤겔에 따르
면 법의 바탕은 '정신적인 것'이며, 그의 출발점은 자유로운 의지이다. 헤겔은 자
유의지를 바탕으로 이성과 현실이 국가라는 형태로 합일되는 모습을 이 책을 통
해 그려내려 했다. 법에 대한 책이지만, 1부 추상법과 2부 도덕, 3부 인륜성의 제
목을 통해 알 수 있듯이 구체적인 법조항의 문제가 아닌 시민사회 건설을 위해서
법이 해야 하는 역할에 대한 조명이 주된 내용이다. 우리 삶에 있어 과연 법이 무
엇인가, 혹은 무엇이어야만 하는가라는 질문에 대한 답을 찾기 좋은 책이다.

### 2   법을 보는 법: 법치주의의 겉과 속

김욱 저 | 개마고원

법대로 하는 것이 가장 합리적인 방법일 것 같다. 하지만 법 시스템이 발전해도
여전히 사회에 갈등과 불만이 많은 것을 보면 법에 의존하는 것이 반드시 사회
발전에 도움이 되는 것 같지도 않다. 이렇게 되니 법치주의가 과연 올바른가, 혹
은 법치주의라는 것이 어떻게 하면 제대로 제 역할을 할 것인가에 대한 고민이
생길 수밖에 없다. 이 책은 어떻게 법이 만들어졌고, 어떤 식으로 운용되는지에
대해서 재미있는 사례를 통해 이야기하고 있다. 부르주아의 이익을 대변하기 위
해 법이 만들어지다 보니, 정작 법에 의해서 보호를 받아야 하는 사람들이 배제
될 수밖에 없는 한계도 자연스럽게 확인할 수 있게 된다. 법 체계에 대한 여러 사
상가들의 해석과 판사의 판단 사례 등을 소개해서 법철학적인 측면에서 날카로
운 현실인식을 할 수 있게 도운 것이 이 책의 장점이기도 하다.

# 3 　감시와 처벌 : 감옥의 역사

Surveiller et Punir

미셸 푸코 저 | 오생근 역 | 나남

미셸 푸코는 그 자신이 정신병 발병과 동성애 등으로 소외된 위치에서 생각할 수밖에 없는 경우가 많았다. 그러나 개인적인 차원에서만이 아니라, 사회를 분석하는 학자로서 미셸 푸코는 억압 수단에 대해 관심을 가질 수밖에 없었다. 20세기는 근대의 시스템이 한계를 드러내던 시기였기 때문이다. 푸코는 그 정신적 위기가 극명하게 보이는 정신병원을 소재로 철학적 담론을 펼쳐냈다. 푸코의 분석에 따르면 정신병원은 환자를 치료하기 위한 인간적 장치가 아니다. 역사적으로 이성을 강조했던 사회가 독선적인 가치기준으로 정상인과 광인을 나누고, 광인을 추방하고 감금해온 장소가 정신병원이었다. 그런 정신병원을 합법적으로 운영하게 함으로써 권력은 사회문제의 해결자로서의 자신의 지배를 강화하고 정당화했다. 마찬가지로 푸코는 감옥도 범죄자를 처벌하거나 개선시키기 위한 수용소가 아니라, 권력 통제를 위한 억압의 필연적 산물이라고 보았다. 이 책에 나온 형벌과 처벌, 규율 등을 보면 왜 역사적으로 그 많은 억압이 필요했는지를 묻지 않을 수 없다. 그리고 그것이 형식화된 법의 타당성을 고민하게 된다.

# 12

## 앨리스의 증언

"여기 있어요!"

깜짝 놀란 앨리스는 일의 심각성을 잊은 채 큰 소리로 대답했다.

앨리스는 자리에서 일어나 증인석으로 나왔다.

"이 일에 대해 아는 것이 있느냐?"

왕이 앨리스에게 물었다.

"없습니다."

앨리스가 대답했다.

"아무것도?"

왕이 다시 따져 물었다.

"아무것도요."

앨리스가 말했다.

"그건 아주 중요하지."

왕은 배심원석으로 고개를 돌리며 말했다. 배심원들이 앨리스의 말을 석판에 기록하려 하자, 하얀 토끼가 끼어들었다.

"사소하다는 말씀이겠죠, 폐하. 당연히."

토끼의 말투는 공손했지만 얼굴은 잔뜩 찡그려져 있었다.

"사소하다는 뜻이지, 물론 그렇고말고."

왕은 급히 자신의 말을 수정했다. 하지만 계속 작은 소리로 중얼거렸다.

"중요, 사소, 중요, 사소……."

배심원 일부는 '중요'라고 기록했고, 일부는 '사소'라고 기록했다.

'뭐라고 쓰든 상관없어.'

앨리스는 생각했다. 바로 그때 공책에 뭔가를 열심히 적고 있던 왕이 소리쳤다.

"조용히!"

그리고 왕은 공책을 읽었다.

"규칙 제42항. 키가 1,500미터 이상 되는 사람은 법정을 떠난다."

모두가 일제히 앨리스를 쳐다보았다.

"저는 그렇게 크지 않아요."

앨리스가 말했다.

"그렇지 않아."

왕이 말했다.

"거의 3,000미터는 될걸."

여왕이 거들었다.

"그래도 저는 떠나지 않을 거예요. 게다가 그건 정식 법률도 아니잖아요. 방금 만든 거잖아요."

앨리스가 따졌다.

"이건 가장 오래된 규칙이야."

왕은 우겼다.

"그렇다면 그게 제1항이어야 하잖아요!"

앨리스가 다시 반박했다. 왕의 얼굴은 하얗게 질렸다. 왕은 허둥지둥 공책을 덮고 떨리는 목소리로 배심원들에게 지시했다.

"평결을 내려라."

"아직 증거가 더 있습니다, 폐하. 이 종이가 방금 발견되었습니다."

하얀 토끼가 벌떡 일어나며 말했다.

"뭐라고 쓰여 있지?"

여왕이 물었다.

"아직 열어보지 않았습니다만, 죄인인 잭이 쓴 편지처럼 보입니다. 누군가에게."

하얀 토끼가 말했다.

"누구에게 보낸 겁니까?"

배심원 중 한 명이 물었다.

"모르겠습니다. 사실 겉에는 아무것도 적혀 있지 않아서요."

그렇게 말하며 토끼는 종이를 펴보고 다시 말했다.

"이건 편지가 아니라, 시네요."

"죄인의 필체가 맞나요?"

또 다른 배심원이 질문했다.

"아니요, 아닙니다. 이건 정말 이상하네요."

"다른 사람의 필체를 흉내 냈겠지."

배심원들이 어리둥절해하는 사이 왕이 말했다. 그러자 배심원들의 표정이 다시 환해졌다. 잭이 간청했다.

"폐하, 제발. 저는 그런 편지를 쓰지 않았습니다. 그리고 제가 썼다는 증거도 없습니다. 마지막 부분에 서명도 없으니까요."

왕이 단호하게 말했다.

"네가 서명하지 않았다면 더 심각하다. 네가 아무런 흉계도 꾸미지 않았다면 정직한 사람들이 으레 하듯이 왜 서명을 하지 않았겠느냐?"

모두 박수를 쳤다. 왕이 오늘 처음으로 정말 똑똑한 말을 했기 때문이다.

"저자의 유죄가 입증되었다. 그러니 죄인의 목을……."

앨리스는 여왕의 말을 가로막았다.

"입증된 게 하나도 없어요! 당신들은 그 편지에 쓰여 있는 내용이 뭔지도 모르잖아요!"

"편지를 읽어라!"

왕이 명령했다. 하얀 토끼는 안경을 썼다.

"어디서부터 읽을까요, 폐하?"

왕은 근엄하게 말했다.

"처음부터 시작해서 끝까지 읽어라, 끝까지."

법정 안은 죽은 듯 조용해졌고, 하얀 토끼는 시를 읽었다. 왕은 직접 시 내용을 분석하며 잭이 유죄라고 주장했다. 그리고 이렇게 말했다.

"그럼 배심원들은 평결을 내리시오."

왕이 말했다. 벌써 오늘만 스무 번째 하는 말이었다.

"안 돼, 안 돼! 먼저 선고를 내리고 평결은 나중에 해라."

여왕이 말했다.

"엉터리! 선고를 먼저 내리는 게 어딨어요!"

"입 다물어!"

창백한 얼굴로 여왕이 소리쳤다.

"안 다물 거예요!"

앨리스가 말했다.

"저 아이의 목을 베어라!"

여왕이 고래고래 소리쳤다. 그러나 아무도 움직이지 않았다.

"누가 당신 말을 듣는대요? 당신들은 카드에 불과하다고요."

앨리스가 이 말을 할 때 앨리스는 최고로 몸이 커져 있었다. 그러자 카드들 모두 공중으로 솟구쳤다가 앨리스를 향해 쏟아졌다. 앨리스는 겁이 나기도 했지만, 화도 나서 낮은 비명을 지르며 카드들을 후려쳐서 떨어뜨리려고 했다. 문득 눈을 뜨니 앨리스는 언니의 무릎을 베고 강둑에 누워 있었다. 언니는 앨리스의 얼굴 위로 떨어져내린 낙엽들을 부드럽게 쓸어내고 있었다.

"일어나렴, 앨리스. 무슨 잠을 이렇게 오래 자니!"

"아, 나 정말 이상한 꿈을 꾸었어!"

앨리스가 말했다. 앨리스는 언니에게 자신의 이상한 모험들을 기억나는 대로 이야기했다. 앨리스의 이야기를 다 들은 언니는 앨리스에게 입을 맞추고 말했다.

"정말 이상한 꿈이었구나. 그런데 이제 차를 마시러 서둘러야겠어. 늦겠는걸."

앨리스는 벌떡 일어나 달렸다. 그리고 달리면서 앨리스는 참 멋진 꿈을 꾸었다고 생각했다. 그러나 언니는 조용히 앉아서 앨리스의 놀라운 모험을 생각했다. 그러다가 스스로 꿈을 꾸기 시작했다. 주위의 모든 소리가 앨리스의 이야기 속 주인공들이 내는 소리 같았다.

언니는 눈을 감은 채 앉아서 자신이 이상한 나라에 있다고 반쯤 상상했다. 그렇지만 다시 눈을 뜨면 모든 게 다시 지루한 일상으로 바뀔 것임을 잘 알고 있었다. 바스락거리는 소리는 하얀 토끼가 달리면서 내는 것이 아니라 단지 바람 때문에 나는 소리였고, 찻잔의 달그락거리는 소리는 양의 목에 매달린 방울이 딸랑거리는 소리이고, 여왕의 날카로운 목소리는 양치기 소년의 목소리이기 때문이었다. 그 밖의 다른 이상한 소리들이 농장의 바쁜 일상적인 소리들로 바뀔 것이다. 가짜 거북의 흐느낌도 먼 곳에서 우는 소의 음매 소리로 바뀔 것이다.

마지막으로 언니는 어린 동생이 나중에 어른이 되었을 때를 상상했다. 어른이 된 동생이 지금 같은 단순하고 사랑스러운 동심을 간직할 수 있을지 생각했다. 그리고 다른 아이들을 모아놓고 초롱초롱한 눈망울들을 받으며 많은 신기한 이야기들을 들려주는 동생의 모습을 생각했다. 어쩌면 그 이야기들 속에 오래 전 동생이 꿈꾼 이상한 나라의 이야기가 들어갈 수도 있을 것이다. 그리고 자신의 어린 시절과 행복했던 여름날들을 기억하며, 동생은 아이들의 순수한 슬픔을 느끼고 아이들의 순박한 즐거움 속에 있는 기쁨을 찾아낼 것이다.

# 위험한 정신분석학

앨리스의 이야기는 앨리스가 꿈속에서 이상한 나라를 경험한 것을 드러내는 내용으로 끝이 난다. 그래서 꿈을 분석하는 정신분석학자들의 특별한 관심을 받기도 했다. 어떤 학자들은 꿈은 아무 의미 없는 신경현상일 뿐이라고 말한다. 또 종교가들은 선택 받은 이의 꿈에는 미래에 대한 예언이 들어있다며 꿈은 신의 계시라고 말하기도 한다. '나는 야한 꿈만 꾸니 변태인가 봐'라고 고민하는 경우도 있다. 어떤 이는 무시무시한 악몽 때문에 자주 잠을 설치기도 한다. 정신분석학을 창시한 지그문트 프로이트가 《꿈의 해석The Interpretation of Dreams》을 쓰게 된 이유도 악몽 때문이었다.

1896년 아버지께서 돌아가신 후, 프로이트에게는 큰 변화가 생긴다. 우선 잠을 깊게 잘 수가 없었다. 나쁜 꿈을 많이 꾸었기 때문이다. 성생활과 건강에도 문제가 생겼다. 프로이트는 치료가 필요했다. 이를 계기로 그는 본격적인 자기분석을 시작한다.

프로이트는 아버지의 장례식 날 다음과 같은 꿈을 꾸었다. 정거장에 금연 포스터가 붙어 있었다. 포스터에는 '눈을 감아주시오'라는 문구가 쓰여 있었다. 프로이트는 꿈의 의미가 궁금했다. 잠에서 깬 후 몹시 꺼림칙했기 때문이었다.

프로이트는 자기분석의 결과, 다음과 같이 꿈의 내용을 정리했다. 프로이트는 아버지의 장례식을 간소하게 치렀다. 경제적으로 그다지 넉넉한 상황이 아니었기에 합리적인 선택이라고 생각했다. 그러나 무의식의 죄책감은 생각보다 컸다. 눈을 감아달라는 문구는 프로이트 자신의 잘못을 눈 감아달라는 의미였다.

이를 좀 더 깊이 분석해보자. 프로이트의 아버지는 81세까지 살았다. 이 정도면 장수한 편이다. 그리고 그는 자식으로서의 도리도 할 만큼은 했다. 장례가 엉망이었던 것도 아니다. 그런데 왜 그는 심한 죄책감에 시달리며, 이런 꿈까지 꾼 것일까?

어린 프로이트는 오이디푸스 콤플렉스Oedipus complex가 심한 아이였다. 7세 때 우연히 부모의 성교장면을 목격한 프로이트는 선 자리에서 오줌을 쌌고, 부모의 성교는 중단되었다. 사실 프로이트는 두 살 때부터 소변을 잘 가렸다. 그런데 왜 오줌을 쌌을까? 아버지와의 성교를 막고 싶다는 속마음이 구체적인 행동으로 나타난 것이다. 이로써 프로이트의 소망은 이루어졌다. 결국 이날 밤 어머니는 우는 프로이트를 달래기 위해 그를 안고 잠자리에 들었다. 아버지로부터 사랑하는 어머니의 품을 빼앗은 것이다.

아버지와의 성교를 막고 어머니를 독차지하고자 하는 프로이트의 속마음은 나중에 그의 이론에 다 녹아들었다. 그 결과로 나온 것이 바로 어머니에 대한 남아의 근친상간적 욕망, 오이디푸스 콤플렉스이다. 프로이트는 철저한 경험주의자였기에, 이처럼 그의 이론은 자신과 환자들의 경험을 분석하여 발견한 사실이 상당부분을 차지한다.

여하튼 젊고 매력적인 어머니를 독차지하고 싶었던 프로이트는 아버지에게 강한 질투심을 느꼈다. 그러나 이를 아버지가 알아차려 혼이 날까 봐 겁났다. 여기서 처벌에 대한 강한 불안과 죄책감이 생겨났다. 물론 이는 모두 무의식에서 일어난 일이다. 의식은 거의 알아차리지 못하는 감정이다. 꿈에서 본 것들은 6살 이전의 무의식이 현재의 죄책감과 만나 증폭된 것이다.


## 무의식의 비밀 풀어주는 꿈의 해석

이런 식으로 꿈을 해석하다보면 감추어져 있던 무의식의 비밀이 밝혀진다. 비유하자면 꿈은 비밀의 방으로 통하는 문과 같다. 그 문을 열면 할리우드 영화보다 스펙터클하고 흥미진진한 무의식의 세계가 펼쳐진다. 마치 앨리스가 토끼굴에 빠진 다음 아름다운 정원으로 나와 이상한 나라를 본격적으로 경험하게 된 것처럼 말이다.

프로이트는 꿈속에서 더 활동적인 무의식 속에는 '이루어지지 않은 본능적 소망들unsatisfied instinctual wishes'이 살고 있다고 주장했다. 그런데 주로 '성적 욕망'인 본능적 소망들은 계속 무의식 속에 남아 있으려 하지 않는다. 의식으로 끊임없이 나가려고 한다. 그러나 무의식은 자아에 의해 검열을 당한다. 이 현상을 정신분석학에서는 억압repression이라고 부른다. 그래서 무의식의 소망들은 검열을 피해 모양을 바꾸거나, 자신의 몸을 조각내어 파편으로 만든다. 이 위장된 파편들이 꿈이 되고, 말실수가 되고, 신경증적 증상이 된다.

여기에서 질문을 해보자. 앨리스가 이상한 나라를 꿈속에서 본 것은 어떤 잠재된 욕망이 있어서였을까? 우리는 일반적으로 '어린이' 하면 순수함, 선함, 천사와 같은 단어를 떠올린다. 프로이트가 강조한 성욕부터 떠올리기가 쉽지 않다.

그런데 어린이들이 순수하기 때문에 성욕을 느끼지 않을 것이라는 생각이 옳은 걸까. 에곤 실레Egon Schiele는 '두 소녀two girls'를 그릴 때 어린 소녀들을 유혹해 외설적인 포즈를 요구했다는 죄로 실형을 선고받았다. 실레는 이 사건을 두고 훗날 이렇게 반박했다.

> "어린아이들도 성욕을 느낀다. 우리도 모두 어린 시절, 성적 욕망의 실체를 확인하고 두려웠던 기억이 있다. 어른들은 아이들의 성욕을 인정하지 않고 그들이 성욕을 표현하는 것을 허용하지 않는다. 따라서 그들은 어른들보다 더 많이 고통받고 괴로워한다."

프로이트도 에곤 실레와 비슷한 주장을 했다. 프로이트는 인간이 성적 에너지인 리비도Libido를 지닌 채 태어난다고 주장했다. 그는 리비도가 집중되는 신체 부위에 따라 발달단계를 구강기, 항문기, 남근기, 잠복기, 생식기의 5단계로 구분해서 인간의 성장과정을 설명했다. 프로이트는 각 단계마다 이드Id, 자아, 초자아superego가

각기 다른 자각 수준(의식, 전의식, 무의식)에서 그 기능을 담당한다고 보았다.

## 인간의 성장과정 5단계

전의식은 억압되어 있지만 주의를 집중하면 의식화될 수 있는 정신세계로 의식과 무의식 사이에 존재하고 있다. 의식은 인간이 감각기관을 통해서 인식할 수 있는 모든 것을 말하고, 무의식은 감각기관으로 인식할 수 없는 마음 깊은 곳에 감추어져 있는 정신세계로 본능, 열정, 억압된 관념과 감정 등이 잠재해 있다.

한편 이드는 무의식에 속하며 모든 정신적 에너지의 바탕이 된다. 그리고 이드는 쾌락에 의해 움직이는데, 여기서 쾌락이란 기쁜 것만 추구한다는 것 이외에 고통을 피하려 한다는 뜻도 갖고 있다. 자아는 자기의 충동을 만족시키기 위해 행동하는 이드를 조절하는 역할을 하고 있다.

인간이 이드를 태어날 때부터 갖고 있는 것에 비해서, 자아는 논리적인 성격이 강해 일정 시기가 지난 다음에 발달한다. 그래서 똑같이 배고픈 상태에 처해도 갓난아이는 본능적으로 우는 행동을 하는데 반해서 어른은 자기의 충동을 억제하고 의젓하게 대처하는 차이를 보인다.

초자아는 양심을 담고 있는 그릇이다. 초자아에는 부모나 다른 어른의 규제나 법 등이 담겨 있으며 자기 자신의 이상도 포함되어 있다. 현실이 아무리 고통스러워도 참고 이겨내서 자기의 이상을 이루는 위인이 나오는 것은 마음속에 초자아가 잘 발달해 있기 때문이라고 프로이트는 주장했다. 그리고 이런 복잡한 정신역동 체세를 움직이는 것은 바로 성욕이 중심이 된 무의식적 추동drive이라고 주장했다.

프로이트는 성욕은 사춘기에 갑자기 눈뜨게 되는 것이 아니라 태어났을 때부터 존재한다고 생각했다. 이런 그의 '유아기 성욕론 infantile sexuality'은 1900년에 발표한 그의 저서 《성욕에 관한 세 편의 에세이Three Essays on the Theory of Sexuality》에 확실히 드러나 있다. 당시에 이는 매우 부도덕한 주장이라고 엄청난 비난을 받는다.

21세기에 사는 현대인도 발랄한 앨리스가 성욕을 갖고 있다는 주장을 들으면 어딘가 불편하다. 남자 성기처럼 길쭉하게 부리가 나온 도도새. 발기해서 눈에 띄었다가 사라지는 성기처럼 얼굴을 보였다가 말았다가 하는 거북의 등장. 앨리스가 열심히 쫓아가는 대상이 하필 섹스 횟수에서 동물계의 챔피언인 토끼라는 점 등 이야기 속의 요소에는 성적인 면으로 볼 수 있는 것들이 많이 있다.

심지어는 루이스 캐럴이 어린 여자 아이의 누드 사진을 찍는 취미가 있었던 것을 들어 앨리스 이야기 속에 무의식적으로 성적인 코드들이 많이 들어가 있을 것이라고 주장하는 사람들도 있다.

얕은 정신분석학에 기댄 그들의 논리는 다음과 같다. 루이스 캐럴은 소극적인 사람이었다. 아버지와 대립하여 아버지를 극복하기보다는 아버지에게서 도망쳤다. 그리고 아버지와 싸워 어머니를 쟁취하는 것이 아니라 일찌감치 어머니를 포기했다. 빅토리아 시대의 전형적인 보수주의자였던 그의 삶은 진솔하다 못해 너무 심심하다 싶을 정도이다. 그는 연애다운 연애를 못하고 평생 독신으로 살았다. 덕분에 잠재된 욕망은 남근이 없는 어린 소녀에게로 방향을 틀었고, 그 결과 구강-항문기로 퇴행해서 앨리스의 이야기에 남근기 이하의 요소가 많이 들어갔다는 것이다.

그러나 앨리스 전문가인 마틴 가드너는 이러한 주장이 무가치한 것이라고 딱 잘라 반박한다. 마틴 가드너의 주장처럼 빅토리아 시기의 미술에 자주 등장하는 어린이의 누드는 순수함을 상징했다. 루이스 캐럴은 변태적인 아동 성애자가 아니었다. 당시 사회통념에 따라 철저히 부모들의 허락과 감독 하에서만 사진을 찍었다. 그리고 그 소녀들이 자라났을 때 누드사진들은 부모들에게 되돌려주거나 폐기했다.

그리고 마틴 가드너는 루이스 캐럴이 앨리스 이야기를 쓸 당시 특별한 창작 의도가 있었다기보다는 앨리스의 실존 모델인 앨리스 리델과 다른 아이들을 기쁘게 해주기 위한 순수한 마음으로 썼다는 것을 강조한다.

하지만 정신분석학적 해석을 시도하는 사람들은 무의식적 작용에 의해 루이스 캐럴이 자신도 모르게 자신의 욕망을 이야기 속에 풀어놓았을 것이라 주장한다.

무의식은 말 그대로 '의식이 포착할 수 없는 정신'이기 때문에 루이스 캐럴의 의식적 동기가 어떤가 하는 것은 그다지 중요하지 않다. 정신분석학에 바탕을 둔 '심리주의 비평'은 오히려 그 무의식적 요소에 더 집중을 한다.

## 앨리스 이야기의 정신분석

그렇다면 정신분석학적 측면에서는 앨리스의 이야기를 어떻게 이해할 수 있을까? 앨리스는 정원으로 이어지는 문구멍을 가지고 처음에 힘겨운 씨름을 한다. 자신을 유혹하는 세계를 훔쳐볼 수는 있지만 그 속에 낄 수 없는 어린아이로서의 앨리스의 좌절된 욕망이 표출되는 장면이다. 속상한 마음에 한참 울다 보니 눈물이 강을 이루었다. 배설의 욕구가 분출된 것이다. 약병의 물을 마시거나 케이크를 먹는 것은 구강기를 암시한다. 눈물은 배설의 쾌감에 몰두하는 항문기를 암시한다.

몸이 커져서 앨리스의 손과 발이 집을 뚫고 밖으로 나오는 것은 남근기적 특성을 상징한다. 남근기는 대략 3세에서 6세에 해당하는 시기로, 이때 아이들은 성기를 가지고 놀며 쾌락을 느낀다. 남자 아이는 성기에 관심을 가지게 되고, 오줌을 눌 때 이외에도 성기에서 쾌감을 얻으려고 하며, 성기를 스스로 자극하기도 한다.

이 시기가 되면 아이는 남녀 성기의 다른 점에 대하여 관심을 가지게 되며, 어른들이 어떻게 아이를 낳는가를 질문하는 등 성적 호기심을 보인다. 프로이트는 이 시기의 남자 아이들이 거세공포를 갖는다는 사실을 강조했다. 그리고 프로이트는 이 시기의 남자 아이들은 원래는 여자 아이들에게도 페니스가 있었는데 잘렸다는 생각을 하게 되고, 자기도 성기를 너무 자주 만지면 그것이 잘릴 것이라는 공포감을 갖게 된다고 주장한다.

여자 아이들은 자신이 페니스를 가지고 있었는데 그것이 잘렸다고 생각하며 페니스를 가지고 싶어 하는 '남근 선망penis envy'을 보이기도 한다. 앨리스는 외부 생식기인 남근이 없기 때문에 밖으로 나올 것도 없어 잠재의식 속에 불만을 갖고 있었는데, 꿈속에서 힘차게 남근의 대용으로 자신의 팔과 다리를 내놓게 되었다는 해석이 가능하다.

페미니스트들은 프로이트적 해석이 남성 우월주의를 당연시하려는 술책이라며 반발한다. 이외에도 갑자기 모습을 드러내서 상황을 정리하거나 분석을 하는 체서 고양이는 늘 우리의 행동을 감시하는 초자아를 상징하는 등 정신분석학과 맞아떨어지는 요소는 많다.

이런 식으로 앨리스의 이야기는 정신분석학적 요소와 여러 면에서 대응이 된다. 맨 마지막 장에서 앨리스의 언니는 앨리스가 들은 여왕의 날카로운 목소리는 양치기의 외침이라는 식으로 1대 1로 대응시키기도 했다. 이런 시도는 정신분석학에 많이 있다.

프로이트는 1928년에 '도스토옙스키와 근친살해Dostoevskii and Parricide'라는 제목의 논문을 발표해서, 도스토옙스키의 작품 《카라마조프가의 형제들Bratya karamazovy》의 내용을 도스토옙스키의 사적인 삶과 긴밀히 연관 지어 마치 1대 1로 대입하듯이 분석했다. '세 상자의 테마The Theme of the Three Caskets', '미켈란젤로의 모세 상The Moses of Michelangelo', '창조적 작가와 백일몽Creative Writers and Day-Dreaming' 등의 에세이는 프로이트가 정신분석학에 바탕을 둔 심리주의 비평이 얼마나 멋진 지평을 제공할 수 있는지를 보여주었다. 현재도 심리주의 비평은 비평론의 중요한 장르로 자리를 잡고 있다.

영국의 철학자 프랜시스 베이컨Francis Bacon은 1625년 자신의

《에세이Essay》에서 이렇게 썼다.

> "꿈과 점성술의 예언은 겨울철 난로 옆에서 하는 잡담에나 사용해
> 야 한다."

정신분석학은 사이비 과학이라는 평가를 받고 있다. 사람들을 지적 측면에서 미혹시키는 위험한 시도이다. 그러나 프로이트에게는 아니다. 꿈에 대한 분석에서 출발한 정신분석학은 끊임없이 새로운 지평을 얻을 수 있는 방법론이다.

정신분석학은 개인의 신경증 연구에서 출발했다. 그러나 프로이트는 세계대전과 나치즘의 참상 등을 겪으며 '인간이 왜 공격적이고 자기 파멸적으로 되는가'에 대한 관심을 가지게 되었고, 그 결과 1920년 《쾌락원칙을 넘어서Beyond the Pleasure Principle》를 내놓게 된다. 그의 이론은 의학이 아닌 사회와 철학으로 확장됐다. 그 이후 《문명 속의 불만Civilization and Its Discontents》을 통해 프로이트는 그의 이론의 적용범위를 문명과 역사 등으로 더욱 더 확장시켰다.

그리고 정신분석학의 확장은 21세기에도 여전히 진행형이다. 이것은 정신분석학적 분석을 통해 인간과 사회를 움직이는 숨겨진 원리에 대한 통찰을 얻을 수 있다는 것에 공감하는 사람이 많기 때문일 것이다. 우리 삶에 도움이 되는 풍성한 논의를 할 수 있는데 사이비 과학이라며 무가치하다고 굳이 제한을 둘 이유는 없다. 앨리스의 이야기에 대한 분석이 그런 것처럼 새로운 지평을 얻기 위해서는 좀 더 열린 마음으로 접근해야 할 것이다.

## 1  정신분석에로의 초대

이무석 저 | 이유

정신분석과 관련된 여러 학자들의 이론과 생활 속에서 경험할 수 있는 사례가 많이 소개되어 있는 정신분석학에 대한 입문서이다. 상담 경험이 풍부한 국내 저자가 관련 이론들을 매끈하게 정리했다는 것이 이 책의 가장 큰 장점이다. 정신분석학에 대한 전반적인 이해를 하고자 하는 독자라면 일독할 만한 책이다. 아울러 좀 더 실제 생활과 연관시켜 정신분석의 장점을 확인하고 싶은 독자라면, 정도언의 《프로이트의 의자》를 일독하기를 권한다.

## 2  에로스와 문명 eros and civilization

H. 마르쿠제 저 | 김인환 역 | 나남

프로이트와 마르크스 철학을 절묘하게 결합한 독일 프랑크푸르트 학파의 대표적 인물인 마르쿠제의 명작이다. 프로이트의 업적은 높이 평가했지만 세부 이론에 대해서는 철저하게 부정적이었던 에리히 프롬과 다르게, 마르쿠제는 프로이트의 문명 이론을 긍정적으로 보고 그것을 바탕으로 자신의 사상을 발전시켰다. 이 책에서 마르쿠제는 에로스에 대한 억압에서 문명이 나왔다는 프로이트 이론을 수정하여, 억압이 없는 문명의 가능성을 타진하고 있다. 그 과정에서 현대 산업사회의 모순을 신랄하게 비판하고 다양한 이야기를 섞어 놓았지만, 엄연히 저술의 목표는 프로이트의 문명 분석에 바탕을 두고 새로운 문명을 찾고자 한 것이었음을 잊지 않고 본다면 쉽게 이해할 수도 있는 책이다. 아울러 개인적 심리 치료를 넘어서서 사회적 문제 해결을 위한 정신분석의 영향력도 확인할 수 있는 소중한 기회를 얻게 될 것이다.

## 3  온라인 자료

**www.apsa.org/**

미국 정신분석학회 홈페이지로 정신분석의 과거, 현재, 미래를 모두 확인할 수 있는 정보가 있다. 다양한 학자의 기사, 교육 프로그램, 행사를 모아놓았다.

**www.spp.asso.fr**

프로이트의 이론을 비판적으로 검토한 라캉에 대해서 공부를 하다 보면 찾게 되는 사이트이다. 프랑스 정신분석학회 홈페이지로 정신분석학자들의 이론 및 저서를 잘 정리해 놓았다. 여러 교육 프로그램 및 행사 소식을 통해 현대 정신분석학의 흐름도 살펴볼 수 있다.

**www.psychoanalysis.org.uk/**

영국 정신분석학회 홈페이지로 정신분석학에 대한 기본 정보에서부터 심화 정보까지 알기 쉽게 설명하고 있다. 다른 사이트와 정보에 대한 하이퍼링크도 잘 되어 있다.

**www.freud.org.uk**

프로이트에 대한 온라인 박물관이다. 전기, 사진, 프로이트 저작 내용, 프로이트 관련 저작들을 모두 볼 수 있는 곳이다. 특히 온라인에 등록된 프로이트의 원문을 읽으면 생생한 감동을 느낄 수 있을 것이다.

**www.nyfreudian.org**

이 사이트 안에 있는 프로이트 저작들의 요약과 기타 다양한 자료를 보는 것만으로도 프로이트의 활발한 지적 활동과 재해석 범위를 가늠하는 데 좋은 자료가 될 것이다.

# ⁓ 루이스 캐럴 연표 ⁓

**1832년**  영국 체셔 지방의 데어스베리에서 찰스 도지슨과 프랜시스 제인 루트위지의 열한 자녀 중 셋째로 태어남.

**1843년**  아버지 찰스 도지슨이 요크셔 지방에 있는 크로포트의 주임 사제로 임명받아 가족과 같이 이사 감.

**1844~46년**  리치먼드의 그래머 스쿨에서 기숙사 생활을 함.

**1846~50년**  영국에서 가장 유명한 공립학교 중 하나인 럭비 스쿨에서 기숙사 생활을 함.

**1850년**  옥스퍼드의 유명한 단과대학 크라이스트 처치에 등록함.

**1851년**  어머니 프랜시스 제인 루트위지가 사망함.

**1852년**  단과대학의 연구회원인 스튜던트로 임명됨.

**1853년**  일기를 쓰기 시작함.

**1854년**  수학 졸업 시험에서 1등을 했고 12월에 문학학사 학위를 받음.

**1855년**  튜터로 임명되어 강의를 시작함. 헨리 조지 리델이 학장으로 부임함.

**1856년**  처음으로 〈열차The Train〉 지에 필명인 루이스 캐럴로 서명함. 리델 학장의 네 살 된 딸 앨리스를 처음으로 만남. 처음으로 사진을 찍기 시작함.

**1860년**  초보자들을 위한 각종 수학 입문서를 집필함.

**1861년**  팸플릿 저자로 탄생함. 이튿날 대학 행정에 반대하는 풍자시를 익명으로 발표함. 옥스퍼드 대학 주교로부터 부제 서품을 받음.

**1862년**  리델 가의 꼬마 숙녀들과 함께 뱃놀이를 감. 이날 처음으로 《이상한 나라의 앨리스》 이야기를 들려줌.

**1865년**  《이상한 나라의 앨리스Alice's Adventures in Wonderland》가 출간됨.

**1867년**  두 달 동안 독일과 러시아로 여행을 떠남. 이 대륙 여행은 예술과 문화, 종교, 그리고 지적인 논쟁에 빠져드는 새로운 계기가 됨.

**1868년**  아버지 도지슨 부주교가 갑자기 사망함.

**1869년** 첫 번째 시집《환상Phantasmagoria and Other Poems》이 출간됨.

**1871년** 《거울 나라의 앨리스Through the Looking-Glass, and What Alice Found There》가 크리스마스 때 출간되어 다음 해 1월 27일에는 이미 1만 5,000 부가 팔림.

**1874년** 자신이 쓴 모든 팸플릿을 한 권의 책,《옥스퍼드의 한 어린이의 노트》로 묶음.

**1876년** 《스나크 사냥The Hunting of the Snark》이 출간됨.

**1879년** 도지슨의 이름으로《유클리드와 현대의 맞수들Euclkid and His Modern Rivals》을 발표함.

**1881년** 크라이스트 처치에서 마지막 수업을 하고 수학과 교수직을 사임.

**1885년** 《뒤죽박죽 이야기A Tangled Tale》가 출간됨.

**1886년** 런던의 프린스 오브 웨일스 극장에서 극작가이자 드라마 비평가인 클라크 Henry S. Clarke의 오페라 '이상한 나라의 앨리스'가 초연되어 호평을 받음. 이후《앨리스의 땅속 모험Alice's Adventures Under Ground》이 출간됨.

**1889년** 《실비와 브루노Sylvie and Bruno》가 출간됨.

**1890년** 《어린아이들에게 들려주기 위한 이상한 나라의 앨리스The Nursery 'Alice'》가 출간됨.

**1893년** 《실비와 브루노 완결편Sylvie and Bruno Concluded》이 출간됨.

**1896년** 《상징적 논리Symbolic Logic》가 출간됨.

**1898년** 《상징적 논리》의 후편을 집필하는 중에 기관지염에 걸려 세상을 떠남. 길포드에 묻힘.

루이스 캐럴의 무덤